www.tredition.de

AF177511

Kurt Vogel

Reich Gottes

es steht alles geschrieben was die Zukunft
bringt ...

www.tredition.de

© 2021 Kurt Vogel

Verlag und Druck:
tredition GmbH, Halenreie 40-44, 22359 Hamburg

ISBN
Paperback: 978-3-347-39331-8
Hardcover: 978-3-347-39332-5
e-Book: 978-3-347-39333-2

Das Werk, einschließlich seiner Teile, ist urheberrechtlich geschützt. Jede Verwertung ist ohne Zustimmung des Verlages und des Autors unzulässig. Dies gilt insbesondere für die elektronische oder sonstige Vervielfältigung, Übersetzung, Verbreitung und öffentliche Zugänglichmachung.

VORWORT

Dieses Buch will einladen, etwas mehr Licht in manchmal nicht ganz so leicht verständliche Bibeltexte zu erhalten, um damit die Heilige Schrift etwas besser zu verstehen. Gut leserlich und so einfach wie möglich gehalten, begeben wir uns auf eine Reise querfeldein durch das Alte und das Neue Testament.

"Verstehst du auch, was du da liest?", fragte Philippus vor ungefähr 2000 Jahren einen Äthiopier, der auf seinem Wagen sass und in den Schriften des Propheten Jesaja las. Philippus war ein Diakon - ein Jünger Jesu aus der Jerusalemer Urgemeinde - und der Äthiopier war ein Kämmerer (Schatzmeister), also ein Würdenträger der äthiopischen Königin und auf der Rückreise von Jerusalem in seine afrikanische Heimat. "Wie könnte ich es, wenn mich niemand anleitet?" antwortete er und lud Philippus ein, bei ihm auf dem Wagen Platz zu nehmen. Philippus nahm diese Einladung gerne an, legte dem Kämmerer die Schriftstelle aus und verkündete ihm das Evangelium Jesu (Apg 8,26-39).

Vielleicht kennst du die Bibel schon recht gut, vielleicht hast du den Wunsch, sie ein bisschen besser zu verstehen, vielleicht hast du dich noch nie mir ihr beschäftigt; es spielt keine Rolle, zu welcher Gruppe du dich zählst. Was zählt ist, dass du dich öffnen kannst für das Wort Gottes, so kann Jesus Christus in dein Leben eintreten und es erfüllen mit Wahrheit und Klarheit. Lasst uns einige Bibelstellen aus der Heiligen Schrift etwas genauer anschauen und diese auf uns wirken lassen.

Wenn wir uns in den folgenden Zeilen mit dem Wort Gottes etwas bekannt machen, werden wir sehen, dass es uns möglich ist, auf diesem Weg - der gelegt ist durch Jesus Christus - Schritt für

Schritt vorwärts zu gehen. Schon sehr bald werden wir persönliche Erlebnisse machen, die uns verblüffen, die uns darin bestärken, dass wir uns auf dem richtigen Weg befinden, auf dem einen wahren Weg, wo Jesus selbst gesagt hat: "Ich bin der Weg und die Wahrheit und das Leben; niemand kommt zum Vater denn durch mich" (Joh 14,6)!

Haben wir den Mut, uns auf diese Reise in ein jetzt noch unsichtbares, noch nicht fassbares und noch überhaupt nicht vorstellbares Reich einzulassen! Wir werden es nicht bereuen - im Gegenteil - wir können das höchste, erhabenste, bedeutendste und herrlichste Ziel erreichen, das für uns Menschenkinder möglich ist. Nehmen wir Jesus in unser Boot und fahren wir heute noch los mit dem Ziel "Reich Gottes". Einen anderen Weg gibt es nicht und eine andere Chance haben wir nicht! Lasst uns versuchen, Gottes Wort immer besser zu verstehen und es im täglichen Leben auch anzuwenden. Es geht um viel, viel mehr, als uns allen bewusst ist.

Teil 1

1.1

"Dennoch bleibe ich stets an dir (mit dir verbunden); denn du (Gott) hältst mich bei meiner rechten Hand, du leitest mich nach deinem Rat und nimmst mich endlich (am Ende) in Ehren an" (Ps 73,23-24).

Beginnen wir mit einer Bibelstelle aus den Psalmen im Alten Testament die zeigt, was wir tun sollen, um bei der Wiederkunft Jesus - die bald sein wird - entrückt zu werden. Vielleicht denkst du jetzt, da komme ich ja schon nicht mehr ganz mit; was bedeutet das, die Wiederkunft Jesus, was heisst denn "entrückt zu werden", was genau ist das Alte Testament? Was bedeutet, an Gott zu bleiben; er ist doch im Himmel, ganz weit weg, und wir sind doch hier auf Erden?

Die Bibel ist eine Sammlung von religiösen Texten im Judentum wie im Christentum. Sie besteht aus einem Alten und einem Neuen Testament. Das Alte Testament entspricht der jüdischen Bibel, im Neuen Testament ist von Jesus die Rede. Wichtig ist, dass wir glauben können, dass die Bibel von Gott selbst so geschrieben und gestaltet wurde, wie sie uns heute vorliegt. Deshalb heisst die Bibel eben auch Heilige Schrift oder auch Wort Gottes.

Glaube im religiösen Bereich zeigt sich darin, dass der Mensch sich an eine Gottheit, beziehungsweise an ein göttliches Prinzip, bindet. Ja, woher kommt denn dieser Glaube? Dieser Glaube kommt von Gott selbst; er ist ein Geschenk Gottes! Vielleicht fragt sich jetzt der eine oder andere: Wieso hat mir Gott diesen Glauben nicht geschenkt? Ich glaube zwar an eine "höhere Macht", das kann meinetwegen auch "Gott" genannt werden, aber dass die Bibel von Gott selbst "geschrieben" worden ist, das kann doch nicht sein, sie wurde doch von vielen verschiedenen Menschen zu verschiedenen Zeiten geschrieben. Genau! Aber: "Was für Menschen unmöglich ist, das ist für Gott möglich", sagte Jesus (Lk 18,27). Alles ist Gott möglich, auch das für uns Menschen Unvorstellbare. Alles was in der Bibel geschrieben steht ist von Gott eingegeben und dient zur Unterweisung, um zu lernen und immer besser zu erkennen, wie wir leben sollen, was uns guttut und wie wir uns verhalten sollen, damit wir glücklich und selig werden können.

Wenn wir an Jesus Christus glauben können, daran glauben können, dass er auf Erden gelebt hat, dass die Worte, die er gesprochen hat, aufgeschrieben worden sind, dann können wir doch auch einmal seine Worte etwas genauer betrachten und uns damit etwas beschäftigen. Was ergeben sich dadurch für Zusammenhänge, was für Bilder tauchen da auf, widerspricht sich da etwas oder passt es zusammen? Wenn tatsächlich der allmächtige Gott die Bibel geschaffen hat, er viele Menschen zu verschiedenen Zeiten als Werkzeuge in seine Hand genommen und inspiriert hat, dann müssen wir diese Texte auch verstehen können, wenn sie uns schon Maßstab sein sollen.

Wenn wir an Jesus Christus glauben können, dann wird es einfacher, auch an seinen Vater - den Schöpfer aller sichtbaren und unsichtbaren Dinge - zu glauben, denn Jesus sprach sehr oft von und über seinen Vater, den allmächtigen Gott: "Wer mich gesehen hat, hat den Vater gesehen" (Joh 14,9). Jesus verkörperte das Wesen seines Vaters. "Aber das Wort, das ihr hört, ist nicht meines, sondern des Vaters, der mich gesandt hat" (Joh 14,24), erklärt Jesus.

Wenn wir den Worten Jesu Glauben schenken, den Worten, die ihm von Gott gegeben wurden, dann haben wir schon einen festen Grund, auf dem wir unseren vielleicht noch schwachen Glauben aufbauen können. "Denn wahrlich, ich sage euch: Wenn ihr Glauben habt wie ein Senfkorn, so könnt ihr sagen zu diesem Berge: Heb dich dorthin! so wird er sich heben und euch wird nichts unmöglich sein", sagte Jesus (Mt 17,20). Der Ausdruck "Berge versetzen" war zu Zeiten Jesu eine sprichwörtliche Redewendung, die so viel bedeutete wie "das Unmögliche möglich machen". Das heisst, auch mit einem schwachen Glauben, einem beginnenden, auch mit Zweifel durchmischten Glauben, ist so vieles schon möglich, können wir schon wunderbare Erlebnisse machen. Gott hilft dir, wenn du dich ernstlich mit ihm, mit seinem Sohn Jesus Christus und der frohen Botschaft - dem Evangelium - etwas beschäftigst, etwas auseinandersetzt. Er hilft und unterstützt uns noch so gerne. Wenn wir seine Nähe suchen, naht er sich uns auch. Er lässt uns die Zusammenhänge in der Vergangenheit immer besser verstehen, aber auch die Zukunft schliesst er uns durch sein Wort auf. "Deshalb trennt euch von aller Schuld und allem Bösen. Nehmt vielmehr bereitwillig Gottes Botschaft an, die er wie ein Samenkorn in euch gelegt hat. Sie hat die Kraft, euch zu retten" (Jak 1,21).

Es genügt jedoch nicht, seine Botschaft nur anzuhören, wir müssen auch versuchen, danach zu handeln. Nur so können wir Gott wirklich erleben. Eine weitere Aussage des Gottessohnes lautet: "Meine Kraft ist in den Schwachen mächtig" (2Kor 12,9)! Genau dann, wenn du ganz schwach bist oder dich schwach fühlst, kann die Kraft Gottes in dir und durch dich wunderbar wirken, kann sich seine Gabe - der Glauben - entwickeln und entfalten. Verkrampfe dich nicht, sondern verlass dich ganz entspannt auf diese wunderbare Kraft und Hilfe, und du wirst Erstaunliches erleben. Du kannst Wunder der Stärkung erleben, im Hier und Heute.

Der liebende Gott möchte dich anleiten, er möchte, dass du dich ihm zuwendest, die Hilfe bei ihm suchst. Er möchte dir Klarheit schenken, er möchte eine Beziehung mit dir eingehen und dich an seine Hand nehmen. Du brauchst dazu noch keinen starken Glauben. Versuch einfach, dich auf seine Führung einzulassen, wie Kinder zu ihren Eltern, ohne Voreingenommenheit, Stolz und Arroganz, bescheiden und gelehrig. Wir werden Wunderbares erleben, wenn wir uns mit seinem Wort beschäftigen, uns von seinem Rat leiten lassen, an seiner Hand bleiben und so eine innige Beziehung zu Gott und seiner Lehre - dem Evangelium - der frohen, selig machenden und rettenden Botschaft, entstehen kann.

So ein gewaltig grosses, zukünftiges Wunder ist die "Entrückung". Es wurde uns die Verheissung gegeben: "Glückselig und heilig ist, wer Anteil hat an der ersten Auferstehung" (Offb 20,6)! Die "erste Auferstehung" ist das Auferstehen aller Gläubigen, der Lebenden und der Toten (1Thess 4,16-17).

Als Jesus am Kreuz gestorben und drei Tage später von den Toten auferstanden ist, war er noch 40 Tage (von Ostern bis Himmelfahrt) bei seinen Jüngern. Es heisst, er wurde noch von vielen gesehen in dieser Zeit (1Kor 15,5-7). Nach diesen Tagen wurde er sichtbar emporgehoben und eine Wolke nahm ihn auf von ihren Augen weg (Apg 1,9). Als die Jünger, die dabei waren, ihm staunend nachblickten, standen da zwei Engel in weissen Gewändern und sprachen: "Was steht ihr hier und seht zum Himmel? Dieser Jesus, der von euch weg in den Himmel aufgehoben worden ist, wird in derselben Weise wiederkommen, wie ihr ihn habt in den Himmel auffahren sehen" (Apg 1,11)! Jesus ist hingegangen - in den Himmel aufgefahren - um uns eine Stätte zu bereiten, und er verspricht wiederzukommen und uns zu sich zu nehmen, auf dass auch wir sein können, wo er ist (Joh 14,3). Jesus verheisst uns seine Wiederkunft, wo die Gläubigen "entrückt" werden. So wie er gen Himmel aufgefahren ist, wird er wiederkommen, und das schon bald (Offb 22,7.12.20). Es ist aber bei weitem nicht die einzige Bibelstelle, wo Gott durch Jesus davon spricht, dass er die, die an diesem vielleicht anfänglich noch schwachen Glauben festhalten, zu sich in sein Reich nehmen will, wo Herrlichkeit in Ewigkeit sein wird.

Wo ist denn jetzt Gott; ist er im Himmel oder ist er unsichtbar irgendwo auf der Erde? Er ist an beiden Orten, denn Gott ist Geist (Joh 4,24). Seine Wohnung ist der Himmel, aber im Geist ist er uns ganz nah, im Geist kann er überall sein, sogar in uns. Er überblickt alles, er sieht alles, er sieht auch in die hintersten Winkel unseres Herzens. Er sieht und erkennt, wie wir es meinen, er kennt unsere Gedanken und unsere Gefühle, alles erfasst er und alles sieht er ganz genau.

Nein, da soll jetzt kein mulmiges Gefühl entstehen. Gott hat dich und mich geschaffen, hat uns allen Leben eingehaucht und so wurde der Mensch eine lebendige Seele (1Mo 2,7). Er liebt uns bedingungslos und weiss, dass wir eben auch eine Geneigtheit zur Sünde und zum Unguten haben. Und er lässt dies eben noch zu, er lässt zu, dass wir auch Werkzeug des Bösen sein können. Wieso denn? Weil er möchte, dass wir uns bewusst für ihn entscheiden, und dass wir ernsthaft versuchen, Gutes zu tun und das Böse zu meiden. Da möchte er, dass wir - du und ich - uns für ihn entscheiden mit unserem freien Willen, den er uns gegeben hat.

Das ist der Kampf, welchen wir kämpfen sollen, welchen wir kämpfen müssen. "Ich habe einen guten Kampf gekämpft, ich habe den Lauf vollendet, ich habe Glauben gehalten, hinfort ist mir beigelegt die Krone der Gerechtigkeit, welche mir der Herr an jenem Tage geben wird, nicht aber mir allein, sondern allen, die seine Erscheinung liebhaben" (2Tim 4,7-8). Das sagte Paulus - ein christlicher Missionar - der ein grosser Eiferer für den Herrn war und viele Briefe im Neuen Testament als Werkzeug Gottes geschrieben hat. Gott selbst hilft uns in diesem Kampf und er schaut voller Liebe immer auf unser Bemühen - auf unsere Herzenseinstellung - und nicht primär auf den Erfolg. Und er möchte nichts sehnlicher, als dass wir dereinst bei ihm sind. In seinem Reich, das er für dich und mich bereitet hat. Und er hilft uns dieses Ziel zu erreichen. Voraussetzung ist zunächst der Glaube an ihn und seinen Sohn. Diesen Glauben schenkt er uns gern, wir müssen ihn nur annehmen.

In diesen kurz umrissenen Eckpunkten des Heilsplanes Gottes für uns Menschen, dürfen wir ganz sicher sein, dass Gott und sein Sohn Jesus Christus uns ganz nahe sein möchten. Dass sie sogar *in* uns sein möchten, ja sogar *in* uns wohnen möchten, uns helfen und unterstützen möchten, lenken und anleiten möchten durch ihre vollkommene Liebe, sodass wir uns entwickeln können ins "Mannesalter" Christi, sodass wir geistlich gesehen vom Kind zum Mann werden, ausgestattet mit Weisheit und Erkenntnis, sodass wir Jesus immer ähnlicher werden können. Selbstverständlich kann man auch sagen, vom Kind zur Frau. Es geht mir diesbezüglich nicht um die Wortwahl, sondern um Inhalt und Sinn. Wenn in der Folge vom Mann gesprochen wird, ist selbstverständlich auch gleichberechtigt die Frau gemeint. Mann und Frau sind gleichermassen Gottes Ebenbild, insofern sind beide ihrem Wesen nach gleich. Sie sind nicht nur miteinander, sondern auch füreinander erschaffen worden und haben auch denselben Auftrag: die Schöpfung mit Weisheit, Güte und Liebe zu behandeln, wie es göttlichem Wesen entspricht.

Gott zwingt uns zu nichts, aber er engagiert sich sehr, er wirbt um uns, ja er sehnt sich danach, uns glücklich und selig zu machen. Nicht nur hier auf Erden, sondern für alle Zeit und Ewigkeit in seinem Reich, in unserer zukünftigen Heimat im Himmel. Jesus betete oft - auch für uns - zu seinem himmlischen Vater, aber nur einmal benützte er das Wort "will". Er sprach: "Vater ich *will*, dass wo ich bin, auch die bei mir seien, die du mir gegeben hast, damit sie meine Herrlichkeit sehen, die du mir gegeben hast, ..." (Joh 17,24). Dieses Gebet hat er auch für uns in der heutigen Zeit gebetet.

Wer ist denn genau Gott? Wir wissen aus der Bibel, die, wie schon erwähnt, als Basis der Lehre zu einem ewigen Leben und einer ewigen Gemeinschaft mit Gott dient, dass Gott der Schöpfer aller Dinge ist. Schöpfer des Lebens, Schöpfer der Himmel und der Erde, des Universums, des Sichtbaren und auch des Unsichtbaren. Gott ist Liebe, ist Geist, ist Wahrheit, ist vom Wesen her für uns Menschen unergründlich. Wenn wir ihn sehen könnten, wenn wir mit ihm sprechen könnten von Angesicht zu Angesicht, bräuchte es ja keinen Glauben. Diesen Glauben möchte Gott aber an uns sehen, er möchte sehen, dass sich sein Geschenk - der Glaube - bei uns entwickelt und festigt. Gott hat einen Sohn - Jesus Christus - der von Anbeginn der Zeit bei Gott war und Mitschöpfer ist. Jesus ist nicht erst durch Maria und durch die Zeugung des Heiligen Geistes "entstanden" und geboren. Er war von Anfang an bei Gott. Dann gibt es noch den Heiligen Geist. Er ist die dritte "Person" der Gottheit, und auch er war von Anfang an bei und mit Gott.

Gott, der Vater; Gott, der Sohn; und Gott, der Heilige Geist sind "eins". Es sind drei "Personen", aber sie sind "eins". Gott ist nicht Jesus, Jesus ist nicht der Heilige Geist und der Heilige Geist ist als "Person" auch nicht Gott. Aber die drei sind "eins", sind in ihrem Wesen völlig "eins". Im Fühlen, im Denken, Planen, Handeln,

Schöpfen; in allem völlig "eins".

Jesus Christus wurde von Gott auf die Erde gesandt um sündlos sich selbst als Opfer darzubringen, weil das Böse - der Teufel, in Gestalt der Schlange im Paradies - die Sünde in die Welt gebracht hat. Als Jesus das Opfer aus Liebe zu uns Menschen und im Einklang mit dem Willen Gottes vollbracht hatte und am Kreuz gestorben war, konnte er dadurch wieder Versöhnung mit Gott und den Menschen herstellen. Mit diesem Opfer wurde alles verändert! Es war der Menschheit wieder möglich, ein enges und inniges Verhältnis mit Gott zu haben. Das Zeitalter unter dem "Gesetz" (Altes Testament), wurde vom Zeitalter der "Gnade" (Neues Testament) abgelöst, und die reale Hoffnung auf ewige Gemeinschaft mit Gott und seinem Sohn war wieder möglich. Als Zeichen dieser Zeitenwende kann man das Zerreissen des Vorhanges im Jerusalemer Tempel deuten. Dieser Vorhang trennte den Heiligen Bereich vom "Allerheiligsten" und zerriss beim Tod Jesus am Kreuz von oben nach unten (Mt 27,51). Der Zugang zum Allerheiligsten war ab diesem Moment wieder gegeben, Tod und Teufel waren besiegt! Diese Geschehnisse sind in diesen kurz umrissenen Sätzen nicht so leicht zu verstehen, wir werden dies alles aber selbstverständlich im weiteren Verlauf noch genauer betrachten.

Jesus Christus fordert: "Glaubt an Gott und glaubt an mich" (Joh 14,1)! Er verheisst, dass alle, die an ihn glauben, nicht verloren werden, sondern das ewige Leben haben (Joh 3,15). Etliche Christen haben einen oft nur pragmatischen Glauben. Für sie ist Jesus vor allem ein Retter aus Schwierigkeiten. Gewiss können wir uns jederzeit an Gott wenden, ihn um Hilfe bitten, und er schenkt sie uns gern. Das Wesentliche ist jedoch etwas anderes. Jesus Christus ist nicht gekommen, um uns eine zeitlich begrenzte Hilfe zu leisten, sondern um uns endgültig aus der Knechtschaft des Bösen zu befreien und uns in die ewige Gemeinschaft mit Gott zu führen.

Manche Christen sehen das Evangelium auch als eine Art ethischen Kodex, der jedem auferlegt werden sollte. Es stimmt, dass das Leben in der Gesellschaft einfacher wäre, wenn alle Menschen die Gebote Jesu befolgen würden. Aber es würde die Ursache des Problems nicht lösen. Die Menschen würden dennoch Sünder bleiben und nicht in der Lage sein, sich von der Herrschaft des Bösen zu befreien und Heil (Erlösung) zu erlangen.

Jesus ermahnte seine Zuhörer, sich auf das ewige Leben auszurichten. Das ewige Leben wird vom Sohn Gottes geschenkt, niemand kann es sich verdienen! Um es zu erhalten, muss man an ihn glauben, also an seine Menschwerdung, sein Opfer, seine Auferstehung und an seine Wiederkunft.

Lasst uns in der Folge all diese Dinge etwas genauer anschauen. Versuchen wir, es im Glauben zu erfassen, es aufzunehmen, es anzunehmen und auch anzuwenden. Was nützt das beste Medikament, wenn wir es nicht anwenden, das beste Rezept, wenn wir nicht danach kochen? Es ist die spannendste und wichtigste Reise, die für einen Menschen möglich ist, und sie führt zu einem unvorstellbaren, herrlichen Ziel, das man nicht fassen und nicht beschreiben kann. "Was kein Auge jemals sah, was kein Ohr jemals hörte und was sich kein Mensch jemals vorstellen konnte, das hält Gott für die bereit, die ihn lieben" (1Kor 2,9).

Lasst uns versuchen in diese Gesinnung hinein zu wachsen. Bleiben wir dran und sagen wir uns: Auch wenn mir dies alles noch unverständlich vorkommt, möchte ich mich "dennoch" damit beschäftigen. Auch wenn ich mir nicht vorstellen kann, dass auch ich in meinem persönlichen Leben Gott erleben und erfahren kann, möchte ich "dennoch" versuchen an ihn zu glauben, dass er mich liebt und mir ganz nahe sein möchte. Auch wenn ich mir diese wunderbare Zukunft - die er für dich und mich bereitet hat - überhaupt noch nicht vorstellen kann, will ich "dennoch" versuchen daran zu glauben und mich darauf auch zu freuen. Ich will mich mit diesen Dingen auseinandersetzen - die jeden von uns ganz persönlich betreffen - und bin gespannt darauf, wie mich Gott berühren wird, wenn ich ernsthaft versuche, mich auf diesen Glauben und diese Gesinnung einzulassen.

Auch der Kämmerer aus Äthiopien las "dennoch" in den Schriften, obwohl er sie anfänglich nicht verstand und Gott sandte seinen Knecht Philippus zur richtigen Zeit an den richtigen Ort. Auch wir werden in diese lebendige Beziehung mit Gott gelangen, wenn wir uns ihm zuwenden. Dennoch werden wieder Situationen in unserem Leben eintreten die uns nicht gefallen. Genau dann wollen wir auch sagen können: "Dennoch" bleibe ich an deiner Hand, die du mir immer entgegenstreckst, "dennoch" versuche ich mich nicht an dir zu ärgern, versuche dir weiterhin so gut es geht zu vertrauen, versuche "dennoch", dich und meinen Nächsten zu lieben, versuche "dennoch", dir in meinem Wandel treu zu bleiben und Gutes zu tun. Der allmächtige Gott wird solch eine Herzenseinstellung segnen und uns die nötigen Kräfte garantiert verleihen, sodass wir immer besser und immer standhafter im Glauben und Vertrauen vorwärtsschreiten können, und dieses noch unvorstellbare Ziel, diese Herrlichkeit in alle Ewigkeit, auch erreichen werden.

1.2

"Jesus antwortete ihnen und sprach: Meine Lehre ist nicht von mir, sondern von dem, der mich gesandt hat" (Joh 7,16).

Jesus Christus ist Lehrer und Vorbild. Wir können alles was wichtig ist von ihm lernen. Die Lehre ist aber nicht von ihm selbst, sondern von Gott. Den frommen Juden aber zur damaligen Zeit fehlte die Legitimation dieser Lehre gemäss ihrer Lehrtradition. Sie nahmen diese Lehre nicht an bis auf ganz wenige Ausnahmen. Jesus stellt heraus, dass er Gesandter Gottes ist, der göttliche Offenbarung übermittelt. Er verlangt Glauben an sein Gesandtsein. Jesus lehrte in göttlicher Vollmacht (Lk 4,32; Mt 7,29). Diese wird beispielsweise in der berühmten Bergpredigt deutlich, wenn er bekundete: "*Ich* aber sage euch ..." (Mt 5,22). Hier zeigte sich, dass seine Autorität höher ist als die des Moses und der Propheten.

Jesus sagte: "Ich bin nicht gekommen, das Gesetz aufzulösen, sondern um es zu erfüllen" (Mt 5,17). Christus hat durch diese Aussage nicht impliziert, dass das damals gültige Mosaische Gesetz für immer in Kraft bleiben würde. Das griechische Wort für "auflösen" (kataluo), bedeutet wörtlich "auflockern, lösen". Jesus gehorchte dem Gesetz und brachte es zur Erfüllung. Er erfüllte die prophetischen Aussagen des Gesetzes in Bezug auf sich selbst (Lk 24,44).

Bezüglich dem Mosaischen Gesetz - ein Bund, der Mose für die Nation Israel nach ihrer Befreiung aus Ägypten gegeben wurde - hatten sich mit der Zeit eine Menge Missverständnisse eingeschlichen. Der Zweck dieses Gesetzes war die Beziehung zwischen Gott und seinem Volk zu regeln und aufrecht zu erhalten, aber nur bis zum Kommen des Messias und der Errichtung des neuen Bundes. Bald einmal wurden aber die moralischen Werte und Inhalte nicht mehr befolgt. Es war für die Israeliten praktisch auch nicht möglich, die insgesamt 613 Gesetze und Gebote einzuhalten.

Jesus hatte die Mosaischen Gesetze in ihrer moralischen Dimension erfüllt, wie er es gesagt hatte, und dann ein neues Gesetz gegeben, das Gesetz der Gottesliebe und der Nächstenliebe. Er sagte, wer dieses Gesetz erfüllt, der erfüllt damit alle Gesetze (Gal

5,14). Ist das nicht wunderbar? Wir müssen keine theologischen Koryphäen sein, ist nicht nötig. Wir sollen Gott über alles lieben und unseren Nächsten wie uns selbst, dann haben wir das ganze Gesetz erfüllt und sind gerechtfertigt vor Gott. Was für ein Schlüssel die Liebe doch ist! Aber ist es so einfach, dieses Gebot zu erfüllen? Es ist gewiss nicht so einfach, aber wir tun gut daran, es jeden Tag aufs Neue zu versuchen.

1.3

"Du sollst den Herrn, deinen Gott lieben mit deinem ganzen Herzen und mit deiner ganzen Seele und mit deiner ganzen Kraft und mit deinem ganzen Denken, und deinen Nächsten wie dich selbst" (Lk 10,27)!

Dies wurde von Jesus selbst als grösstes und wichtigstes Gebot bezeichnet, das Doppelgebot der Liebe. Es steht im Lukas-Evangelium. Lukas war ein Apostel Jesu und von Beruf Arzt. Erstaunlicherweise steht dieses Gebot auch zweimal im Alten Testament (5Mo 6,5; 3Mo 19,18). Also schon im Zeitalter des Gesetzes hat Gott dieses Gebot der Liebe gegeben.

Das Herz ist Mittelpunkt unserer innersten Motive und unserer Gesinnung. Es hängt sehr eng mit unserem Geist - der bewussten Wahrnehmung - zusammen, mit unseren bewussten Entscheidungen. In den Augen Gottes ist das Herz die zentrale Angelegenheit unseres Lebens. Interessant ist was in "Sprüche 4,23" geschrieben steht: "Behüte dein Herz mehr als alles, was zu bewahren ist! Denn in ihm entspringt die Quelle des Lebens."

Das Herz ist auch ein "Gottesorgan". Es ist der Ort wo Gottes Reden vernommen wird. König Salomon - der mit Weisheit ausgestattete Sohn von König David, (1000 v. Chr.) - bittet Gott: "Schenke mir ein hörendes Herz ..." (1Kön 3,9), und Gott erhörte seinen Wunsch und gab ihm ein weises und verständiges Herz.

Das Herz ist auch der Ort, wo die Liebe Gottes durch den in uns wohnenden Heiligen Geist ausgegossen ist (Röm 5,5). Diese Liebe ist im Grunde genommen das Wertvollste was wir besitzen dürfen. Wir wollen diese Liebe aber nicht nur selbst geniessen und für uns behalten, sondern wir sollen und können sie unserem Nächsten weitergeben.

Wenn der Geist Gottes in uns sein und in uns wirken kann, eröffnet sich uns eine neue Dimension, eine innige Beziehung zu Gott und seinem Sohn, die unser menschliches Vorstellungsvermögen bei weitem übersteigt. "Wisst ihr nicht, dass euer Leib ein Tempel des Heiligen Geistes ist, der in euch wohnt und den ihr von Gott habt" (1Kor 6,19)? Wenn wir Christus als unseren Retter und Erlöser akzeptieren, dann zieht der Heilige Geist in uns ein, unser Leib ist dann sein Heiliger Tempel und bringt ein komplett neues Leben der Liebe mit sich. Es ist eine vollkommene Liebe, die Gott in unsere Herzen ausgegossen hat und es ist möglich, ja es ist enorm wichtig, dass auch wir versuchen, Gott zu lieben, dass wir uns Gedanken machen, was er uns schon alles geschenkt hat. Mit unserem Verstand, unserer ganzen Kraft und mit unserem ganzen Denken, wollen wir uns klar werden, wie oft er uns schon geholfen hat, was er alles schon für uns in Liebe getan hat. Das wollen wir versuchen im Glauben zu erfassen, nicht alles als Zufall abtun, sondern die liebende Hand Gottes in der Hilfe sehen, mit der er uns lenkt und leitet.

Die Liebe Gottes zu den Menschen ist vor allem auch sichtbar geworden dadurch, dass Jesus sein sündloses Leben unter grossen

Schmerzen am Kreuz dahingegeben hat. Nicht nur für diejenigen die an ihn glauben können, sondern grundsätzlich für alle Menschen. Jesus sprach zu seinen Jüngern: "Das ist mein Gebot, dass ihr einander liebt, gleichwie ich euch geliebt habe. Grössere Liebe hat niemand als einer, der sein Leben lässt für seine Freunde" (Joh 15,12-13).

An der Nächstenliebe wird die Liebe zu Gott auch sichtbar. Das gehört untrennbar zusammen. Im 1. Brief des Johannes, im 4. Kapitel, Vers 20, heisst es: So jemand spricht: "Ich liebe Gott", und hasst seinen Bruder, der ist ein Lügner. Denn wer seinen Bruder nicht liebt, den er sieht, wie kann er Gott lieben, den er nicht sieht?

Gott lieben auch mit unserer ganzen Seele. Gott hat uns nicht nur einen sichtbaren Leib mit einem Herzen gegeben, er hat uns auch Geist und Seele gegeben. Mit unserer unsterblichen Seele sind unsere Gefühle, unser Verstand und unser Wille verbunden. Auch mit diesen Gaben sollen wir Gott lieben, und unseren Nächsten wie uns selbst, das heisst, ihm das wünschen und auch zukommen zu lassen, was auch wir für uns selbst wünschen und gerne hätten.

Wer ist denn überhaupt mein Nächster? Im Gleichnis vom barmherzigen Samariter wird es uns veranschaulicht (Lk 10,30-35). Jesus erzählte: "Es war ein Mensch, der ging von Jerusalem hinab nach Jericho und fiel unter die Räuber; die zogen ihn aus und schlugen ihn und machten sich davon und liessen ihn halb tot liegen. Es traf sich aber, dass ein Priester dieselbe Strasse hinab zog; und als er ihn sah, ging er vorüber. Desgleichen auch ein Levit: Als er zu der Stelle kam und ihn sah, ging er vorüber. Ein Samariter aber, der auf der Reise war, kam dahin; und als er ihn sah, jammerte es ihn (er hatte Mitleid mit ihm); und er ging zu ihm, hob ihn auf sein Tier und brachte ihn in eine Herberge und pflegte ihn. Am nächsten Tag zog er zwei Silbergroschen heraus, gab sie dem

Wirt und sprach: Pflege ihn; und wenn du mehr ausgibst, will ich dir's bezahlen, wenn ich wiederkomme."

Priester und Levit, die den Willen Gottes kennen, helfen nicht. Der Samariter, der nicht zum Judentum gehört, lässt sich vom Leid des Überfallenen berühren, hilft und sorgt dafür, dass dem Mann auch noch weiterhin geholfen wird, indem er in diesem Fall den Wirt auch noch für den zusätzlichen Pflegeaufwand entschädigt. Ein Silbergroschen war der Tageslohn eines Arbeiters in jener Zeit, keine Kleinigkeit.

Jesus hat über dem Gleichnis vom barmherzigen Samariter hinaus Grundlegendes zur Nächstenliebe in der sogenannten "Goldenen Regel" zusammengefasst. Unter der "Goldenen Regel" versteht man die Aussage Jesu in der Bergpredigt: "Alles nun, was ihr wollt, dass euch die Leute tun sollen, das tut ihnen auch!" Der Begriff "Goldene Regel" wurde im 17. Jahrhundert in Europa für diese Aussage in Matthäus 7,12 geprägt. Diese Regel ist auch ausserhalb des Christentums ein weit verbreiteter Grundsatz im Zusammenleben von Menschen.

Es soll uns auch zum Nachdenken anregen, was von Jesus im Matthäus-Evangelium überliefert ist: "Was ihr für einen meiner geringsten Brüder (Arme, Bedürftige, Vergessene, Fremde und Ausgestossene) getan habt, das habt ihr mir getan" (Mt 25,40).

1.4

"Ich bin der Weg und die Wahrheit und das Leben; niemand kommt zum Vater denn durch mich" (Joh 14,6).

Dieses zentrale und wegweisende Wort - das schon in der Einleitung erwähnt ist - schlüsselt uns klar und deutlich auf, dass es unumgänglich ist zu glauben, dass Jesus selbst der Weg ist der zu Gott führt und auf diesem Weg voranzuschreiten! Was heisst das, wie geht das?

Diese Reise ins Reich Gottes - in Gottes Herrlichkeit - ist ohne Jesus Christus nicht möglich. Was ist denn mit all den Andersgläubigen, den Muslimen, den Hindus, den Naturvölkern, die in alten Lehren und Traditionen im Einklang mit der Natur leben und allen anderen, die nicht an Jesus Christus glauben, ihn nicht als die Wahrheit - die zu ewigem Leben führt - annehmen?

Wir wissen es nicht. Es steht uns auch nicht zu, hier ein möglich scheinendes Szenario zu skizzieren. In der Heiligen Schrift gibt es viele Hinweise auf viele Dinge. Viele Hinweise, wie wir unser Leben gestalten sollen, viele Hinweise auch auf zukünftige Dinge. Aber auch was den Zeitpunkt der Entrückung anbelangt, und wer dann dabei sein wird, das wissen wir definitiv nicht. Der Sohn Gottes sprach: "Von dem Tage aber und von der Stunde weiss niemand, auch die Engel nicht im Himmel, sondern allein mein Vater" (Mt 24,36). Jesus sprach und es steht geschrieben: "Es ist nicht eure Sache, die Zeiten oder Zeitpunkte zu kennen, die der Vater in seiner eigenen Vollmacht festgesetzt hat" (Apg 1,7).

Es ist zwar schon eine klare Ansage, dass niemand zum Vater - zu Gott - gelangt, ausser über und durch Jesus, über den Weg, der gelegt wurde durch das Opfer Jesu, durch welches dies alles erst möglich wurde. Durch sündlosen Wandel, Opfer und Auferstehung Jesu, wurde diese Chance für dich und mich geschaffen. Dadurch wurde auch die Möglichkeit geschaffen, dass der Heilige Geist gesendet werden konnte (Joh 16,7). Wieso ist das in diesem Zusammenhang wichtig? Weil die Kraft aus dem Heiligen Geist Jesus von den Toten auferweckte (Eph 1,19-20). Dies ist ein untrüglicher Hinweis, dass auch unsere Auferstehung - die Entrückung - durch die Auferstehungskraft des Heiligen Geistes erfolgen wird. Es braucht auch deshalb den Heiligen Geist. Gott in seiner uneingeschränkten Freiheit kann diesen selbstverständlich geben wem er will, und somit auch die Auferstehungskraft schenken, wem er will.

Der Koran lehnt die Dreieinigkeit Gottes von Vater, Sohn und Heiligem Geist ab (Sure 5,73). Auch kommt der Heilige Geist im Koran nur an sehr wenigen Stellen vor. Muslime identifizieren diesen Geist als Engel Gabriel, also mit einem Engel Gottes, der geschaffen wurde und nicht nach biblischem Verständnis von Anfang an war. Der Engel Gabriel ist aber nach biblischem Verständnis nicht der Heilige Geist (Lk 1,35). Der Heilige Geist ist im Gegensatz zu einem Engel überall gleichzeitig; er wohnt in den Gläubigen und stärkt sie, mutige Zeugen für den Sohn Gottes zu sein (Apg 1,8; 2,17). Der Geist Gottes macht Menschen zu Kindern Gottes.

Was die Haltung Muhammads - des Religionsstifters - zu den Christen angeht, so ist sie während der mekkanischen Periode wesentlich offener und wohlwollender. In Mekka sieht der Koran, und damit Muhammad, seine Botschaft eng verwandt mit der Christlichen, während in Medina die Christen als "Ungläubige" bezeichnet werden. Wenn der Koran von Jesus spricht, wird normalerweise "Sohn der Maria" hinzugefügt, um zu unterstreichen, dass er nicht "Sohn Gottes" ist, sondern ein "Geschöpf" Gottes. "Mit Jesus ist es vor Gott wie mit Adam. Er erschuf ihn aus Erde, dann sagte er zu ihm: Sei! und er war" (Sure 3,59).

Wir können nur schon an diesen Beispielen erkennen, dass es elementare Unterschiede in diesen zwei Glaubensrichtungen gibt. Dennoch kann die Herzenseinstellung zu einer "höheren Macht", die hilft und errettet, bei Menschen mit unterschiedlichen Glaubensausrichtungen, ähnlich sein. Auch die Liebe zu Gott und zum Nächsten kann selbstverständlich gleich gross oder auch noch grösser sein als bei einem Christen, was Gott sicherlich mit Wohlgefallen betrachtet.

Die drittgrösste Religion nach dem Christentum und dem Islam ist der Hinduismus. Knapp eine Milliarde Menschen zählen sich zu dieser Glaubensgemeinschaft. Der Hinduismus ist Philosophie und religiöse Lehre zugleich. Wichtige religiöse Gestalten, wie zum Beispiel Jesus, Buddha oder Muhammad, werden als "Avataras" anerkannt. So bietet sich das Inkarnationsmodell an, um Christus in den Hinduismus zu integrieren.

Es sind drei Heilswege, die nach hinduistischer Vorstellung zur Befreiung führen. Der Weg des Handels, der Weg des Wissens und der Erkenntnis, und der Weg der Gottesliebe. Durch den Weg der Liebe kann er sich Gott nähern. Dieser nähert sich ihm ebenfalls, wenn sich sein Diener darum bemüht und lässt ihn Gottesliebe erfahren. Diese Liebe ist eng verknüpft mit dem alltäglichen Handeln, worin dann auch die anderen Heilswege integriert werden. In dieses Denkmuster passt das Bild des all liebenden Jesus Christus der Christen. Er ist in seiner Inkarnation ein Vorbild. Für Hindus ist die Schöpfung ein ewiger Kreislauf der Materie, der kein Anfang und kein Ende hat. Der Mensch ist für Hindus ein besonderes Lebewesen, der seine Mitmenschen und seine Umwelt gut behandeln soll. In diesem Punkt ist der Hinduismus mit der Lehre Jesu praktisch kongruent. Durch eine gute Lebensweise kann es dem Gläubigen Hindu gelingen, seinen Geist vor der ewigen Wiedergeburt, diesem ewigen Kreislauf, zu befreien.

Nun, was zeigt uns das in diesem sehr kurz umrissenen Vergleich der drei grössten Weltreligionen? Es zeigt, dass zum Teil grosse Unterschiede in der Lehre vorhanden sind. Es zeigt, dass es tatsächlich nicht ganz einfach ist, diesen wahren Weg, der durch Jesus Christus gelegt wurde und den er selbst auch verkörpert, der ewiges Leben bei Gott verheisst, in den beiden Weltreligionen - dem Islam und dem Hinduismus - zu finden.

Heisst das jetzt, dass definitiv keine Seele, die einer anderen Religion als dem Christentum angehört, ewiges Leben im Reich Gottes haben kann? Der primäre Wunsch Gottes ist nicht, dass ein Nichtchrist zum Christentum konvertiert, sondern dass der Mensch aufrichtig versucht, Gutes zu tun und das Böse zu meiden, dass er versucht zu lieben und alles Schlechte zu unterlassen, dass er sich von bösem Tun abwendet. Das gilt für alle Menschen. Gott, der das Bemühen ansieht, der in die tiefste Ecke unseres Herzens zu schauen vermag, erkennt ganz genau wie wir es meinen und kennt unser Streben und Bemühen.

Was wir aber ganz sicher wissen ist, dass wenn wir an Jesus Christus glauben können, an seine Lehre, an sein Evangelium und uns daran orientieren, und wenn wir uns wirklich ernsthaft bemühen danach zu leben, wir auf diesem Weg - der gelegt ist in und durch Jesus Christus - das Ziel unseres Glaubens, Herrlichkeit in Ewigkeit mit Gott und seinem Sohn, erleben können. Auf diesem Weg werden wir definitiv seine Liebe und Nähe verspüren, können erleben, dass er uns lehrt, ganz viel Geduld mit uns hat und uns nie allein lässt, auch wenn manchmal dieses Gefühl aufkommen kann. Er zwingt uns zu nichts, er hat uns den freien Willen gegeben, aber er wirbt und eifert um uns und möchte, dass wir freudig und in grossem Vertrauen auf seine Hilfe und Unterstützung diesen wunderbaren Weg bis zu unserem Glaubensziel sicher gehen können.

1.5

"Jerusalem, Jerusalem, die du die Propheten tötest und steinigst, die zu dir gesandt sind! Wie oft habe ich deine Kinder sammeln wollen, wie eine Henne ihre Küken unter die Flügel sammelt, aber ihr habt nicht gewollt" (Mt 23,37)!

In diesem Bibelvers können wir sehr eindrücklich den Schmerz Jesu spüren. Er möchte für seine Kinder da sein und sie beschützen, sie bewahren und in sein Reich führen. Diese selbstlose Liebe hatte Jesus damals wie heute, da hat sich nichts geändert. Es hat sich leider auch nichts geändert in der Ablehnung und Verachtung, ihm gegenüber. Jesus liebt alle Menschen bedingungslos, nichts kann ihn davon abhalten, denn er ist die Liebe! Es schmerzt ja auch uns, wenn wir Gutes tun wollen und einzig Anfeindung und Ablehnung zurückbekommen. Gott hat uns Menschen den freien Willen gegeben, das ist eine grosse Chance, aber auch eine grosse Verantwortung, denn wir sind angehalten, uns richtig zu entscheiden.

Müssen wir uns überhaupt entscheiden? Ja, müssen wir. Wieso fällt und das oft so schwer, uns fürs Gute zu entscheiden? Weil es neben den göttlichen Kräften und dem göttlichen Werben für dich und mich eben auch starke Kräfte des Bösen gibt, die entgegengesetzt wirken. Der liebe Gott lässt dies zurzeit noch zu, obwohl Tod und Teufel durch Jesus am Kreuz definitiv besiegt worden sind. Das Böse versucht mit Vehemenz diese Gegebenheit auf alle erdenkliche Weise auszunützen, um uns vom guten Weg abzubringen. Der Teufel tut das nicht mit brachialer Gewalt, sondern mit Hinterlist, wie wir dies auch aus seiner Herangehensweise im Paradies sehen können. Mit den Worten: "Sollte Gott wirklich gesagt haben ...?" (1Mo 3,1) streute er Zweifel und Verunsicherung. Das sind seine Hauptwaffen neben Lügen und Halbwahrheiten, mit denen er uns ablenken und verwirren will. Fallen wir nicht darauf herein, sondern verlassen wir uns vertrauensvoll der Führung und dem Schutz Gottes an.

Was passiert, wenn wir uns nicht bewusst für Jesus und seinen Weg entscheiden? "Wer nicht mit mir ist, der ist gegen mich; und wer nicht mit mir sammelt, der zerstreut!" (Lk 11,23) sagte Jesus. Also, wer sich nicht bewusst für Jesus entscheidet, der arbeitet automatisch gegen ihn, so hart das klingen mag. Wir können jedoch jederzeit umkehren, uns ändern, Jesus und seine Lehre annehmen. Er wird uns immer mit offenen Armen empfangen! Er wird nie sagen: Alles was du falsch gemacht hast, es ist einfach zu viel, deine Sündenlast ist zu gross. Er wird uns immer vergeben, wenn wir uns ihm mit reuigem Herzen nahen, und wenn auch wir bereit sind, unserem Nächsten zu vergeben. Das ist eine Bedingung, dass wir zumindest ernstlich versuchen sollen, unserem Nächsten auch zu vergeben (Mt 6,14-15).

Warten wir aber nicht zu lange mit unserer Zuwendung zum Herrn, dies wäre sehr unklug. Wieso? Zum einen, weil Gott seinen Sohn jederzeit - auch heute noch - senden kann um sein Volk, seine Kinder, seine Brüder und Schwestern, seine Freunde, und alle, die sich für ihn entschieden haben und auf seinem Weg gewandelt sind, zu entrücken, sie zu sich zu nehmen, in sein Reich zu führen. Zum Zweiten, weil die Verbindung zu ihm durch passives Abwarten geschwächt wird und dadurch das Verhältnis zu Gott und seinem Sohn leidet und die Gefahr immer grösser wird, dass er und seine Lehre immer mehr in Vergessenheit gerät. Deshalb wollen wir wachsam sein, uns Gott ganz anvertrauen, uns jetzt - solange wir uns noch in der Gnadenzeit befinden und er noch Geduld mit uns hat - sammeln lassen unter die schützenden und bewahrenden Flügel.

1.6

"Nehmt auf euch mein Joch und lernet von mir; denn ich bin sanftmütig und von Herzen demütig; so werdet Ihr Ruhe finden für eure Seelen" (Mt 11,29).

Wieso wollen wir unseren Lebensweg allein gehen, wenn wir göttliche Begleitung und göttliche Führung erhalten und von Jesus gelehrt werden können? Reizt es uns nicht herauszufinden, ob dieses Bibelwort - gesprochen und versprochen von Jesus Christus - stimmt, und sich auch bei uns erfüllt? Ob dies für uns persönlich auch wirklich zutrifft und wir Ruhe finden für unsere Seele, wenn wir das uns auferlegte Joch annehmen und auf unserem Lebensweg im Glauben und Vertrauen auf Gottes Hilfe vorwärtsschreiten? Ruhe finden für die Seele bedeutet, dass sich göttlicher Frieden in uns ausbreitet.

Was müssen wir denn genau tun, um Gott ganz persönlich zu erleben, um Glaubenserlebnisse zu machen, die unseren vielleicht noch schwachen Glauben stärken und uns Bestätigung geben auf diesem Weg? Wir müssen es zuerst einmal wirklich wollen! Die

Basis, um Glaubenserlebnisse machen zu können, ist zuerst einmal der Glaube an Jesus Christus. Auch ein allenfalls schwacher Glauben hindert Gott nicht daran, bei dir anzuklopfen und in dein Leben einzutreten, wenn du ihn hereinlässt. Da er dich bedingungslos liebt und ein für uns Menschen unvorstellbares Interesse daran hat, dass du dich bewusst für ihn entscheidest, wird er uns immer beistehen und mithelfen das Joch, das uns eben auch auferlegt ist, zu ziehen. Dieses Joch, dessen Last unter seiner Mithilfe viel leichter zu tragen ist, denn es heisst im Vers danach (Vers 30): "Denn mein Joch ist sanft und meine Last ist leicht".

Auch wenn wir bis zum jetzigen Zeitpunkt vielleicht noch keine bewussten Glaubenserlebnisse machen konnten, wollen wir uns dennoch vornehmen, die Worte Jesu im Glauben zu erfassen und anzuwenden. Wir werden es erleben, wie Gott in unser Leben kommt, du ihn spüren und erleben kannst und so auch Ruhe in deine Seele einkehren wird. Er hat es uns verheissen. Glauben wir es; erleben wir es! Der Herr wirbt um dich, er lädt ein. Er macht es mit Liebe und Sanftmut. Der Böse mit List und Tücke. Auf ihn wollen wir uns nicht einlassen. Er versucht alles um uns vom wahren Weg abzubringen. Das muss uns klar werden, damit wir uns bewusst für das Gute entscheiden und den Kampf gegen das Böse aufnehmen können.

Im Vers zuvor (Vers 28) lädt uns Jesus ein mit den Worten: "Kommt her zu mir alle, die ihr mühselig und beladen seid, so will ich euch erquicken!" Er will uns zur Ruhe bringen, uns immer wieder neu beleben, stärken und erfrischen. Das sind die Synonyme für Erquickung. Und es wird passieren, wenn wir beladen, gestresst und getrieben sind, vielleicht unter grossem Druck sind, dass wir dies ganz persönlich erleben werden. Ganz besonders in der heutigen Zeit, wo viele Menschen nicht mehr ein und aus wissen, kann und will dies unser liebender himmlischer Vater für uns tun. Er möchte uns durch den Heiligen Geist Klarheit schenken. Die Last, sie gehört aber dazu. Da macht uns Gott nichts vor oder beschönigt etwas. Aber er hilft mit zu tragen und zu ziehen. Glauben wir an sein Wort und an seine Verheissungen, auch wenn es uns unmöglich erscheinen mag! Dennoch versuchen, diesen Glauben zu behalten und nicht leichtfertig wieder loszulassen, auch wenn er noch schwach sein sollte.

Wieso überhaupt gehört denn diese Last dazu? Es würde uns doch sicher besser gefallen, wenn wir von Jesus hören würden, dass er uns - wenn wir an ihn glauben - von aller Last befreien wird. Denken wir in diesem Zusammenhang an einer Pflanze. Ohne Regen, Wind, manchmal vielleicht auch Hitze oder auch einmal einen Sturm, könnte sie nicht gedeihen, könnte nicht wachsen und stark werden. Das sind nun mal die Gesetzmässigkeiten Gottes, die er richtig austariert, und auch für die Natur so geschaffen hat. Als Gott Himmel und Erde und den Menschen gemacht hatte und schliesslich alles betrachtete, konnte er sagen: "... es war sehr gut" (1Mo 1,31).

Was müssen wir dazu selbst tun, ausser versuchen daran zu glauben? Uns Jesus anvertrauen, sein Joch auf uns nehmen! Ein Bild, das die Menschen zur damaligen Zeit gut verstanden haben. Wir wollen es auch verstehen, denn die Bibel wurde auch für uns geschrieben, nicht nur für die Menschen, die vor ungefähr 2000 Jahren gelebt haben und von denen fast niemand lesen konnte. Das Joch ist ein Holzbalken, der zwei Tieren, meist waren das Ochsen oder Pferde, über den Nacken gelegt wird. An beiden Seiten befindet sich je ein Rahmen, der den Hals der Tiere umschliesst. In der Mitte des Balkens ist ein Zugseil befestigt, mit dem die Last gezogen wird.

Jesus hatte damals mit diesem Beispiel die Jünger eingeladen, eine unauflösbare Lebensgemeinschaft mit ihm einzugehen, denn der andere neben uns in diesem Joch ist Jesus Christus selbst. Er ist Leitung, Führung, Mithilfe. "Was nun Gott zusammengefügt hat, das soll der Mensch nicht scheiden", heisst es in einem anderen Bibelwort (Mt 19,6). Im griechischen Text steht für "zusammengefügt" das Wort "zusammengejocht". Dieses Wort aus dem Matthäus-Evangelium bezieht sich auf Ehe und Scheidung. Es ist aber nicht aus dem Kontext genommen, da Jesus auch als unser Seelenbräutigam bezeichnet wird.

1.7

"Und die Apostel sprachen zu dem Herrn: Stärke uns den Glauben" (Lk 17,5)!

Der Herr schenkt Glauben und stärkt ihn bei denen, die ihn darum bitten. Die Apostel - das waren jene Jünger, die Jesus mit wesentlichen Aufgaben betraut hat - bitten um Stärkung ihres Glaubens. Sie wissen, dass ihr Glaube noch schwach ist und Stärkung nur von Jesus kommen kann. Es wird deutlich, dass der Glaube kein Werk des Menschen ist. Der Glaube ist in erster Linie ein Vertrauensverhältnis zu Gott. Dieses Verhältnis zu unserem himmlischen Vater kann nur genährt und gestärkt werden, wenn wir in einer stetigen und lebendigen Beziehung mit Gott bleiben.

Glaube unterliegt der Anfechtung. Diese Erfahrung haben auch die Jünger gemacht. Sie kamen immer wieder in gefährliche Situationen, obwohl sie mit Jesus verbunden waren und er ihnen immer zeigte, wie sie sich verhalten sollten und um was es eigentlich geht. Sie sollten sich keine Sorgen machen, sondern ihm einfach vertrauen. Aber sie verstanden so vieles nicht. Es war auch alles völlig neu was sie hörten und sahen, es war vieles einfach zu gewaltig für ihr Vorstellungsvermögen. Es gab nichts Vergleichbares zuvor.

Heute können wir zurückblicken, können es besser verstehen und einordnen. Können erkennen - wenn wir denn wollen und daran interessiert sind - dass die Verheissungen, die durch Jesus und durch die Propheten Gottes ausgesprochen und aufgeschrieben wurden, in Erfüllung gegangen sind! Es sind nur noch wenige Verheissungen, die in der Zukunft liegen, die sich garantiert auch noch erfüllen werden. Das können wir sogar mit unserer menschlichen Logik fassen. Eine dieser wenigen Verheissungen, die sich bis heute noch nicht erfüllt haben, ist die Verheissung der Entrückung der Kinder Gottes, derjenigen, die Jesus in ihr Boot genommen haben und sich im Glauben und Vertrauen an ihn entwickelt haben, in der Gottes- und Nächstenliebe gestanden sind, die seine Lehre angenommen haben. Die ernsthaft versucht haben sie auch umzusetzen, dem Bösen entsagt haben und die Beziehung und das Verhältnis zu Gott gepflegt und erhalten haben, so gut es eben ging. Dies alles ist nur möglich mit der erbetenen Hilfe Gottes, denn schlussendlich ist alles Gnade. Lasst uns in diese Beziehung mit Gott und seinem Sohn eintreten. Lasst uns die Verbindung zu ihm immer wieder suchen, das geht so wunderbar, wenn wir zu ihm beten, ihn bitten, dass er uns dabei hilft. Ihn bitten, dass er uns den wahren Weg aufzeigt und uns auf diesem Weg begleitet. Dass er mit uns ist in seiner grossen Liebe, Kraft und Weisheit, dass wir seine Nähe fühlen können und seine Hilfe erleben dürfen. Dass sein Licht uns den Weg erhellt, sodass wir sichere Schritte in unsere Zukunft tun können. Was für Wohltaten können wir erleben, wenn wir den Mut aufbringen, uns darauf einzulassen und uns ihm vertrauensvoll zuwenden!

Teil 2

2.1

"Und sogleich rief der Vater des Knaben mit Tränen und sprach: Ich glaube, Herr; hilf mir, (loszukommen) von meinem Unglauben" (Mk 9,24)!

Hört sich etwas komisch an, dieser Vers aus dem Markus-Evangelium. Da ruft ein Vater eines Knaben unter Tränen zu Jesus, dass er glaubt, trotzdem aber von Unglauben beherrscht wird, von dem er nicht loskommt. Die Geschichte zu diesem Wort handelt von einem besessenen Knaben, der von seinem Vater zu Jesus gebracht wurde in der Hoffnung, dass Jesus ihn heilen könnte. Der Vater war verzweifelt, wusste aber, dass Jesus mit seinen Jüngern in der Nähe war und schon unzählige Wunderheilungen getan hatte. Auch die Jünger - die Jesus selbst erwählte und als Apostel einsetzte - hatten schon viele Wunder und Heilungen im Namen Jesu vollbracht (Lk 6,13). Dieser Vater wusste dies auch und kam zuerst zu diesen mit der Bitte, seinen Jungen doch zu heilen. Sie konnten es in diesem Fall aber nicht. Nun wendete sich der Vater direkt an Jesus und sprach: "Meister, ich habe meinen Sohn hergebracht, damit du ihn heilst ..." (Vers 17). "Hab doch Mitleid mit uns! Hilf uns, wenn du kannst!"

Durch diese Aussage können wir erkennen, dass beim Vater noch kein wirklicher Glauben vorhanden war. "Wenn ich kann?" fragte Jesus zurück und sprach danach diesen wunderbaren Satz: "Alle Dinge sind möglich dem, der da glaubt" (Vers 23). Sofort war dem Vater klar, dass es eben Glauben braucht, um Heilung und Wunder zu erleben und es war ihm auch sofort klar, dass dieser Glauben bei ihm noch nicht vorhanden war. Da erkannte er nur noch die Möglichkeit, Jesus zu bitten, er möge ihm doch helfen, diesen seinen Unglauben zu überwinden, ihm helfen davon loszukommen. Daraufhin erhörte Jesus diese Bitte und befahl diesem Geist, er möge den Jungen verlassen und nie wieder zu ihm zurückkehren (Vers 25).

Zeigt uns die Geschichte nicht auf wunderbare Weise, dass es möglich ist, Gottes Hilfe zu erfahren, auch wenn wir noch schwach sind im Glauben und noch wenig Vertrauen vorhanden ist? Versuchen wir, nicht zu zweifeln und uns ganz auf den Herrn zu verlassen! Er hilft uns so gern, wenn wir uns ihm zuwenden. Richten wir uns auf Jesus aus, wenden wir uns an ihn und zu ihm hin, auch wenn wir noch gar nicht so richtig an ihn glauben können. Wir werden seine Hilfe erleben und der Glauben kann sich in uns entwickeln, wenn wir uns mit ihm verbinden.

Im Jakobusbrief steht geschrieben: "Bittet aber im Glauben und zweifelt nicht; denn wer da zweifelt, der ist wie eine Meereswoge, die vom Winde hin- und hergetrieben wird" (Jak 1,6). Wenn wir uns Gott zuwenden im Gebet, wenn wir um seine Hilfe bitten, wollen wir danach nicht noch zweifelnd "wenn du kannst" anhängen, sondern fest daran glauben, dass unser Gebet von Gott nicht "nur" gehört wird, sondern auch erhört wird. Es gibt viele Beispiele in der Heiligen Schrift, die auf diesen Punkt hinweisen. Denken wir nur einmal an Petrus, der wie Jesus selbst übers Wasser laufen konnte, solange er Jesus vertraute und sich ihm zuwendete. Als er sich dann wieder auf den starken Wind, das Meer und die Wellen fokussierte, das Irdische plötzlich wieder in sein Bewusstsein kam, zweifelte er trotzdem und begann zu sinken, obwohl er dieses Wunder ja selbst unmittelbar am Erleben war (Mt 14, 28-31). Wir dürfen, sollen und wollen unsere Wünsche und

Wege Gott kundtun und wollen ganz fest daran glauben, dass er hilft und versuchen, nicht daran zu zweifeln! Er weiss zwar schon bevor du betest, mit welchen Sorgen du zu ihm kommst, denn für ihn ist Vergangenheit und Zukunft gegenwärtig, aber er will es dennoch von uns "erbeten" haben. Gott fordert uns sogar konkret auf, ihm unsere Wege anzubefehlen. Ja, "befehlen" ist kein Übersetzungsfehler, es heisst im Psalm 37, Vers 5: "Befiel dem Herrn deine Wege und hoffe auf ihn; er wird's wohl machen". Er hört sich jedes Gebet an, wenn es vielleicht auch nur aus ganz wenigen Worten besteht. Er weiss genau was du brauchst und er gibt dir auch was du brauchst. Wenn du betest kannst du vollkommen sicher sein, dass der allmächtige Gott dein Gebet hört und versteht, wenn es auch nur ein Stammeln ist, diese Gewissheit darfst du haben. Und Gott hilft immer! Manchmal nicht genau so wie du es dir vorstellst, vielleicht brauchst du auch noch etwas Geduld, aber er hilft immer! Er hilft so, wie es für dich oder für die Menschen, für die du bittest, am besten ist! Vertraue ihm und versuch ganz ruhig zu bleiben, glaube daran und hoffe darauf, dass er es richtig macht und lass keinen Zweifel aufkommen. Vertraue ihm fest und du wirst ihn wunderbar erleben!

2.2

"Wenn ein Bruder oder eine Schwester nackt ist und Mangel hat an täglicher Nahrung und jemand unter euch spricht zu ihnen: Geht hin in Frieden, wärmt euch und sättigt euch! ihr gebt ihnen aber nicht, was der Leib nötig hat - was hilft ihnen das? So ist auch der Glaube, wenn er nicht Werke hat, tot in sich selbst" (Jak 2,15-17).

Die Worte des Jakobusbriefes sind so zu verstehen, dass Glaube und Werke unmittelbar aufeinander bezogen sind. Gute Werke haben ihren Ursprung im Glauben, sind Früchte des Glaubens. Der Glaube realisiert sich in der Liebe, dem konkreten und liebenden Umgang mit unserem Nächsten. Glaube und Werke gehören zusammen. Gute Werke sind Ausdruck eines lebendigen Glaubens; fehlen sie, dann ist der Glaube tot, er ist nichts wert, wenn wir nicht auch tun, was Gott von uns will (Vers 20).

Es ist aber wichtig zu wissen, dass der Mensch durch den Glauben an Jesus Christus gerechtfertigt wird und nicht durch seine Werke! Die Werke, die er vollbringt, tragen nichts zu seiner Heiligung und Rechtfertigung bei. Apostel Paulus schreibt im Römerbrief: "So halten wir nun dafür, dass der Mensch gerecht wird ohne des Gesetzes Werke, allein durch den Glauben" (Röm 3,28). Obwohl das Gesetz und das Tun Gott gefälliger Werke keine rechtfertigende Wirkung haben, stehen doch Glaube und Werke, Rechtfertigung und guter Wandel in einer engen Beziehung und können in diesem Zusammenhang gar nicht voneinander getrennt werden.

Hier können wir auch wieder die Geschichte vom barmherzigen Samariter betrachten. Nicht nur Hörer des Wortes sein, sondern auch Täter (Jak 1,22)! Mit einem liebenden Herzen helfen, für die bitten, die uns beleidigen, wohl tun denen, die uns vielleicht sogar hassen oder verfolgen, so wie es Jesus auch in der Bergpredigt proklamierte (Mt 5,44). In der Tat, und nicht nur mit Worten. Das sind die Werke, die Gott an uns sehen will und wo er sein Wohlgefallen auf uns legen kann. Wir können uns nichts verdienen, alles ist Gnade, denn ohne Gott gäbe es uns gar nicht und ohne die Hilfe Gottes können wir nichts tun (Joh 15,5). Alles soll aus Liebe zu Gott und aus Liebe zu unserem Nächsten geschehen.

2.3

"Denn ich bin gewiss, dass weder Tod noch Leben, weder Engel noch Fürstentümer (Dämonen) noch Gewalten, weder Gegenwärtiges noch Zukünftiges, weder Hohes noch Tiefes noch keine andere Kreatur mag uns scheiden von der Liebe Gottes, die in Christo Jesu ist, unserem Herrn" (Röm 8,38-39).

Was für eine Aussage, die hier zum Ausdruck kommt im Brief des Paulus an die Römer. Rein gar nichts kann uns trennen von der Liebe Gottes, ausser wir selbst könnten das mit unserem freien Willen, den uns Gott gegeben hat. Gott zwingt uns zu nichts, wir können diese Liebe Gottes an uns auch ausschlagen. Das sei aber ferne; wir wollen uns doch diese Liebe gerne gefallen lassen und die Tatsache, dass keine Macht uns trennen kann von dieser Liebe; ist das nicht ein gewaltiger Trost? Lasst uns Gott auch danken für diese Gnade, diese unverdiente Liebe! Wir können sie uns nicht verdienen, auch nicht mit einem Gott wohlgefälligen Wandel, auch nicht mit noch so guten Taten, seine Liebeszuwendung ist und bleibt Gnade. Freuen wir uns darüber, auch dass uns diese Liebeszuwendung nichts und niemand wegnehmen kann, nur wir selbst können sie ablehnen und ausschlagen.

Ich möchte an dieser Stelle kurz auf den Römerbrief eingehen. Der Römerbrief - aus dem dieses Wort stammt - galt stets als Meisterwerk von Paulus und hat wie kaum ein anderes biblisches Buch die Geschichte der Kirche geprägt. "Welche Macht des Geistes muss in diesem Paulus lebendig gewesen sein, dass er ein solches Werk in ein paar Nächten zu diktieren imstande war", sagte einst der Schweizer Theologe Emil Brunner.

Der Reformator und Theologieprofessor Martin Luther hatte anfänglich grosse Mühe mit dem doch eher schwer verständlichen

Römerbrief, vor allem mit einer Stelle wo es um "Gerechtigkeit Gottes" geht, die er als Eigenschaft Gottes versteht, durch die Gott die "Ungerechten" bestraft. Es heisst, dass Luther fast verzweifelte ob dieser Bibelstelle, bis ihm plötzlich ein Licht aufging, als sein Blick auf den zweiten Teil des Verses gelenkt wurde, wo es heisst: "Der Gerechte wird aus Glauben leben" (Röm 1,17). Es wurde ihm plötzlich klar, dass mit der Gerechtigkeit Gottes nicht Gottes Eigenschaft gemeint ist, die den Sünder verurteilt - was ihm so grosses Unbehagen bereitet hat - sondern dass sie ein göttliches Geschenk darstellt, das dem Sünder zugutekommt. Gottes Gerechtigkeit ist es, die dem Glaubenden angezogen wird und ihn so rettet. Nun wurde diese Römerstelle für Luther "wie eine Pforte ins Paradies".

In diesem Kontext können wir doch auch wiederum erkennen, dass auch wenn wir in irgendeiner Situation vielleicht auch fast verzweifeln und nicht weiterkommen, wir "dennoch" beharrlich bleiben und nicht aufgeben wollen. Der Kämmerer aus Äthiopien gab nicht auf und auch Martin Luther schmiss nicht hin. Diese Beharrlichkeit möchte Gott eben manchmal auch an uns sehen und es hat sich für den Kämmerer gelohnt: Philippus durfte ihm das Evangelium verkünden und danach konnte der Kämmerer seinem Wunsch entsprechend auch noch getauft werden und es heisst, er zog voll Freude seines Weges (Apg 8,39). Diese Taufe war gemäss der Bibel die erste Taufe eines Nichtjuden. Ausserbiblische Erzählungen sehen in dieser Taufe des Kämmerers den Beginn der äthiopischen Kirche, die heute aus über 60% Christen besteht. Es lohnt sich, beharrlich zu bleiben, auch wenn unser Boot manchmal auch starkem Gegenwind ausgesetzt ist, es kann grosse und segensreiche Auswirkungen für viele Menschen und selbstverständlich auch für uns persönlich haben.

Diese Beharrlichkeit Martin Luthers hat sich auch für uns gelohnt.

Die Lutherbibel, Luthers Theologie und Kirchenpolitik, trugen zu tiefgreifenden Veränderungen der europäischen Gesellschaft und Kultur in der "Frühen Neuzeit" bei. Die Reformation nahm ihren Lauf, ausgelöst und initiiert durch einen Augustinermönch, der die damaligen Fehlentwicklungen in der Römisch-katholischen Kirche beseitigen wollte und in ihrer ursprünglichen evangelischen Gestalt wiederherstellen ("re-formieren") wollte.

2.4

"Ich habe den guten Kampf gekämpft, ich habe den Lauf vollendet, ich habe Glauben gehalten" (2Tim 4,7).

Springen wir einmal vom Römerbrief zum 2. Timotheus-Brief; wir bleiben aber bei Paulus. "Dieser Brief schreibt Paulus, ein Apostel von Jesus Christus, durch Gott berufen. In Gottes Auftrag verkündige ich das Leben, wie es uns durch Jesus Christus geschenkt wird". Dies schrieb Paulus am Anfang dieses Briefes (2Tim 1,1). Gleich danach wendet er sich liebevoll an Timotheus - der ein "Hirte" in der Gemeinde von Ephesus war, mit den Worten: "Ich grüsse dich, lieber Timotheus. Du bist mir lieb wie ein eigener Sohn, und ich wünsche dir Gnade, Barmherzigkeit und Frieden von Gott, unserem Vater, und von Jesus Christus, unserem Herrn."

Paulus war zum zweiten Mal in römischer Gefangenschaft. Als er zum ersten Mal in Rom in Haft war (ca. 60-62 n. Chr.), hatte der römische Kaiser Nero noch nicht mit seiner Christenverfolgung begonnen und Paulus stand lediglich unter Hausarrest und hatte reichlich Gelegenheit, mit Menschen zu kommunizieren und ihnen das Evangelium zu verkünden. Dieses Mal - fünf oder sechs Jahre später - hatte er keine Hoffnung mehr auf Freilassung und sah seiner baldigen Hinrichtung entgegen. Im Bewusstsein auf sein nahes Ende, ermahnte er Timotheus, seine Aufgaben weiterhin treu auszuüben (2Tim 1,6), völlig auf die Bibel zu vertrauen und sie unaufhörlich zu verkündigen (2Tim 3,15-4,5). Als treuer Nachfolger Christi musste sich Timotheus aber auch auf Verfolgung gefasst machen (2Tim 3,12). Nichtsdestotrotz ermutigte Paulus ihn, dennoch am Glauben "in Christus" festzuhalten (2Tim 3,15).

In der damaligen Zeit waren die Angriffe gegen die Anhänger des Christentums sehr oft körperlicher Natur. Leider gibt es auch in der heutigen Zeit vermehrt wieder physische Angriffe auf Christen. Paulus spricht in seinem Vermächtnis aber nicht vom Kampf gegen Menschen, sondern er spricht von den unsichtbaren, aber genauso drastischen Angriffen der Finsternis. Im Epheserbrief steht geschrieben: "Denn wir haben nicht mit Fleisch und Blut zu kämpfen, sondern mit Fürsten und Gewaltigen, nämlich mit den Herren der Welt, die in der Finsternis dieser Welt herrschen, mit den bösen Geistern unter dem Himmel" (Eph 6,12). Das ist der Kampf von dem Paulus spricht und den er gut bestritten hat, denn er hat Glauben gehalten. Er ist standhaft im Glauben geblieben, das war sein Sieg! Und das ist auch unser Kampf, den Glauben zu halten, so können auch wir bestehen und den Siegeskranz erhalten, von dem Paulus einen Vers später spricht (2Tim 4,8).

Wie wir im vorhergehenden Abschnitt aus dem Römerbrief sehen konnten, dass uns nichts von der Liebe Gottes trennen kann, so können wir auch sicher sein, dass uns diese unsichtbaren Kräfte des Bösen auch nichts anhaben können, wenn wir in einer guten Beziehung und einer intakten Verbindung mit Gott und seinem

Sohn stehen. Und wenn wir dennoch einmal dem Bösen unterliegen sollten, dann hilft uns der allmächtige Gott - der stärker ist als all das Böse, das uns begegnet - wieder auf. Er unterstützt seine Kinder, unterstützt uns in unseren Kämpfen, vergibt immer wieder, motiviert uns weiterzumachen und richtet uns immer wieder auf. Aber er lässt diese Kämpfe, die so mannigfaltig sind, eben auch zu. Er lässt zu, dass das Böse uns im Geist angreifen und versuchen kann, uns von Gott und seiner Lehre - dem Evangelium - zu trennen. Aber Gott rüstet uns auch aus damit wir persönlich viele "kleine Siege" in diesen geistlichen Anfechtungen erringen können. Mit diesen kleinen Siegen und dank seiner Gnade, die er uns gerne und reichlich schenkt, werden wir am Schluss triumphieren!

Zum "guten Kampf kämpfen" gehört unter anderem auch, dass wir unsere Feinde erkennen. Es kann passieren, dass wir uns im Feind geirrt haben. Was bedeutet das? Wir hatten vielleicht unseren Nächsten angegriffen und dabei nicht bedacht, dass er nur ein Werkzeug in der Hand unseres wahren Feindes war. In solchen Fällen haben wir völlig umsonst eine Menge Energie verschwendet. Manchmal haben wir auch einen falschen Kampf gekämpft, wenn wir beispielsweise Gott unseren Willen aufdrängen wollten. Die Bitte an Gott sollte eher sein, dass er unseren eigenen Willen in uns zur Ruhe bringen und sein Wille geschehen soll.

Wir sehen, es ist manchmal wie in "richtigen Kämpfen", nicht ganz einfach immer die Übersicht zu behalten. Deshalb ist es elementar wichtig, dass wir uns mit diesen Kampfhandlungen auch gedanklich beschäftigen.

Es muss uns klar werden, dass unser Nächster genau genommen nicht unser Feind sein kann. Wir sollen unseren Nächsten lieben und das können wir besser, wenn wir ihn nicht als Feind, sondern als Werkzeug des Bösen erkennen. Der wahre Feind ist der Böse, der unseren Nächsten negativ beeinflusst!

Was meint denn Jesus, wenn er sagt: "Liebt eure Feinde ..." (Lk 6,26)? Hier geht es um all jene, die uns feindlich gesinnt sind, weil sie sich vom Bösen manipulieren lassen, und das tun wir doch alle immer wieder; wir haben doch diese Geneigtheit zur Sünde und niemand von uns ist vollkommen. Gerade auch deshalb wollen wir doch versuchen, vergebungsbereit zu sein, in der Liebe zu bleiben und so die Spirale, die entstehen kann - wenn auch wir mit unguten Gefühlen unserem Nächsten begegnen - im Keim zu ersticken. Wenn wir uns diese Tatsache bewusst machen, gelingt es uns plötzlich viel besser, unseren Nächsten zu lieben, auch wenn uns vielleicht sogar Hass entgegenschlägt. Wir können so diesen "Teufelskreis" durchbrechen. Das möchte Gott an uns sehen, dass wir das zumindest versuchen. Die Liebe sollte zu unserer "DNA" werden! Unabhängig von Ethnien, von Glaubensrichtungen, von Hautfarben und vielen anderen Dingen, die uns vielleicht beim Nächsten stören könnten. Immer wieder neu versuchen, echte, authentische Liebe zu schenken, Böses nicht mit Bösem zu vergelten, sondern dem Bösen Gutes entgegensetzen - Böses mit Gutem überwinden (Röm 12,21). Nicht einfach, aber lasst uns daran arbeiten, auch wenn nicht viel oder gar keine Liebe zurückkommt, dennoch in diesem Streben standhaft bleiben und auch in diesem Kampf nicht aufgeben. Die Hilfe Gottes ist uns so gewiss und sein Segen wird auf und mit uns sein.

2.5

"Deshalb ergreift die ganze Waffenrüstung Gottes! Nur gut gerüstet könnt ihr den Mächten des Bösen widerstehen, wenn es zum Kampf kommt. Nur so könnt ihr das Feld behaupten und den Sieg erringen" (Eph 6,13).

Lasst uns einmal anschauen was Gott uns zusätzlich noch für Ratschläge gibt, um gegen die Angriffe des Teufels gewappnet zu sein. Im Epheserbrief ist von der Waffenrüstung Gottes die Rede und es heisst, dass wir uns mit dieser Waffenrüstung Gottes im Kampf behaupten und den Sieg erringen können. In dieser Bibelstelle ist von verschiedenen Teilen dieser Waffenrüstung die Rede, und es wird uns zweimal ausdrücklich gesagt, dass wir die ganze Waffenrüstung und nicht nur einen Teil anziehen sollen (Eph 6,14-19)!

Manchmal benutzt der Feind Menschen, die uns durch Worte oder Gesten verletzen, meistens aber kommen die Angriffe in Form von Gedanken. Solchen nicht im Einklang mit der Lehre Jesu stehenden Gedanken müssen wir umgehend Einhalt gebieten, ansonsten kann eine Entwicklung in Gang kommen, die über Worte bis hin zu bösen Taten führen kann. Wie wir alle wissen, werden wir auch von unserer eigenen Lust gereizt, die oftmals auch nicht im Einklang mit Gottes Willen steht. Auch unser Herz kann uns verführen, wenn arge Gedanken darin sind (Mt 15,19). Wir müssen wissen, dass unser "Fleisch" immer gegen den "Geist" kämpfen wird. "Denn das Fleisch begehrt gegen den Geist auf, der Geist aber gegen das Fleisch; denn diese sind einander entgegengesetzt, damit ihr nicht das tut, was ihr wollt" (Gal 5,17).

Das sind Gesetzmässigkeiten Gottes die für uns Menschen gelten, solange wir auf dieser Erde sind. Diese Gesetzmässigkeiten machen es möglich, dass wir Glaubenserlebnisse machen können, die sehr wichtig sind, um Gottes Hilfe zu erkennen und seine Präsenz zu erleben. So wird die Beziehung zu Gott gestärkt, indem er Dinge - die wir oftmals überhaupt nicht verstehen können - zulässt. Aber er hilft uns dabei eben auch diese Last zu tragen (Ps 68,20).

Gott lässt manchmal Dinge zu, die uns nicht gefallen. Er tut dies, damit wir ihn immer besser erkennen und erleben können; seine Stärke, seine Allmacht, seine Liebe, seine Güte, und ganz generell sein Engagement, das er uns entgegenbringt. Eine solche Hilfe erhalten wir auch in dieser geistlichen Waffenrüstung Gottes. Schauen wir uns die Ausrüstungsteile einmal etwas genauer an:

1. Der Gurt:

"So steht nun fest, eure Lenden umgürtet mit Wahrheit ...".

Bei der Rüstung eines römischen Soldaten hat dieser Gurt alles zusammengehalten. Wenn Jesus, der die Wahrheit ist, uns umfängt, haben wir schon einmal einen gewaltigen Schutz gegen die Angriffe des Bösen. Der Gottessohn umfängt und bewahrt uns höchstpersönlich. Bleiben wir in ihm, bleiben wir in der Wahrheit.

2. Der Panzer der Gerechtigkeit:

"... und angetan mit dem Brustpanzer der Gerechtigkeit".

Dieser schützt unser Herz, vor allem dort möchte uns der Feind verwunden. Gerecht ist, wer nach Gottes Geboten lebt. Wenn wir diese Gebote in unserem Herzen haben und wenn wir glauben, dass wir in Christus die Gerechtigkeit Gottes empfangen haben, sind wir an unserem Herzen geschützt.

3. Die Schuhe der Bereitschaft:

"Beschuht an den Füssen mit der Bereitschaft zur Verkündigung des Evangeliums des Friedens".

Die Schuhe als Symbol der Bereitschaft, um an die Front gehen zu können, wo das Reich Satans niedergerissen und das Reich Gottes gebaut wird. An der Front, wo vielleicht noch niemand etwas von Gott gehört hat oder nichts von Gott wissen will, wollen wir das Evangelium verkünden. Am Schluss des Markusevangeliums steht geschrieben, dass Jesus seinen Jüngern den Auftrag dieser Verkündigung gab, als er sprach: "Geht hin in alle Welt und verkündigt das Evangelium aller Kreatur (Schöpfung)" (Mk 16,15). Diese Bereitschaft Gott zu bekennen, seine Zeugen zu sein und Zeugnis von ihm zu geben, schützt uns ebenfalls.

4. Der Schild des Glaubens:

"Vor allem aber ergreift den Schild des Glaubens, mit dem ihr alle feurigen Pfeile des Bösen auslöschen könnt ...".

Mit unserem Glauben können wir die auf uns abgefeuerten Brandgeschosse nicht nur abwehren, sie werden sogar ausgelöscht, das heisst, sie werden völlig unwirksam und können uns nicht verletzen! Mit diesem Schild ist ein Langschild beschrieben, der die ganze Person schützt: Der typische Langschild, mit dem eine römische Legion damals ausgestattet war. Wir können in diesem Bild auch wiederum wunderbar erkennen, wie wichtig der Glauben an Gott und seinen Sohn ist. Dieser Glaube ist ein Schutz, der uns unverletzbar macht und eine Basis schafft, die uns Sicherheit gibt und vollumfänglich schützt.

5. Der Helm des Heils:

"... und nehmt auch den Helm des Heils ...".

Der Helm schützt den lebenswichtigen, doch verletzbaren Kopf vor Schlägen. Im Brief an die Thessalonicher ist vom Helm der Hoffnung auf das Heil die Rede (1Thess 5,8). Der Helm des Heils schützt demzufolge unsere Hoffnung auf das Heil, die Hoffnung auf unsere Errettung. An dieser Hoffnung müssen wir festhalten und sie schützen, sie darf nicht verletzt werden. Ohne den Helm des Heils würden wir vor den Sorgen dieser Welt, die unsere Gedanken und Gefühle bombardieren, ungeschützt sein. Diese Hoffnung aber auf unsere Zukunft beim Herrn muss erhalten bleiben!

6. Das Schwert des Geistes:

"... und das Schwert des Geistes, das ist Gottes Wort"!

Dieses Schwert des Geistes ist unsere einzige Angriffswaffe, die anderen Ausrüstungsteile sind defensiv. Jesus hat uns auch in dieser Hinsicht ein wunderbares Beispiel gegeben. Als er nach 40 Tagen fasten in der Wüste vom Satan versucht wurde und sehr hungrig war, sagte Satan zu Jesus, er solle doch aus Steinen Brot machen. Für Jesus wäre das doch kein Problem gewesen, aber er erkannte natürlich die List des Teufels und erwiderte: "In der Schrift heisst es: Der Mensch lebt nicht nur vom Brot, sondern von jedem Wort, das aus Gottes Mund kommt". Auf alle Angebote und Versuchungen des Bösen hat ihm Jesus Paroli geboten, indem er ihm mit Worten Gottes aus der Heiligen Schrift allen Wind aus den Segeln genommen hat (Lk 4,1-13). Interessant ist, dass Satan die göttliche Vollmacht der Heiligen Schrift nicht angetastet hat! Er hatte Jesus doch selbst mit Worten aus der Heiligen Schrift versucht. Er weiss genau, dass das Wort Gottes - die Texte in der Heiligen Schrift - unantastbare Wahrheiten sind. So war er entwaffnet, als Jesus ihn mit diesen Texten konfrontierte.

Es soll und darf nicht unterschlagen werden, dass auch unser Gebet ein gewaltig grosser Schutz ist.

7. Gebet und Flehen:

"... zu jeder Zeit betet mit allem Gebet und Flehen im Geist ...".

Betende Menschen stehen in Verbindung mit Gott, mit Jesus Christus und dem Heiligen Geist. Diese Gemeinschaft kann gar nicht hoch genug eingestuft werden. Wenn wir im Heiligen Geist zu Gott beten, können gewaltige Kräfte freigesetzt werden, die im Kampf gegen das Böse unentbehrlich sind.

8. Fürbitte:

"... wacht zu diesem Zweck in aller Ausdauer und Fürbitte für alle Heiligen".

Durch Fürbitte können wir anderen Menschen Schutz geben. Dieser Schutz ist wie ein "Sperrfeuer" gegen die Angriffe des Bösen. Wenn wir echte Nächstenliebe praktizieren, haben wir das Bedürfnis, nicht nur für unsere Lieben, unsere Verwandten und Bekannten zu beten, sondern auch für das ganze Volk Gottes, ja für alle Menschen, dass sie alle bewahrt bleiben und dereinst auch erlöst werden von dem Bösen, wie es uns Jesus auch im "Vaterunser" gelehrt hat (Mt 6,13).

Teil 3

3.1

"Und er lehrte und sprach zu ihnen: Steht nicht geschrieben (hier verwies Jesus auf Jesaja 56,7): Mein Haus soll ein Bethaus für alle Völker genannt werden? Ihr aber habt eine Räuberhöhle (Mördergrube) daraus gemacht" (Mk 11,17)!

Es geht in diesem Wort um die "Tempelreinigung", wo Jesus Verkäufer und Käufer mit einer Geissel aus dem Jerusalemer Tempel (gemeint ist der auch den Heiden zugängliche Vorhof des Tempels) hinaustrieb. Es heisst, er stiess die Tische der Geldwechsler und die Stühle der Taubenverkäufer um. Wie können wir diese Begebenheit einordnen, wenn wir zu Recht in Jesus einen alle Menschen liebenden, allzeit vergebungsbereiten, sanftmütigen und Gewaltverzicht predigenden Sohn Gottes kennengelernt haben? Wie passt so ein Gefühlsausbruch in dieses Bild?

Diese Geschichte ist in allen vier Evangelien mit leicht unterschiedlichen Szenen niedergeschrieben. Was will uns diese doch recht spezielle Begebenheit sagen, was können wir erkennen?

Zuerst einmal müssen wir festhalten, dass dieser Gefühlsausbruch nicht im Affekt geschah. Es heisst: "Da flocht er sich eine Geissel aus Stricken ..." (Joh 2,15). Das braucht etwas Zeit, da hätte er sich besinnen und etwas beruhigen können. Aber er blieb wütend und er war sich bewusst was er tat. Was haben denn die Händler und Geldwechsler falsch gemacht, was so ein Gefühlsausbruch Jesus überhaupt rechtfertigen könnte? Oberflächlich gesehen, nichts. Es war zu der damaligen Zeit üblich, dass makellose, kultisch reine Opfertiere den Pilgern im Eingangsbereich des Tempels angeboten wurden. Auch die Geldwechsler taten - oberflächlich gesehen - auch nichts Falsches, denn es war damals auch üblich, dass gebräuchliche Umlaufmünzen in "tyrische Doppeldrachmen" (Tempelwährung) umgetauscht werden mussten, um damit die Tempelsteuer zu entrichten und vermutlich auch für den Kauf von Opfertieren verwendet werden mussten.

Oberflächlich gesehen war da - auch gemäss den mosaischen Geboten - alles in Ordnung. Da wir aber wissen, dass der Sohn Gottes in die Herzen der Menschen sieht, ändert sich diese Sichtweise. Jesus erkannte die Gesinnung dieser Menschen, denen es nur ums Geschäft ging, und nicht ums Opfer. Nicht nur die Gesinnung der Verkäufer und Wechsler war verwerflich, scheinbar auch die der Käufer, denn auch diese wurden verjagt. Es ging um den Tempel Gottes, dieser Tempel soll ein Bethaus sein und muss ein Bethaus bleiben! Da versteht Gott und sein Sohn keinen Spass, da ist Nulltoleranz. Jesus machte klar, dass das Haus seines Vaters nicht zu einem Kaufhaus verkommen darf (Joh 2,16).

Jetzt wird diese anfänglich doch recht verworrene Geschichte doch etwas klarer. In diesem Zusammenhang dürfen wir auch nicht vergessen, dass Jesus eben Gott und auch Mensch war. Er fühlte wie Menschen, hatte auch Ängste (Mt 26,38), Schmerzen, litt unter Ungerechtigkeiten, alles was Menschen eben auch durchmachen. Ihm war auch nicht immer alles von vornherein klar, er musste in seiner Jugend auch alles lernen. Er studierte die alttestamentlichen Schriften und konnte auch erst nach einer gewissen Zeit erkennen, dass er sowohl Jesajas leidender Gottesknecht als auch der Menschensohn des Daniel war, dass er Gottes Sohn ist. In seiner Menschwerdung fühlte er wie wir und durchlebte all das auch, was wir Menschen auch manchmal durchleben müssen. Deshalb kann er auch Fürsprecher für uns alle sein an der

Seite Gottes, seines Vaters (1Joh 2,1). Der Böse hingegen verklagt uns Tag und Nacht bei Gott (Offb 12,10), aber wir dürfen auf der anderen Seite diesen wunderbaren Freund und Fürsprecher haben, der alle Schwierigkeiten und Ungerechtigkeit am eigenen Leib erfahren hat und genau weiss, wie wir als Menschen fühlen, was wir durchmachen und erleiden müssen. Und da er diesen menschlichen Eigenschaften eben auch unterworfen war, wurde er eben auch einmal wütend, ist doch auch tröstlich, wenn wir solche menschlichen Züge und Gemeinsamkeiten auch beim Sohn Gottes feststellen können.

Der Tempel Gottes soll ein Bethaus für alle Völker sein und keine Räuberhöhle. Was ist denn eine Räuberhöhle? Eine dunkle Höhle, ein Versteck, wo Diebesgut gelagert wird. Wir wissen, dass wir selbst auch Gottes Tempel sein sollen und auch aufgerufen sind, diesen eigenen Tempel rein und heilig zu halten. "Wisst ihr nicht, dass ihr Gottes Tempel seid, und der Geist Gottes in euch wohnt? Wenn jemand den Tempel Gottes verdirbt, den wird Gott verderben; denn der Tempel Gottes ist heilig, und solche seid ihr" (1Kor 3,16-17). Das müssen wir sehr ernst nehmen! Unser Herz darf keine Mördergrube sein, letztlich nur ein anderes Wort für Räuberhöhle, voll mit heimlichen und schlechten Gedanken. Es ist ein untrüglicher Hinweis, alles Ungute und nicht Gott Wohlgefällige auszuräumen, bei uns selbst diese Reinigung vorzunehmen und Gott zu bitten (Bethaus), dass er uns dabei hilft, diese unguten Dinge zu entfernen, damit er und sein Sohn in seinem Tempel - der wir sind - einkehren und "Wohnung machen" kann (Joh 14,23). Eine enorm wichtige Aufgabe für jeden Christen, diese Reinigung auch in uns stetig vorzunehmen! Fangen wir heute noch damit an, Ungutes raus und Gutes rein, so werden wir erfüllt mit Frieden und Seligkeit.

Denken wir auch an die Seligpreisungen Jesu aus der Bergpredigt:

"Glückselig sind, die reinen Herzens sind, denn sie werden Gott schauen" (Mt 5,8).

3.2

"Wenn nun ihr, die ihr doch böse seid, dennoch euren Kindern gute Gaben geben könnt, wie viel mehr wird euer Vater im Himmel Gutes geben denen, die ihn bitten" (Mt 7,11)!

Vorweggenommen, mit "ihr, die ihr doch böse seid" sind nicht ausserordentlich böse oder gottlose Menschen gemeint. Es betrifft uns alle, dich und mich. Wir alle sind aus der Sicht Gottes im Grunde genommen böse. Ob dem wollen wir nicht vergessen, dass Gott uns bedingungslos liebt, obwohl wir immer wieder Böses tun, vergibt uns Gott auch immer wieder und hilft uns immer wieder auf.

Paulus schreibt im Römerbrief: "Denn das Gute, das ich tun will, das tue ich nicht; sondern das Böse, das ich nicht will, das tue ich" (Röm 7,19). Einen Vers vorher heisst es: "Denn ich weiss, dass in mir, das heisst in meinem Fleisch, nichts Gutes wohnt; das Wollen ist zwar bei mir vorhanden, aber das Vollbringen des Guten gelingt mir nicht". Wir kennen alle die biblische Redensart: "Der Geist ist willig, aber das Fleisch ist schwach" (Mk 14,38).

Solange wir Menschen noch "im Fleisch" sind, können wir uns noch so anstrengen, es ist nicht möglich aus der Sicht Gottes "würdig zu werden" oder "gut" zu sein. Aus der Sicht des Menschen können wir das einigermassen einordnen und beurteilen. Wir glauben sagen zu können, der oder die sind gute Menschen und die oder der eher schlechtere, böse Menschen. Wir sollten uns jedoch immer im Klaren sein, dass dies eine subjektive Wahrnehmung unsererseits ist und auch täuschen kann. Wir wissen, dass nur Gott allein wirklich in die Herzen sehen und die Gedanken erkennen kann, alles überblickt und alles erkennt, und so auch als einziger alles gerecht beurteilen kann.

Was können wir aus diesen Tatsachen erkennen? Gott hat uns alle zusammen in den Ungehorsam "eingeschlossen", heisst es im Römer 11,32. Warum? Damit er sich wiederum aller erbarmt. Apostel Paulus formuliert in Römer 9,18 überaus kühn, dass Gott in seiner souveränen Freiheit "verhärtet". Es gibt nicht wenige Bibelstellen, wo wir klar erkennen können, dass Gott Menschen in ihrer Wahrnehmung, ihren Sichtweisen, ihrem Geist oder in ihrem Tun "beschneidet", Einschränkungen bewirkt oder auch Dinge auferlegt, die wir Menschen in unserer Sichtweise gar als "böse" bezeichnen würden. In seiner göttlichen Souveränität erbarmt er sich, über wen er will, und verstockt, wen er will. Wir erkennen hier wieder diese Gesetzmässigkeit, dass Gott eine Last auferlegt, aber dann auch wieder hilft, sich wieder erbarmt.

Wenn uns diese Tatsache jetzt etwas ärgern sollte, haben wir es noch nicht ganz verstanden. Ohne diese Tatsache könnten wir seine Liebe, seine Gnade, seine Barmherzigkeit und noch viele andere Gnadengaben doch gar nicht richtig wahrnehmen. Wie könnten wir ihn ohne diese Gesetzmässigkeit erleben? Wie könnten wir Gebetserhörungen und Glaubenserlebnisse machen, wenn alles im "guten Bereich" so dahinplätschert? Wie könnte so Gottesfurcht und Demut entstehen? Wie könnte unser Glaube gestärkt werden und eine Entwicklung stattfinden ohne dieses Wechselspiel aus Last und Hilfe? Gott verbindet mit den Lasten immer weise Absichten und hat nur Gedanken des Friedens: "Ich weiss wohl, was für Gedanken ich über euch habe: Gedanken des Friedens und nicht des Leidens" (Jer 29,11).

Das alles heisst aber nicht, dass der Mensch keine Verantwortung mehr über sein Tun und Lassen hat. In zahlreichen Mahnungen und Warnungen - vor allem im Römerbrief - können wir dies klar erkennen. Der Entscheidungs-Spielraum des Geschöpfes hinsichtlich des Heils bleibt bestehen, aber das persönliche Erfahren der Barmherzigkeit Gottes ist viel mehr wert, als wenn wir alles richtig gemacht hätten. Das soll uns auch demütig und bussfertig stimmen; uns steht durch unsere Leistungen nichts zu, wir können uns nichts verdienen, alles ist Gnade.

Bitten wir unseren Vater im Himmel um gute Gaben, wie wir im Textwort zu diesem Abschnitt aufgefordert werden und er wird uns damit im Überfluss versorgen. Wenden wir uns mit Gebet und Flehen an ihn, wieviel mehr wird er uns geben, unendlich viel mehr als wir Menschen imstande sind, sogar unseren Liebsten zu geben. Schlussendlich wird er uns seine Herrlichkeit in alle Ewigkeit hinein schenken und erleben lassen.

3.3

"Denn unsere Bedrängnis, die zeitlich und leicht ist, schafft eine ewige und über alle Massen gewichtige Herrlichkeit, uns, die wir nicht sehen auf das Sichtbare, sondern auf das Unsichtbare. Denn was sichtbar ist, das ist zeitlich (vergänglich); was aber unsichtbar ist, das ist ewig" (2Kor 4,17-18).

Vielleicht denken wir jetzt, meine Bedrängnis ist alles andere als leicht. Paulus spricht hier aber über Bedrängnisse, die eine "gewichtige Herrlichkeit" zur Folge haben. Das trifft auf unsere irdischen Leiden nicht zu, denn sie tragen nicht unbedingt zu unserem Heil (Errettung) bei. Viele entfernen sich sogar von Gott, weil er sie nicht vor dem Leiden bewahrt.

Es ist aber nicht erforderlich, krank, arm und unglücklich zu sein, um errettet zu werden; man kann das Ziel auch erreichen, wenn man gesund, reich und glücklich ist! Jesus hat gesagt, dass diejenigen, die ihm nachfolgen werden, wegen des Wortes Bedrängnisse erleiden werden. Im Gleichnis "von der Aussaat" erklärt Jesus: "Das aber auf das Steinige gesät ist, das ist, wenn jemand das Wort hört und es alsbald aufnimmt mit Freuden; aber er hat nicht Wurzel in sich und deshalb hat es keinen Bestand. Wenn nun Bedrängnisse oder Verfolgung entsteht um des Wortes willen, so ärgert er sich alsbald" (Mt 13,20-21). Es heisst dann zum Schluss noch in diesem Gleichnis, dass es Menschen gibt, bei denen das Wort Gottes (die Saat), das sie aufnehmen (das gesät wird), auf einen fruchtbaren Boden (Herzensacker) fällt, das heisst, dass sie Gottes Botschaft hören und verstehen können (Mt 13,23).

Trotz Anfechtungen und Bedrängnissen wollen wir doch fruchtbarer Boden für das Wort Gottes sein, damit dieser göttliche Samen in uns gedeihen und Frucht bringen kann. Das heisst, sich mit der frohen Botschaft dennoch zu beschäftigen und versuchen, sie zu verstehen und anzuwenden, auch wenn wir angefochten werden. Der Böse ficht uns auch an, indem er auf den Erfolg derer verweist, die sich nicht an den Ratschlägen und Geboten Gottes ausrichten und denen es scheinbar trotzdem sehr gut geht. Oder wir werden vielleicht als feige und schwach bezeichnet, weil wir nicht Böses mit Bösem vergelten und die Vergebung der Rache vorziehen und vieles mehr.

Indem Apostel Paulus unsere Trübsal als leicht beschreibt, will er sie in ihrer Intensität nicht herunterspielen. Er sagt von sich selbst, dass er über die Massen und über seine Kräfte beschwert war, bis hin zu dem Punkt, dass er sich selbst zum Tode verurteilt glaubte (2Kor 1,8-9). Das scheint auf den ersten Blick ein Widerspruch zum Textwort zu sein, es ist aber keiner, wenn wir uns bewusst machen, dass wir die Kräfte Gottes jederzeit erbitten und anzapfen können. Das heisst, wenn wir die Verbindung zu Gott und seinem Sohn suchen und pflegen, wird er seinen Kindern immerdar beistehen und sie mit dem nötigen Trost, der nötigen Hilfe und den nötigen Kräften versorgen und lässt uns nie zugrunde gehen. Vielleicht braucht es unsererseits etwas Geduld, etwas mehr Gottvertrauen und Durchhaltevermögen. Er möchte, dass wir uns ihm zuwenden und ihn dadurch auch wunderbar erleben können in allen Situationen, nicht nur wenn es uns schlecht geht, sondern auch wenn wir uns gut fühlen.

Apostel Paulus erinnert uns daran, dass die Schwierigkeiten, die wir erfahren, zeitlich sind, während die Glückseligkeit, die Gott uns bereithält, ewig sein wird. Der Apostel war alles andere als frei von Leid, er hat aber wie jeder andere Christ die eigene Auferstehung vor Augen. Die vollkommene Gemeinschaft mit Gott wird uns alles vergessen lassen, was wir auf dieser Erde erleiden.

3.4

"Freuet euch im Herrn allezeit; abermals sage ich: Freuet euch" (Phil 4,4)!

Wie soll das denn funktionieren, dass wir uns allezeit freuen können? Wir sind doch Bedrängnissen und Anfechtungen ausgesetzt, wir sind in Kämpfe mit dem Bösen verstrickt oder vielleicht schwer krank. Es gibt Kriege und Menschen sind auf der Flucht, obdachlos, haben Hunger, keine Arbeit, sind in Trauer, mittellos, einsam und vieles, vieles mehr, das enorm zusetzt und kaum auszuhalten ist.

Dieses Bibelwort fordert uns aber dennoch auf, es zumindest zu versuchen, uns im Herrn zu freuen. Es ist ein wichtiger Hinweis, dass wir uns "im" Herrn freuen sollen. Es kann nur funktionieren, wenn wir mit Jesus Christus verbunden sind und eine innige Gemeinschaft mit ihm haben; das ist die einzige Bedingung.

Es gibt ein schönes Gedicht, wo es heisst: "Du kannst nicht tiefer fallen als nur in Gottes Hand". Es wurde geschrieben vom deutschen Pfarrer und Kirchenlieddichter Arno Pötzsch im Jahre 1941.

Du kannst nicht tiefer fallen
als nur in Gottes Hand
die er zum Heil uns allen
barmherzig ausgespannt.

Es münden alle Pfade
durch Schicksal, Schuld und Tod
doch ein in Gottes Gnade
trotz aller unsrer Not.

Wir sind von Gott umgeben
auch hier in Raum und Zeit
und werden in ihm leben
und sein in Ewigkeit.

Von Gott umgeben und in ihm leben, schon hier in Raum und Zeit. Das macht es möglich, dass wir durch seine Gnade auch bei ihm und in ihm sein können in Ewigkeit - das muss Freude auslösen! Jesus soll in unserer Gegenwart präsent sein und er ist auch in unserer Zukunft präsent, wo er abwischt alle Tränen und kein Leid, kein Schmerz und keine Not mehr ist, nur noch Glückseligkeit (Offb 21,4)!

Das Verlangen nach Freude und Glück ist ein grundlegender Wunsch aller Menschen. Angesichts schwerer Leiden verlieren aber die meisten Menschen ihre Freude. Viele hadern mit ihrem "Schicksal", viele geraten in Sorge, vielleicht auch in Selbstmitleid und Verzweiflung. Der Prophet Habakuk hätte auch allen Grund gehabt, in Anbetracht durch ein von Gott vorhergesagtes Gericht, zu verzagen. Gott kündigte ihm an, dass die Chaldäer (Babylonier), sein Volk - die Israeliten - angreifen und das Land verwüsten werden. Habakuk litt so sehr unter dieser Gerichtsankündigung, dass er sogar starke körperliche Beschwerden bekam. Trotz seinem persönlichen und dem vorhergesagten Leid beschloss Habakuk aber sich zu freuen und er sprach zu sich selbst: "Aber ich will mich freuen in dem Herrn und frohlocken über den Gott meines Heils (d.h. den Gott, der mir Heil und Rettung verschafft)" (Hab 3,18)! Er versank weder in Furcht noch in Bitterkeit, sondern traf eine bemerkenswerte Glaubensentscheidung: Er freute sich über Gott, in dem er die Quelle der Freude erkannte. Er hatte gelernt, dass Gott alles überblickt und keine Fehler macht. Er vertraute ihm in allen Dingen, so konnte er sich getrost in seine Hand fallen lassen und dadurch trotz gegenwärtigem und bevorstehendem Leid Freude empfinden.

Es gibt Menschen, die schwere Lasten zu tragen haben und sie sind trotzdem sehr glücklich. Wir können das vielleicht manchmal gar nicht richtig verstehen und nehmen dann an, dass dieses "fröhlich sein" nur oberflächlich ist, dass sie uns und vielleicht auch sich selbst etwas vormachen. Das gibt es bestimmt. Kennen wir selbst aber nicht auch Menschen, die fast immer frohgemut durchs Leben gehen, trotz Schicksalsschlägen, die sie erlitten haben, trotz Krankheit, Behinderungen, trotz Not und noch so vielem anderen mehr? Zeigen uns diese Menschen etwa nicht, dass es dennoch möglich ist sich zu freuen? Es ist tatsächlich möglich in der Kraft Gottes, im Vertrauen auf seine Hilfe und Führung, in der Entgegennahme seiner Liebe, die wir im Leid ganz speziell erfahren und erleben können. Dazu braucht es von unserer Seite den Glauben an Gott und seinen Sohn - Jesus Christus - den Blick über das Leid hinaus auf die verheissene Zukunft, die für dich und mich bereitet ist im Reich Gottes und vielleicht auch etwas Geduld, wenn die Hilfe nicht gleich sichtbar und spürbar wird. Das Wissen, dass uns nichts von der Liebe Gottes trennen kann, soll uns doch auch Sicherheit geben und auch das Bewusstsein, dass wir in ihm geborgen sind und er uns ganz nahe ist, gerade auch in diesem Moment.

Unser himmlischer Vater versorgt uns immer mit den nötigen Kräften, er weiss ganz genau was wir brauchen und schenkt uns dies zur rechten Zeit. Er hat einen Plan für dich, für dich ganz persönlich. Vertraue ihm, er ist mit dir und bei dir, auch wenn du zurzeit gerade in allergrösster Not bist. Er führt dich auf all deinen Wegen, viel besser, als du es dir vorstellen kannst!

Begraben wir die Sorgen und alles was uns daran hindert fröhlich zu sein, und versuchen wir, auch fröhlich zu bleiben. In einer innigen Verbindung mit unserem himmlischen Vater und in der lebendigen Hoffnung auf seine Hilfe ist alles möglich.

3.5

"... was muss ich tun, dass ich gerettet werde" (Apg 16,30)?

Das war die Frage eines Kerkermeisters, der Paulus und sein Begleiter Silas im Gefängnis von Philippi verwahrt hatte und sah, dass sich alle Gefängnistüren durch ein Erdbeben um Mitternacht geöffnet hatten und die Fesseln aller Gefangenen gelöst wurden (Apg 16,26). Diese Nacht hat das Leben dieses Kerkermeisters völlig verändert. Dieses Erdbeben hatte nicht nur das Gefängnis erschüttert, sondern auch sein Innerstes.

Wie nahm diese faszinierende Geschichte, die mit vielen aufschlussreichen Facetten gespickt ist, ihren Anfang?

Von Troas aus erreichen Paulus und Silas zum ersten Mal Europa, um die frohe Botschaft von Jesus Christus zu verkünden. Sie trafen dort zuerst auf eine Frau mit Namen Lydia, die glauben konnte und von Paulus getauft wurde. Das war die erste Bekehrung und die erste Taufe auf dem europäischen Kontinent. Nach diesem freudigen Erlebnis tauchen aber schon bald die ersten Schwierigkeiten auf. Immer dann, wenn Gott wirkt, wird auch der Feind Gottes aktiv. Satan tritt auf und versucht, das Werk Gottes zu behindern. Er ist ein durchaus mächtiger, aber auch ein besiegter Feind. Am Kreuz auf Golgatha hat ihn der Sohn Gottes besiegt!

In Philippi benutzte Satan eine Frau durch einen "Wahrsagegeist" (Apg 16,16). Diese Frau war besessen von einem Python-Geist, einem Geist, der mit dem Wahrsager-Orakel in Delphi - dem damaligen Zentrum der griechischen Wahrsagerei - verbunden war. Dieser böse Geist erkannte, dass Paulus und seine Begleiter Knechte Gottes waren. Da auch die Dämonen - die Diener Satans - um die Existenz und Macht Gottes wissen, verwundert es nicht, dass dieser Wahrsagegeist von Gott dem Höchsten spricht (Apg

16,17). Im Jakobus 2, Vers 19, heisst es: "Du glaubst, dass es nur *einen* Gott gibt? Du tust wohl daran! Auch die Dämonen glauben es - und zittern!" Es gibt auch noch andere Bibelstellen, wo dies klar zum Ausdruck kommt. Gott ist allmächtig, der Teufel und seine Diener wissen das - und zittern, denn sie kennen ihre Zukunft. Sie nützen die Macht aus, die ihnen Gott in dieser Zeit noch zugesteht.

Auch heute gibt es Menschen, die Kontakt mit der Unterwelt aufnehmen. Satanismus und Okkultismus sind auf dem Vormarsch. Für den Herrn ist dies ein Gräuel (5Mo 18,10-12). Die Bibel spricht häufig über die verschiedenen Formen der okkulten Wissenschaften, wie sie heute genannt werden. Niemals dürfen wir uns auf solche Dinge einlassen! Wir wollen uns davor aber auch nicht fürchten, denn der allmächtige Gott weiss seine Kinder immer zu schützen und zu bewahren.

Paulus trieb den Geist dieser Frau aus und zog sich dadurch den Unmut der Leute zu, die sich durch diesen Geist bereichert hatten und nun ihre Felle davonschwimmen sahen. Man riss Paulus und Silas nun die Kleider ab, sie wurden mit Ruten geschlagen und unter falscher Anklage ins Gefängnis geworfen und dem Kerkermeister übergeben. Dieser schloss dort ihre Füsse in den Stock, das ist ein schweres Holzgestell, in das die Füsse in einer schmerzhaften Stellung eingespannt wurden. Die Füsse, die beschuht sein sollten zur Verkündigung des Evangeliums, waren nun eingeschlossen in diesem Stock.

Was taten nun die Missionare? Sie konnten es trotz Schmerzen und Gefangenschaft nicht lassen, Gott zu bekennen, ihn zu loben und zu preisen! Es heisst, dass Paulus und Silas um Mitternacht beteten, Gott mit Gesang lobten und dass die anderen Gefangenen mithörten (Apg 16,25). Trotz massivsten Einschränkungen und Schmerzen, drängte es sie, Gott zu preisen, und der daraus folgende Segen war gewaltig. Durch ein Erdbeben kamen sie alle frei. Es heisst, dass die Grundfesten des Gefängnisses erschüttert wurden und sich sogleich alle Türen öffneten und die Fesseln aller gelöst wurden (Apg 16,26). Gott lässt manchmal Gefangenschaft zu, er lässt vielleicht zu, dass wir unfähig sind uns zu bewegen und vielleicht auch noch Schmerzen ausgesetzt sind. Wenn wir in so einer Situation zu ihm halten, dennoch zu ihm beten, das heisst, in innigster Verbindung mit ihm stehen, ihm bedingungslos vertrauen, auch wenn wir gar nichts mehr verstehen, werden wir solche Wunder erleben. Er lässt uns nie im Stich!

Aus dem Schlaf erwacht wollte sich der Kerkermeister dann das Leben nehmen, weil er meinte, die Gefangenen seien alle entflohen und weil ein Gefängnis-Aufseher damals für die Sicherheit der Gefangenen mit seinem Leben haftete. Paulus hielt in davon ab, indem er ihm klar machte, dass niemand entflohen ist, dass alle noch da sind. Daraufhin fragte er Paulus und Silas, was er tun müsse, damit er gerettet werde und sie sprachen: "Glaube an den Herrn Jesus Christus, so wirst du gerettet werden, du und dein Haus!" Der Glaube an Jesus rettet, er ist unser Retter! Gottes Wege sind immer gut, auch wenn wir sie vielleicht erst viel später verstehen! Diese Geschichte macht auch deutlich, dass Gott alle Menschen retten möchte! Der Kerkermeister und sein ganzes Haus, das bedeutet, dass seine ganze Familie so zum Glauben kam und alle getauft wurden.

Paulus und Silas werden dann wieder freigelassen und reisen weiter nach Thessalonich, dem heutigen Thessaloniki. Etwa zehn Jahre später schreibt Paulus einen Brief an die Gemeinde in Philippi wo erkennbar ist, dass der Samen, der durch Paulus und Silas gepflanzt wurde, aufgegangen ist. Der Siegeszug des Evangeliums setzte sich in Europa weiter fort.

Wir können vieles aus dieser Begebenheit lernen. Zum einen, dass

Gottes Wege immer richtig und zielführend sind, auch wenn wir sie meistens auf Anhieb nicht verstehen können. Paulus und Silas hätten sich auch ärgern können, sie hätten denken können: Jetzt sind wir doch als Knechte Gottes auf einer Missionsreise im Dienst unseres Herrn und jetzt lässt er zu, dass wir geschlagen und ins Gefängnis geworfen werden. Sie hätten auch denken können: Was haben wir falsch gemacht, dass uns Gott so bestraft? So dachten sie aber nicht, weil sie gelernt haben, Gott in jeder Lebenslage zu vertrauen! Sie glaubten, und hatten es sicher schon oft erlebt und gespürt, dass Gott ihnen ganz nahe ist. Sie wussten, dass er immer zur rechten Zeit hilft, dass er kein strafender Gott, sondern der Gott der Liebe ist, und dass für ihn nichts unmöglich ist.

3.6

"... Sonne, stehe still in Gibeon, und du, Mond, im Tal Ajalon" (Jos 10,12)!

Und kein Tag war diesem gleich, weder zuvor noch danach, dass der Herr (so) auf die Stimme eines Mannes hörte; denn der Herr kämpfte für Israel, heisst es im Vers 14.

Die Bibel berichtet im Buch Josua davon, dass mitten im Kampf zwischen den Israeliten und den Amoritern die Sonne und der Mond stillstanden. Es heisst in der Bibel, dass die Sonne beinahe einen ganzen Tag mitten am Himmel stehenblieb (Vers 13). Der Grund, dass Josua mit dieser Bitte an Gott gelangte, war, dass er in der Schlacht gegen die Amoriter die Oberhand gewann, und die Feinde daran waren, ins Dunkel der Nacht zu flüchten, wo keine

Verfolgung mehr möglich gewesen wäre. Im Licht der stehenge-
bliebenen Sonne, konnten sich die Israeliten, wie es heisst, an ihren Feinden "rächen", und diese Schlacht gewinnen.

Das "Rächen" an den Feinden darf nicht als primitive Rache verstanden werden. Vom Sinn her bedeutet das, dass ein gefährli-
cher Gegner, der eine grosse Bedrohung für das Volk Israel dar-
stellte, unschädlich gemacht werden musste.

Experten streiten sich, wie genau dieses Phänomen erklärt werden könnte. Sie suchten alle nach einer naturwissenschaftlichen
Erklärung. Es wurde auch augenzwinkernd darauf aufmerksam
gemacht, dass die Sonne ja eh stillsteht und die Erde sich ja um
die Sonne dreht und nicht umgekehrt. Es ist auch klar, dass dieser
Bericht aus der Sicht der Erde zur damaligen Zeit geschrieben
wurde. Wir sprechen sogar mit heutigem Wissen von Sonnenaufgang und Sonnenuntergang, obwohl es dies streng genommen ja
auch gar nicht gibt.

Was gibt es denn für eine Erklärung für dieses Phänomen? Wenn
Sonne und Mond tatsächlich stillgestanden hätten, müsste die Er-
drotation aufgehalten worden sein, was, wie wir alle wissen, gemäss den uns bekannten physikalischen Gesetzen völlig ausgeschlossen ist.

Aber wer hat denn diese physikalischen Gesetze gemacht? Wer
hat denn Erde und Himmel geschaffen? Wenn wir glauben können, dass der allmächtige Gott dies getan hat, ist es denn so
schwierig auch zu glauben, dass auch aus unserer menschlichen
Sichtweise, wo wir doch manchmal auch an unsere Grenzen kommen, so ein gewaltiges Wunder durch Gott eben auch möglich ist?

Die Ausgangslage aller Überlegungen muss das unveränderte
Wort aus der Bibel sein und bleiben! Da dürfen wir nichts weglas-

sen und auch nichts dazutun (5Mo 13,1). Wenn wir mit wissenschaftlichen Untersuchungen - die uns in jeder Hinsicht oft auch sehr behilflich sind, um gewisse Bibelstellen besser verstehen zu können - keine Erklärungen finden, bleibt nur der Glauben an ein Wunder Gottes. Gott ist eh Herr und Schöpfer über alle Gesetzmässigkeiten. Die Frage ist dann nur noch, ob ich wirklich glauben kann, dass für Gott kein Ding unmöglich ist (Lk 18,27).

Es gibt im Zusammenhang mit diesen Geschehnissen noch eine interessante Geschichte, für die ich jedoch keine ausreichenden Belege habe. Ich möchte sie aber dennoch unter Vorbehalt erwähnen.

Bei den Berechnungen der NASA für den Flug zum Mond, musste der Lauf der Sonne, Mond und Erde für einige Jahrtausende zurückgerechnet werden. Dabei soll man festgestellt haben, dass ein Tag fehlt.

Wenn diese Geschichte stimmt, frage ich mich, wo die restlichen Minuten geblieben sind, da die Sonne und der Mond ja nur "beinahe", also nicht ganz einen Tag lang stillgestanden sein sollen. Da gibt es aber noch eine Bibelstelle im 2. Buch der Könige, wo eine Geschichte über eine Sonnenuhr beschrieben ist, die von Gott zurückgestellt wurde.

Es geht in diesem Zusammenhang um Hiskia, der von 725 bis 696 v. Chr. König von Juda war. Als Hiskia im Sterben lag, betete er unter Tränen zu Gott, dass er doch nicht sterben möge, und Gott erhörte sein Gebet, machte ihn gesund und schenkte ihm zusätzliche 15 Lebensjahre. Dies wurde ihm durch den Propheten Jesaja ausgerichtet und Hiskia fragte den Propheten daraufhin: "Was ist das Zeichen, dass mich der Herr gesund machen wird" (2.Kön 20,8)? Er konnte es verständlicherweise noch nicht ganz glauben, da es auch Jesaja war, der ihm kurz zuvor seinen baldigen Tod verkündigte, bevor Gott das Gebet Hiskias dann erhörte, und Jesaja nochmals zu ihm sandte, um ihm die Gebetserhörung mitzuteilen. Hiskia konnte daraufhin wählen, ob der Schatten der Sonnenuhr 10 Striche vorwärts oder zurück gehen sollte. Hiskia entschied sich, dass der Schatten 10 Striche zurückgehe, und der Herr liess den Schatten an der Sonnenuhr dann auch zurückgehen (2Kön 20,11). Diese beiden Geschehnisse zusammengerechnet, könnten diesen "verlorenen" Tag erklären.

Es gibt in der Bibel noch ein drittes Sonnenwunder, das beim Tod Jesus am Kreuz stattfand. Es heisst im Matthäus 27,45: "Aber von der sechsten Stunde an kam eine Finsternis über das ganze Land bis zur neunten Stunde". Auch diese dreistündige Finsternis bei der Kreuzigung Jesu war keine normale Sonnenfinsternis. Genau genommen kann es nie länger als 7.6 Minuten dauern, bis der Mondschatten über einen Ort hinweg gezogen ist und die Sonne wieder sichtbar wird.

Diese unheimliche Finsternis, während Jesus - der Sohn Gottes - zwischen Himmel und Erde am Kreuz hing, lässt uns ein klein wenig erahnen, welche Bedeutung dieser Kampf hatte, der dort ausgetragen wurde. Es war der Kampf des Lichts gegen die Finsternis, der Kampf des Lebens gegen den Tod, der Kampf des Himmels gegen die Hölle. Auf Golgatha erduldete Jesus Christus die Marter, die wir ohne sein sündloses Leiden und Sterben in alle Ewigkeit hätten erleiden müssen.

Ein römischer Hauptmann, der bei der Kreuzigung Jesu dabeistand und der bestimmt schon bei vielen Kreuzigungen anwesend war, musste beim Tod Jesu bekennen: "Wahrlich, dieser Mensch ist Gottes Sohn gewesen" (Mk 15,39)!

Teil 4

4.1

"Glückselig sind, die da geistlich arm sind; denn ihrer ist das Himmelreich" (Mt 5,3).

Mit diesem Satz eröffnet Jesus die Bergpredigt, damit beginnt die Verkündigung des Evangeliums. Es ist die erste Botschaft des Gottessohnes, die den Seligpreisungen zugeordnet wird. Es ist aber auch eines der am meisten missverstanden Worten aus der Heiligen Schrift. Warum? Weil man vielleicht geneigt ist zu denken, wieso gehört denen, die nicht so sehr mit Intelligenz gesegnet sind, das Himmelreich?

Schauen wir dieses Wort aber etwas genauer an, dürfen wir erkennen, dass nicht "die Dummen" damit gemeint sind. Man muss an dieser Stelle aber auch erwähnen, dass das ursprüngliche Wort in den gängigen Übersetzungen nicht ganz so treffend wiedergegeben wurde.

Andere Bibelübersetzungen verstehen "Armut im Geist" als Bild für: "die arm sind vor Gott", oder "die erkennen, wie arm sie vor Gott sind", oder "die erkennen, dass sie Gott brauchen". Gemeint sind Menschen, die wissen, dass sie vor Gott nichts vorweisen können, und die im Grunde genommen alles von Gott und seiner Gnade erwarten. Um in so einer Herzenseinstellung zu stehen, muss eine grosse Portion Erkenntnis, Demut und Gottesfurcht vorhanden sein. Gottesfurcht bedeutet nicht, sich vor Gott zu fürchten, sondern sich vor Dingen zu fürchten, oder Dinge zu tun, die Gott nicht gefallen. Gottesfurcht ermöglicht es uns auch, ruhig und gelassen zu bleiben, auch wenn wir das Handeln Gottes nicht verstehen. Gehorsam und Gottesfurcht macht den geistlich Armen auch weise und gibt ihm die Gewissheit, die rechten Entscheidungen zu treffen.

Der Mensch neigt dazu, alles verstehen und alles beherrschen zu wollen. Das ist grundsätzlich nichts Schlechtes. Der geistlich Arme erkennt aber seine eigenen Grenzen. Er ist sich bewusst, dass der allmächtige Gott ihn liebt, und er vertraut ihm. Er weiss, dass er auf die Gnade Gottes angewiesen ist, dass er aus sich heraus ohne die Hilfe Gottes eigentlich nichts tun kann. Gott wirkt sogar das "Wollen" in uns, sowie auch das "Vollbringen", beides wirkt er, nach seinem Wohlgefallen (Phil 2,13). Was auf den ersten Blick vielleicht wie eine Beschneidung unseres "Tun und Wollens" ausschaut, ist aber bei näherem Betrachten eine gewaltige Hilfe. Gott weiss den Weg für dich und mich, besser als wir dazu jemals imstande sind. Lassen wir seinen Willen doch geschehen, zu unserer Entwicklung und zu unserem Heil. Lassen wir Gott machen und denken wir nicht, wir wüssten alles besser und könnten alles ohne ihn schaffen. Das funktioniert so nicht! Viele Menschen glauben auch, dass sie auf Gott verzichten können, um glücklich zu sein. Aber sie täuschen sich.

Der geistlich Arme erkennt seine eigene Hilfsbedürftigkeit. Er setzt seine Hoffnung auf die Gnade (1Petr 1,13). Wie gut ist es zu wissen, dass Gott unseren Glauben und unsere Liebe ansieht und nicht unsere Verdienste, die wir ja auch nur durch seine Hilfe erlangen können.

Der geistlich Arme weiss, dass er vor Gott nicht bestehen kann. Er ist sich seiner eigenen Unvollkommenheit bewusst und vermeidet dadurch auch, andere zu beurteilen oder gar zu verurteilen. Der geistlich Arme weiss auch, dass er allerhöchstens nur einen kleinen Teil der Wahrheit über seinen Nächsten kennt, im Gegensatz zu Gott, der alles über seinen Nächsten weiss, und ihn so sehr liebt, dass er seinen Sohn als Opfer für ihn gab.

4.2

"Ich bin der Weinstock, ihr seid die Reben. Wer in mir bleibt und ich in ihm, der bringt viele Frucht, denn ohne mich könnt ihr nichts tun" (Joh 15,5).

Ohne Jesus können wir nichts tun! Vielleicht denkt jetzt ein Schlaumeier: Ich will ja gar nichts tun, will nur etwas faulenzen, vielleicht etwas Gutes essen und trinken, ich habe ja genug Geld, will Freunde treffen, etwas plaudern und dann gehe ich wieder schlafen. Mein lieber Schlaumeier, lass dir sagen, dass du ohne Jesus nicht faulenzen kannst. Du hast ohne Jesus nichts zu essen und nichts zu trinken, du hättest ohne Jesus kein Geld und keine Freunde, die du treffen kannst, könntest nicht sprechen und auch nicht schlafen. Erst wenn etwas in unserem Leben geschieht, das uns einschränkt, merken wir, dass nichts selbstverständlich ist.

Wir haben zwar Wissenschaftler und Ärzte, die uns in vielen Dingen helfen können, aber auch diese Hilfen sind im Grunde genommen Gott geschuldet. Wir haben uns durch unseren Einsatz und unsere Leistungen vielleicht Geld und Wohlstand erarbeitet, ohne den Segen Gottes wäre uns dies nicht gelungen. Wir können uns auch nicht ausruhen auf unserem Reichtum, er kann sehr schnell wieder weg sein, oder wir können morgen schon Tod sein, wenn der allmächtige Gott - der Herr ist über Leben und Tod - es so vorgesehen hat.

Jesus warnt uns im Gleichnis vom reichen Kornbauer (Lk 12,16-21):

"Und er sagte ihnen ein Gleichnis und sprach: Es war ein reicher Mensch, dessen Feld hatte gut getragen. Und er dachte bei sich selbst und sprach: Was soll ich tun? Ich habe nichts, wohin ich meine Früchte sammle. Und sprach: Das will ich tun: Ich will meine Scheunen abbrechen und grössere bauen und will darin sammeln all mein Korn und meine Vorräte und will sagen zu meiner Seele: Liebe Seele, du hast einen grossen Vorrat für viele Jahre; habe nun Ruhe, iss, trink und habe guten Mut! Aber Gott sprach zu ihm: Du Narr! Diese Nacht wird man deine Seele von dir fordern; und wem wird dann gehören, was du angehäuft hast? So geht es dem, der sich Schätze sammelt und ist nicht reich bei Gott".

Der reiche Kornbauer hat grundsätzlich erst einmal vernünftig gehandelt. Schätze sammeln ist generell gesehen nicht verwerflich, und auch alles andere das er gemacht hat. Wieso war er aber nicht reich bei Gott? Und wieso ist das so wichtig?

"Sammelt euch vielmehr Schätze im Himmel, wo weder die Motten noch der Rost sie fressen und wo die Diebe nicht nachgraben und stehlen" (Mt 6,20)! Jesus fordert seine Zuhörer auf, Schätze im Himmel zu sammeln. Das griechische Wort für Schatz "thesauros", bedeutet Schatz- bzw. Vorratskammer. Diese himmlische Schatzkammer hat ewigkeitsbestand und ist vor Dieben und Rost geschützt.

Alles was wir uns erarbeitet haben, alles was wir besitzen und auch all die Begabungen, die wir haben dürfen, das alles ist uns von Gott gegeben. Die entscheidende Frage ist nun: Setzen wir diese Dinge ein, um irdischen Wohlstand zu erreichen oder für unseren ewigen Wohlstand; wonach trachten wir? "Trachtet zuerst nach dem Reich Gottes und nach seiner Gerechtigkeit, so wird euch das alles zufallen" (Mt 6,33). Ein wunderbarer Hinweis und ein gewaltiges Versprechen Gottes! Wenn diese Verheissung in unserem Leben einen hohen und zentralen Stellenwert einnimmt, werden wir es ganz persönlich erleben, dass Gott zu seinem Wort steht! Wenn wir nach dem Reich Gottes trachten, wenn dies erste Priorität in unserem Leben hat, wird er uns alles andere - was wir für unser irdisches Leben brauchen - schenken, es wird uns zufallen. Er wird uns jeden Tag das geben, was wir brauchen, sodass wir keinen Mangel haben. Ist das nicht eine gewaltige Zusage? Er verspricht uns, dass er uns mit allem versorgt, was wir hier auf Erden brauchen, wenn wir unsere Schätze bei ihm im Himmel anlegen.

Jeder Versuch, der unternommen wird, Frucht zu bringen, der losgelöst ist vom wahren Weinstock - Jesus Christus - wird scheitern. Nur wenn wir an diesem Weinstock bleiben, mit Jesus verbunden sind und verbunden bleiben, können wir Frucht bringen. Diese Frucht bleibt eingelagert in unserer himmlischen Vorratskammer. Diese Früchte möchte Jesus an uns sehen.

Das Bild des Weinstocks gebraucht Jesus, um die Beziehung, die ein gläubiger Mensch mit ihm haben darf und soll, zu beschreiben. Wer im geistlichen Sinn viel Frucht bringen möchte, seine Schätze im Himmel mehren möchte, der muss an Jesus - dem Weinstock - bleiben. Dieser Weinstock wird fürsorglich gepflegt, von Gott selbst. Er ist in diesem Bild der Weingärtner.

Gott lässt manchmal Beschneidung und Zerbruch ganz bewusst zu. Das schmerzt, aber Monate oder Jahre später erkennen wir, dass es dazu geführt hat, mehr Frucht zu bringen. Mit der Entscheidung, an Jesus zu glauben, werden wir, um beim Bild des Weinstocks zu bleiben, eine lebendige Einheit mit ihm. Wir bleiben an ihm und in ihm. Was für eine grossartige Zusage! Die Kräfte fliessen aus ihm zu uns, sodass wir Frucht bringen, dass wir gedeihen und uns entwickeln können, dass wir Jesus immer ähnlicher werden können. So können wir stark, mutig, unerschrocken und getrost vorwärtsschreiten. Er sorgt für uns, er versorgt uns mit allem was wir brauchen, damit wir Schätze sammeln können, die ewig bleiben.

"Denn wo euer Schatz ist, da wird auch euer Herz sein", heisst es in Matthäus 6, Vers 21. Prüfen wir, wo unser Herz ist. Ist es ausschliesslich auf irdischen Reichtum ausgerichtet oder schaut unser Herz auch in unsere himmlische Schatzkammer? Wir wollen uns nicht zu sehr auf Irdisches fokussieren, unser Herz soll aufs Himmlische gerichtet sein. Aus uns selbst können wir nichts erarbeiten oder verdienen. Wenn wir aber an den Verheissungen Gottes bleiben, dann bleiben wir in seiner Liebe und Gnade und können gelassen, freudig und dankbar sein und bleiben, *an* ihm, *durch* ihn, und *in* ihm geborgen und versorgt.

4.3

"Die Frucht des Geistes aber ist Liebe, Freude, Friede, Langmut (Geduld), Freundlichkeit, Güte, Treue, Sanftmut, Enthaltsamkeit" (Gal 5,22).

Der Heilige Geist spielt eine entscheidende Rolle in jeder Hinsicht. Er sorgt dafür, dass ein Mensch sich mit der neuen Welt Gottes verbinden kann, als Rebe in den Weinstock Christi eingepflanzt werden kann. Dadurch entsteht eine Heiligung, durch die Kräfte fliessen, die vielfältige Früchte des Geistes hervorbringen und wachsen lassen.

Wie kann dieser wunderbare Heilige Geist empfangen werden und uns erfüllen, sodass diese Geistesfrüchte an uns gedeihen können? Er kann durch das Hören der Glaubensbotschaft vom gekreuzigten und auferstandenen Jesus empfangen werden, nicht aufgrund von Taten (Apg 10,44; Gal 3,1-6). Der Heilige Geist kann durch den Missions- und Taufbefehl empfangen werden, wo Jesus die Apostel aufforderte: "Tauft sie auf den Namen des Vaters und des Sohnes und des Heiligen Geistes (Mt 28,19). Wer sich in diesem Glauben taufen lässt, empfängt den Heiligen Geist (Apg 2,38). Das sind klare Hinweise und Aussagen aus der Heiligen Schrift. Der allmächtige Gott kann selbstverständlich in seiner absoluten Freiheit, die er innehat, den Heiligen Geist geben und senden, wie und wem er will. Wieso sollte Gott diesen so wichtigen Heiligen Geist nicht einer Person schenken, die mit aufrichtigem Herzen darum bittet? "Wenn schon ihr euren Kindern Gutes gebt, wie viel mehr wird der Vater im Himmel den Heiligen Geist denen geben, die ihn darum bitten" (Lk 11,13)?

Wieso ist dieser Heilige Geist so wichtig? Weil nur er es ist, der uns in alle Wahrheit und Klarheit führen kann. Er wird als Tröster, als Beistand und Helfer beschrieben. Durch den Heiligen Geist ist Einssein mit Gott und seinem Sohn möglich, ist eine lebendige Beziehung und Entwicklung möglich, ist eine Reifung dieser Geistesfrüchte möglich. Mit dem Heiligen Geist ist es erst möglich, uns wahrhaftig Gott zuzuwenden und unser Leben gottgefällig zu gestalten. Ohne den Heiligen Geist bleiben wir in den Sümpfen des Weltgeschehens stecken, mit dem Heiligen Geist können wir uns getragen wie auf Adlerflügeln in himmlische Sphären emportreiben lassen. Der Nebel lichtet sich immer mehr und wir gelangen ans Licht. Der Heilige Geist gibt auch Zeugnis unserem Geist (unserem menschlichen Geist), dass wir Gottes Kinder sind. Es soll uns – unserem menschlichen Geist - bewusstwerden, dass wir mit dem Siegel der Gotteskindschaft versiegelt sind und Gott angehören.

Wie merke ich, dass ich den Heiligen Geist empfangen habe? "Niemand kann Jesus den Herrn nennen ausser durch den Heiligen Geist" (1Kor 12,3). Das heisst, ohne den Heiligen Geist ist es nicht möglich an Jesus Christus zu glauben und ihn als unseren Herrn und Meister anzunehmen, ihn anzuerkennen und ihm nachzufolgen!

Wenn wir dem Heiligen Geist in uns Raum geben und ihn nicht dämpfen, empfangen wir von ihm göttliche Impulse, die es uns ermöglichen, gottgefällige Wege einzuschlagen, richtige Entscheidungen zu fällen und nicht in die Irre zu gehen (1Thess 5,19). Wir wissen, dass der Teufel nichts auslässt, um uns von diesem wahren Weg mit Gott abzubringen, uns abzulenken, uns zu verunsichern, zu täuschen und anzulügen. Nur mit dem Heiligen Geist haben wir Licht auf unserem Vollendungsweg, können ewiges Leben bei Gott und mit Jesus erlangen. Das alles können wir bewusst spüren und erleben im Heiligen Geist. Vertrauen wir Gott, vertrauen wir Jesus Christus und vertrauen wir uns auch dem Heiligen Geist an, entsagen wir dem Bösen und lassen wir uns nicht verunsichern! So wird es ruhig in uns und wir machen uns dadurch auch viel weniger Sorgen, denn wir wissen, unser himmlischer Vater sorgt für uns, sorgt für seine geliebten Kinder! Dies alles wird uns durch den Heiligen Geist immer bewusster.

Wenn wir dermaleinst dann bei Gott sein dürfen, wird uns alles vollkommen klar sein (Joh 16,23). Hier auf Erden müssen wir noch glauben, haben keine wirklichen Beweise und können uns diese gewaltigen Verheissungen auch noch nicht so richtig vorstellen. Aber der Heilige Geist hilft uns in allen Dingen, hilft uns alles immer besser zu verstehen und alles immer klarer zu sehen.

Anhand des Reifegrades dieser Früchte können wir erkennen, wo wir in unserer Entwicklung stehen. Wenn diese Früchte zurzeit noch unreif sind, wollen wir uns dennoch in der Liebe üben, die

Beziehung zu Gott und seinem Sohn pflegen, dem Heiligen Geist Raum geben und im Glauben und Vertrauen auf die Hilfe Gottes geduldig bleiben. Geben wir uns diese Zeit, und auch unserem Nächsten wollen wir diese Zeit zugestehen, die es eben braucht, um diese Reife zu erlangen. Das geht wie in der Natur nicht von heute auf morgen, alles braucht seine Zeit. Aber geben wir nicht gleich auf und lassen wir alles in der Liebe geschehen.

4.4

"Das ist aber das ewige Leben, dass sie dich, den allein wahren Gott, und den du gesandt hast, Jesus Christus, erkennen" (Joh 17,3).

Wie ist das zu verstehen, dass das Erkennen von Gott und Jesus das ewige Leben ist?

Dieses Wort stammt aus den sogenannten Abschiedsreden Jesus, wo er versucht, seine Jünger über die kommenden Ereignisse aufzuklären und auch über die Nachfolge nach seinem Tod am Kreuz spricht. Jesus wusste, dass sein Tod unmittelbar bevorstand, tröstet seine Jünger, spricht über die Sendung des Heiligen Geistes und betet auch mit ihnen. Er schenkt ihnen seinen Frieden und spricht über Gehorsam, Liebe, das Einssein und vieles mehr, nachzulesen im Johannes-Evangelium in den Kapiteln 13-17.

Jesus erklärt so vieles, obwohl er weiss, dass es seine Jünger eigentlich nicht verstehen können. Er wusste auch, dass ihr Glauben trotz allem was sie mit ihm erlebt hatten, schwach war. Jesus sprach: "Ich sage euch das alles, bevor es geschieht, damit ihr an mich glaubt, wenn es eintrifft" (Joh 14,29). Sein bevorstehender

Tod am Kreuz, seine Auferstehung und Himmelfahrt; es war ihnen nicht möglich, dies alles in diesem Moment zu verstehen, deshalb sollen sie zumindest dann daran glauben, wenn es geschehen ist.

Vergessen wir nicht, dass die Bibel vor allem für die Menschen *nach* diesen Ereignissen geschrieben wurde. Gott inspirierte die Schrift vor allem auch für die Zeit, in der wir heute leben. Und für uns ist es etwas einfacher, wenn wir uns damit befassen, weil wir im Zurückblicken erkennen können, was alles geschehen ist, wie viele Verheissungen sich schon erfüllt haben. Aber aufgepasst: Auch an uns ist dieses Wort gerichtet, dass Jesus es uns zuvor gesagt hat was geschehen wird, ehe es geschieht! Denken wir in diesem Zusammenhang an die Entrückung der Brautgemeinde, die bald geschehen wird (Offb 22,7)! Er hat es uns zuvor gesagt, bereiten wir uns darauf vor, schieben wir es nicht auf die lange Bank!

"Ich habe nicht mehr viel Zeit, mit euch zu reden, denn der Teufel, der Herrscher dieser Welt, hat sich schon auf den Weg gemacht. Er hat zwar keine Macht über mich, aber die Welt soll erfahren, dass ich den Vater liebe. Deswegen werde ich das ausführen, was Gott mir aufgetragen hat. Und nun steht auf, wir wollen gehen" (Joh 14,30-31)! Aus Liebe zu seinem Vater ging Jesus nun diesen schweren Weg und ermöglichte uns dadurch ewiges Leben!

Das ewige Leben ist nicht etwas, das in der Zukunft liegt. Es ist jetzt schon in uns durch den Heiligen Geist! Dieses ewige Leben ist unzerstörbar. Wer an Jesus glaubt, ihm vertraut und ihm nachfolgt als sein Jünger, der hat dieses Leben jetzt schon in sich. Und dieses Leben kann "ewiges Leben" genannt werden, weil es auch vom Tod nicht mehr zerstört werden kann. Zwar sterben Christen noch, aber weil Jesus den Tod durch seinen Tod und seine Auferstehung besiegt hat, werden auch sie auferstehen und das Leben mit Jesus fortsetzen. Wer sich Jesus anvertraut, der wird ihn durch den Heiligen Geist auch erkennen! Ihn, der von sich sagt, dass er selbst der Weg, die Wahrheit und das Leben ist, das Leben, das ewig währt.

4.5

"Seid dankbar in allen Dingen; denn das ist der Wille Gottes in Christo an euch" (1Thess 5,18).

Es ist der Wille Gottes an dich, an mich und an uns alle, dankbar zu sein in allen Dingen. Was bedeutet das, wie soll das funktionieren?

In diesem Moment, wo ich diese Zeilen zu Papier bringe, befinden wir uns Mitte Februar 2021 mitten in der zweiten Welle der Corona-Pandemie. Die Regierung hier in der Schweiz hat wiederum einen Shutdown angeordnet, viele Geschäfte sind geschlossen und viele Menschen leiden und bangen um ihre Gesundheit und ihre Existenz. Die Schweiz ist eines der reichsten Länder weltweit, und die Einschränkungen und Zustände hier sind nicht vergleichbar mit den Gegebenheiten, wie wir sie zurzeit in vielen ärmeren Ländern antreffen. Dort geht es nur ums Überleben! Was viele Menschen hier in Mitteleuropa meistens nicht im Blick haben ist, dass dieser Überlebenskampf an vielen Orten schon immer da war. Aber man hat kaum Kenntnis davon genommen. Es gibt so viel Leid durch Hunger und Kriege, Menschen sind auf der Flucht, viele Machthaber sind korrupt, schauen nur auf ihre eigenen Vorteile und die Not ihrer Landsleute ist ihnen egal. Menschen werden verfolgt, unterdrückt, geplagt, vertrieben und noch so vieles mehr. Jetzt ist bei diesem schon vorhanden gewesenen Leid die Pandemie noch obendrauf gekommen.

Es konnten verhältnismässig schnell Impfstoffe entwickelt werden. Viele Menschen sind trotzdem unzufrieden, da es Lieferengpässe gibt und man mit der Impfkampagne nicht so schnell vorankommt wie erwartet. Es fällt auf, dass der Egoismus sich wieder ausbreitet, nachdem man sich im Frühling 2020 bei der ersten Welle noch solidarisch und hilfsbereit gezeigt hat, ist jetzt nicht mehr allzu viel davon zu sehen. Alle die einer Impfung positiv gegenüberstehen, möchten so schnell wie möglich geimpft werden, und man denkt oft nicht daran, dass in armen Ländern bis heute noch praktisch keine Impfdosen angekommen sind.

Für was soll man da dankbar sein? Man hört immer wieder, dass wenn es einen liebenden Gott gäbe, nicht so viel Leid und Not vorhanden wäre. Wo ist da die Hilfe Gottes, wenn viele betagte Menschen sich mit dem Corona-Virus infizieren, und dies dann oft einem Todesurteil gleichkommt? Ein Sterben, das ohne Angehörige stattfindet, und das letzte, was man vielleicht noch wahrnimmt, Ärzte und Pflegekräfte in Schutzanzügen sind? Wie gehen wir mit diesen Fragen um, gibt es überhaupt Antworten darauf aus biblischer Sicht? Ist es unter diesen Umständen tatsächlich noch möglich, den Willen Gottes auszuführen und dankbar zu sein?

Bleiben wir zuerst einmal beim Willen Gottes, dass wir dankbar sein sollen in allen Dingen. Es heisst nicht, dankbar zu sein *für* alle Dinge, sondern *in* allen Dingen. Das ist nicht "Wortklauberei", das ist die Heilige Schrift wörtlich genommen. Es muss nicht sein, dass wir dankbar sind für die Pandemie oder für das Leid und die Not, die Schmerzen und Krankheiten, die an uns herantreten. Das verlangt Gott nicht von uns. Was er möchte ist aber, dass unser Blick sich trotz Sorgen und Nöten weitet, dass wir trotz allem Leid auch das Zukünftige sehen! Wir kennen die Bibelstelle aus dem zweiten Korintherbrief: "da wir nicht auf das Sichtbare sehen, sondern auf das Unsichtbare; denn was sichtbar ist, das ist zeitlich; was aber unsichtbar ist, das ist ewig" (2Kor 4,18). Dass wir eben versuchen, trotz Not und Leid, nicht nur auf das Irdische, das Sichtbare zu sehen, sondern auch versuchen, im Glauben und Hoffen auf das Zukünftige, das noch Unsichtbare, noch Unerreichte; auf unser ewiges Leben im Reich Gottes zu blicken, wo wir zusammen mit Gott und Jesus nur noch Glückseligkeit erleben dürfen. Lasst uns versuchen, an diese Verheissungen zu glauben, darauf zu hoffen und uns dennoch darauf zu freuen, auch wenn wir uns dies alles heute noch überhaupt nicht vorstellen können. Mit unserem Herzen uns jetzt schon gedanklich darauf ausrichten, auch wenn wir jetzt noch in grossen Nöten sein sollten.

Wir wären in dieser Pandemie auch nicht gut beraten, wenn wir nur auf die vielleicht mühsamen Einschränkungen und Beschränkungen sehen würden, und nicht auf die Impfstoffe, die uns aus dieser schwierigen Zeit voraussichtlich heraushelfen werden. Für die Möglichkeit, dass wir uns impfen lassen können, wollen wir doch auch dankbar sein. Auch für die Hilfe und Unterstützung durch Ärzte und Pflegekräfte, die sich Tag und Nacht für Infizierte aufopfern, wollen wir dankbar sein und auch für sie beten. In vielen Ländern ist das Gesundheitssystem marode und nicht in der Lage, kranken Menschen adäquat zu helfen und sie zu versorgen. Justieren wir gegebenenfalls unsere Sichtweise in dieser Hinsicht auch etwas und schauen wir doch auf das Positive und lassen wir uns doch von den unangenehmen Dingen nicht gefangen nehmen. Es soll uns klar werden, dass wir es in unseren Breitengraden gar nicht so schlecht haben, dass oftmals auf hohem Niveau gejammert und geklagt wird. Der liebe Gott lässt zwar manchmal etwas zu, lässt uns dann aber doch auch wieder Hilfe zuteilwerden.

Vergessen wir, ob all den schlimmen Dingen nicht, dass unser himmlischer Vater uns *immer* hilft. Er fordert vielleicht etwas Geduld, hilft möglicherweise anders als wir es uns vorstellen, oder wir erkennen seine Hilfe vielleicht erst später. Das ist alles möglich. Aber er hilft *immer*, und er straft uns nicht, wie wir vielleicht manchmal das Gefühl haben. Er ist unser liebender, himmlischer Vater und möchte, dass wir uns ihm zuwenden und die Hilfe bei ihm suchen, das heisst, uns ihm im Gebet öffnen, bei ihm anklopfen. Wir wollen ihm dankbar sein in allen Dingen, und dürfen ihm selbstverständlich auch unsere Sorgen und unsere Wünsche zu Füssen legen. Vergessen wir in unseren Gebeten aber auch die Fürbitte für Leidende nicht!

Wenn wir Gott in dieser Herzenseinstellung entgegentreten, wird er uns stärken und wir können ihn immer wieder wunderbar erleben. Das stärkt unseren Glauben und wir können dadurch immer mutiger und zuversichtlicher vorwärtsgehen. Es ist nicht Gott, der uns vermeintlich plagt und böses zufügt, es ist der Böse selbst, der dies tut. Gott lässt manchmal etwas zu, wenn es denn sein soll; aber er hilft uns auch tragen (Ps 68,20).

"Und ob ich schon wanderte im finsteren Tal, fürchte ich kein Unglück; denn du bist bei mir, dein Stecken und dein Stab trösten mich" (Ps 23,4). Mit seinem Stecken verscheucht Jesus die wilden Tiere, die seine Schafe angreifen wollen, und mit seinem Stab leitet er uns immer wieder zu frischen Wasserquellen, auf saftige Weiden und grüne Auen. Jesus bezeichnet sich selbst als den guten Hirten, der bereit ist, auch sein Leben für die Schafe herzugeben (Joh 10,11). Jesus hat dies nicht nur gesagt, sondern auch getan! Bleiben wir an ihm und vertrauen wir ihm! Wir werden es nicht bereuen. Er hilft immer zur rechten Zeit und lässt uns nicht über unsere Kräfte darben. Da Gott in allen Dingen hilft, sollten wir ihm dann nicht auch in allen Dingen dankbar sein? Wenn es uns oder unserem Nächsten dann wieder besser geht, wollen wir nicht vergessen, Gott auch zu danken. Der Dank ist auch ein Schlüssel zum Herzen des Gebers; ein Schlüssel zum Herzen Gottes!

Teil 5

5.1

"Wenn sie nicht auf Mose und die Propheten hören, werden sie sich auch nicht überzeugen lassen, wenn jemand aus den Toten aufersteht" (Lk 16,31).

Dies ist der letzte Satz eines Gleichnisses, das Jesus seinen Jüngern erzählte. Es hörten aber auch die Pharisäer mit, die, wie es heisst, am Geld hingen und verächtlich über Jesus redeten und ihn verspotteten (Lk 16,14).

Es ist das Gleichnis vom reichen Mann und vom armen Lazarus. Es ist ein Gleichnis, das gespickt ist mit faszinierenden Hinweisen, die in der damaligen Zeit von seinen Jüngern und von den Pharisäern gut verstanden wurden, denn es war eine den Zuhörern bekannte Geschichte. Sie stammt aus der rabbinischen Tradition. Jesus zitiert diese Geschichte, um damit etwas zu erklären, den Menschen damals, aber auch uns in der heutigen Zeit. Denn gerade bei uns kann ein komplett falsches Bild über Jenseits, Himmel und Hölle entstehen, wenn wir dieses Gleichnis in der Bibel nur oberflächlich lesen und die Hintergründe dazu nicht kennen. Diese Geschichte ist schon eine Herausforderung, es finden sich in der Bibel keine Parallelstellen.

Was steht denn nun in dieser Geschichte? Es geht um einen reichen Mann, von dem kein Namen überliefert ist, und dem armen Lazarus, der als einziger in sämtlichen überlieferten Gleichnissen in der Bibel, mit Namen genannt ist. Nicht zu verwechseln mit dem anderen Lazarus aus Bethanien, der kurze Zeit später von Jesus von den Toten auferweckt wurde.

Der kranke und arme Lazarus liegt vor der Tür eines reichen Mannes und begehrt nur die Brocken, die von dessen reicher Tafel herabfallen, während Hunde seine Geschwüre lecken. Nachdem beide Männer gestorben sind, kommt der Reiche ins Totenreich (gr.: "hades"; hebr.: "scheol"), wo er leidet, und sieht von dort Lazarus "in Abrahams Schoss" gebettet. Der Reiche bittet Abraham, Lazarus zu ihm zu schicken. Er soll seine Fingerspitze ins Wasser tauchen und damit seine Zunge kühlen, um ihm die Qualen zu erleichtern. Dies verweigert Abraham mit dem Hinweis, der Reiche habe seinen Anteil am guten Leben bereits im Diesseits erhalten. Auch die Bitte des Reichen, Lazarus zu seinen Hinterbliebenen zu senden, um sie vor den Folgen eines üppigen und luxuriösen Lebens zu warnen, wird von Abraham abgelehnt unter dem Hinweis auf die Weisungen der Tora, (die fünf Bücher Mose) und der Begründung: "Wenn sie auf Mose und die Propheten nicht hören, werden sie sich auch nicht überzeugen lassen, wenn einer von den Toten aufersteht".

Diese Geschichte ist ein Gleichnis, und Gleichnisse dürfen nicht wörtlich genommen werden. Durch alle überlieferten Gleichnisse möchte Jesus etwas erklären. Dieses Gleichnis ist auch keine abgeschlossene Rede Jesu, sondern es ist eingebettet in vier zuvor erwähnte Gleichnisse. (Lk 15,1 - 16,9).

Es sind hier nicht die Erlebnisse zweier soeben verstorbenen Menschen geschildert. Wenn dies so wäre, müsste man ja zum Schluss kommen, dass Armut, Hunger und Krankheit in diesem Leben eine Garantie für die zukünftige "Seligkeit" seien, und ein genussreiches Leben in Freuden, Gesundheit und Wohlstand hingegen höllische Plagen und ewige Verdammnis nach sich ziehe. Obwohl Jesus des Öfteren warnt, dass Reichtum und üppiges Leben äusserst gefährlich ist für unser Seelenheil, ist dies, weil er dadurch eine Gefahr sieht, dass wir darob Gott vergessen und die Beziehung zu ihm nicht in dem Masse pflegen, wie wir sollten.

Hier handelt es sich um ein einziges, grosses Gleichnis, das Jesus uns in fünf Bildern vorführt. Es sollte damit den Zuhörern eine unmissverständliche Lektion erteilt werden, die zur damaligen Zeit ganz bestimmt verstanden wurde. Die stolzen und selbstgerechten Pharisäer und viele Schriftgelehrten hatten unbewusst eine kostbare Wahrheit ausgesprochen, indem sie sprechen: "Dieser nimmt die Sünder an und isst mit ihnen" (Lk 15,2), wo sie über die Beziehungen und Zuwendungen Jesus zu den Zöllnern murrten. In seiner Entgegnung nahm der Herr diese Wahrheit als Ausgangspunkt für ein aus fünf Bildern bestehendes Gleichnis, das sich mit den verschiedenen Klassen des Volkes beschäftigt und aufzeigt, dass es Gott nicht um den Selbstgerechten, sondern um den Sünder geht, der weiss, dass er ohne die göttliche Hilfe, die ihn sucht, verloren bleibt. Genau darauf weist auch das Gleichnis vom verirrten Schaf (Lk 15,1-7; Mt 18,12-14), von der verlorenen Drachme (Lk 15,8-10), vom verlorenen Sohn (Lk 15,11-32) und vom untreuen Haushalter hin (Lk 16,1-9).

Man muss wissen, dass die Zöllner damals keinen allzu guten Ruf hatten und oftmals eingenommenes Geld in die eigene Tasche steckten. Gott wendet sich aber dem Sünder zu und möchte ihn zur Umkehr bewegen, so wie es auch in der Geschichte mit dem Zöllner Zachäus zum Ausdruck kommt, der, nachdem Jesus bei ihm eingekehrt ist, sein unrechtmässig erworbenes Geld vierfach wieder zurückerstattete. Zudem gelobte er, die Hälfte seines Besitzes an die Armen zu geben (Lk 19,1-10). Jesus beantwortet diese Umkehr mit der Heilszusage an ihn und seine Familie und bekräftigt: "Denn auch er ist Abrahams Sohn. Denn der Menschensohn (Jesus) ist gekommen, zu suchen und selig zu machen, was verloren ist" (Lk 19,10).

Die selbstgerechten Pharisäer und ihr Anhang werden auch in anderen Gleichnissen dargestellt. Jesus, der von Gott zu den verlorenen Schafen des Hauses Israel gesandt wurde (Mt 15,24), ist der gute Hirte, der sein Leben für die Schafe gibt (Joh 10,11).

Diese unüberbrückbare Kluft in diesem Gleichnis zeigt klar, dass wir uns jetzt - im Diesseits - Jesus zuwenden sollen, uns mit der rettenden Botschaft - dem Evangelium - befassen, und es in unserem Leben auch anwenden sollen. Diese Kluft symbolisiert das Bild zwischen zwei Menschen, von denen der eine zum Glauben kam und der andere nicht.

Da gelegentlich Gleichnisse der Heiligen Schrift wörtlich verstanden werden und dies zu Trugschlüssen führt, erscheint es angebracht, sich mit solchen bildlichen Ausdrücken näher zu befassen, dies umso mehr, als sie oft eine göttliche Wahrheit prägnanter auszudrücken vermögen, als nüchterne Sätze es könnten. In Gleichnissen kommt es immer nur auf das geistliche Bild - die geistliche Wahrheit - an, die vermittelt werden soll, darauf müssen wir unseren Fokus lenken.

Es steht geschrieben: "... sie werden sich auch nicht überzeugen lassen, wenn jemand von den Toten aufersteht". Den Beweis für diesen Schlusssatz trat der Herr kurz darauf an, als er tatsächlich einen Menschen namens Lazarus aus den Toten auferstehen liess. Wie wir wissen, änderte auch dies, und viele andere Wundertaten, nichts an der Verstocktheit des Volkes Israel und seiner Führer. Im Gegenteil, in der Woche darauf wurde Jesus umgebracht.

War es nun Gottes Absicht, dieses Volk fallen zu lassen, weil sie sich von Gott abgewandt haben? Nie und nimmer! Weil das Volk Israel die rettende Botschaft abgelehnt hat, wurde der Weg bereitet, um den übrigen Völkern - den Heiden - die rettende Botschaft zugänglich zu machen (Röm 11,11).

Trotz dieser unfassbaren Ablehnung; Gott hält seinen Bund und seine Zusagen, die er dem Volk Israel gegeben hat, und sie bleiben sein geliebtes Volk und werden schliesslich auch Gottes Barmherzigkeit erfahren (Röm 11,31). Wie unbegreiflich gross und treu ist Gott, wie gross ist seine Liebe, seine Geduld, seine Güte und seine Barmherzigkeit! Lasst uns dennoch nicht zuwarten in der Annahme, dass Gott uns irgendwann einmal vielleicht doch noch Gnade schenken wird, sondern heute schon auf dem Weg - der gelegt ist durch Jesus Christus - vorwärtsschreiten.

5.2
"Betet ohne Unterlass" (1Thess 5,17).

Müssen wir den ganzen Tag beten, von morgens bis abends? Nein, natürlich nicht! Es bedeutet, ein Gebetsleben zu pflegen und darin beständig zu bleiben und in dieser Beständigkeit nicht nachzulassen.

Wenn du dich zu den Menschen zählst, die noch nie, oder bis heute nur ganz selten einmal gebetet haben, vielleicht auch nicht wirklich an Gott glauben kannst, dann freut es mich sehr, dass du dich bis hierhin durch die ersten Abschnitte dieses Buches durchgekämpft hast. Vielleicht aus Neugier, vielleicht weil du etwas mehr Klarheit möchtest über die Bibel, das Christentum, über Jesus Christus oder das Reich Gottes. Egal, du bist jetzt hier beim "beten" gelandet und ich hoffe, es interessiert dich auch, was genau es mit dem Beten so auf sich hat.

Als Jesus mit seinen Jüngern über diese Erde ging, betete er sehr oft zu Gott, seinem himmlischen Vater. Für die Jünger war das neu und sie baten ihn, dass er sie doch auch beten lehren möge. Jesus kam dieser Bitte gerne nach und lehrte sie das "Unser Vater". In diesem prägnanten Gebet sind die wichtigsten Dinge aus der Sicht Jesu zusammengefasst. Es fällt auf, dass zweimal vom Reich Gottes die Rede ist, und dass es für unser irdisches Wohlergehen praktisch keine Bitten gibt, ausser "unser tägliches Brot gib uns heute". Aber auch diese Aussage hat einen geistlichen Aspekt, denn Jesus wies ja auch darauf hin, dass er selbst das Brot des Lebens ist (Joh 6,35), und dass seine Speise das Wort Gottes ist, den Willen des Vaters im Himmel zu tun und das Werk, zu dem er gesandt war, zu vollbringen (Joh 4,34). Das "Unser Vater" oder "Vaterunser" beginnt mit Lobpreis. Der Name Gottes wird gepriesen. Es geht um die Bitte, dass der Wille Gottes geschehen soll, es geht um die Vergebung unserer Schuld und unserer Sünden, um Versuchung und Erlösung vom Bösen und darum, dass das Reich Gottes doch kommen möge. Am Schluss dieses Gebets wird der Blick des Beters auf das grandiose Ziel gelenkt, die Herrlichkeit in Ewigkeit.

Gebete werden mit "Amen" beendet, das kommt aus dem Hebräischen und bedeutet "So ist es / So sei es!".

Das "Unser Vater" übersetzt von Martin Luther lautet folgendermassen (nach Matthäus 6,9-13):

Vater unser, der du bist im Himmel,

geheiligt werde dein Name.

Dein Reich komme.

Dein Wille geschehe wie im Himmel so auf Erden.

Unser tägliches Brot gib uns heute.

Und vergib uns unsere Schuld, wie auch wir vergeben unseren Schuldigern.

Und führe uns nicht in Versuchung, sondern erlöse uns von dem Bösen.

Denn dein ist das Reich und die Kraft und die Herrlichkeit in Ewigkeit.

Amen.

Es ist schon erstaunlich, dass in diesem "Mustergebet" das Irdische, das was uns doch manchmal so plagt und schmerzt, praktisch nicht im Blickfeld Jesu zu sein scheint. Bei der Bitte, dass wir nicht in Versuchung geraten mögen und vom Bösen erlöst werden sollen, geht der Blick und die Bitte auch wieder in unsere geistliche Zukunft. Wo bleibt die Bitte um Gesundheit und um unser irdisches Wohlergehen? Wo bleibt die Fürbitte für unseren Nächsten, den wir doch lieben und unterstützen sollen?

Es scheint tatsächlich eine Tatsache zu sein, dass es um viel, viel mehr geht, als uns eigentlich bewusst ist! Wir wissen, dass es nur einen einzigen Wunsch Jesu gab, der in der Bibel überliefert ist, wo Jesus das Wort "will" verwendet. Er betete zu Gott: "Vater, ich *will*, dass, wo ich bin, auch die bei mir seien, die du mir gegeben hast, dass sie meine Herrlichkeit sehen, die du mir gegeben hast; denn du hast mich geliebt vor Grundlegung der Welt." (Joh 17,24). Diese Bitte, mit dem Blick auf die Zukunft derjenigen, die ihm damals nachfolgten - und ganz bewusst auch auf uns in der heutigen Zeit - war Jesus so wichtig, dass er dies etwas keck mit "ich will" formulierte. Dieser innige Wunsch, dass wir dermaleinst bei ihm sein dürfen und seine Herrlichkeit sehen können. Nicht einmal als es um sein Sterben am Kreuz ging, sagte er "ich will".

Als er kurz vor seiner Festnahme im Garten Gethsemane so intensiv betete, dass, wie es heisst, sein Schweiss wie Blutstropfen wurde, sprach er: "Vater, alles ist dir möglich. Lass diesen bitteren Kelch des Leidens an mir vorübergehen. Aber nicht was *ich* will, sondern was *du* willst, soll geschehen" (Mk 14,36). Jesus, der Gott und eben auch Mensch war, fürchtete sich vor dem, was auf ihn zukam, und bat seinen Vater, dass er dieses Leiden doch an ihm vorübergehen lassen soll, hatte aber dennoch auch die Kraft in dieser Extremsituation, seinen Willen bedingungslos unter den Willen Gottes zu stellen. Er fühlte sich in diesem Gebetskampf auch allein gelassen, denn seine Jünger, die er dreimal aufforderte mit ihm doch wach zu bleiben, schliefen immer wieder ein. Er war in diesem Moment, wie dann kurz darauf auch am Kreuz, von seinen Freunden verlassen; aber Gott war ihm ganz nah; Jesus war nach wie vor eins mit seinem himmlischen Vater. In diesem Einssein flossen ihm die notwendigen Kräfte zu, um alles Aufgetragene dem Willen Gottes entsprechend zu vollbringen.

Wir müssen trotz diesen Geschehnissen, wo auch Jesus Ängsten und Schmerzen ausgesetzt war und auch um deren Vorübergehen bat, konstatieren, dass für uns Menschen alle irdischen Dinge, alles was uns schmerzt, alles Leid und alle Not, die wir hier auf Erden erleben, nicht ins Gewicht fällt in Bezug auf unser ewiges Leben im Reich Gottes. Wir stellen es durch die Schrift fest, können es aber heute noch nicht fassen. Paulus formuliert das so - inspiriert vom Heiligen Geist - im Römerbrief: "Denn ich bin überzeugt, dass dieser Zeit Leiden nicht ins Gewicht fallen gegenüber der Herrlichkeit, die an uns offenbart werden soll" (Röm 8,18). Das Wort "überzeugt" zeigt auf, dass er zwar fest daran glaubt und auch ganz sicher ist, aber dass auch er sich diese verheissene Herrlichkeit noch kein bisschen vorstellen kann. Er redete das Leid nicht "klein", Paulus erlitt sehr viel Leid in seinem Leben, aber er ahnte, wie gewaltig "gross" die Herrlichkeit sein wird, die ihm und uns im Reich Gottes verheissen ist. Auch wenn wir uns dies alles noch in keiner Weise vorstellen können, soll es uns nicht daran hindern, es im Glauben versuchen zu erfassen und uns darauf auch zu freuen!

All das Irdische, das uns plagt und schmerzt, ist sehr wohl im Blickfeld Jesus - damals wie heute. Er weiss ganz genau, wie unerbittlich hart es im Leben zu und her gehen kann, und er hilft uns tragen, er stärkt uns, ist uns ganz nahe, auch wenn wir uns manchmal vielleicht auch ganz allein fühlen. Es jammerte ihn auch jedes Mal, wenn er die Menschen sah, die litten, die verwahrlost, die krank, blind und verkrüppelt waren. Und er heilte sie alle, heilte alle Krankheiten und Gebrechen im Volk, er liess niemanden im Stich, er half immer (Mt 4,23; Lk 6,19)! Dennoch war ihm klar, dass es um viel, viel mehr geht, dass es um Gemeinschaft mit Gott in seinem Reich geht, das er für uns bereitet hat (Joh 14,2). Es war ihm klar, dass es viel grössere Auswirkungen hat, den Menschen ihre Sünden zu vergeben, als sie körperlich zu heilen. Das kommt im "Unser Vater" klar zum Ausdruck. Aber er tat beides, er vergab und heilte. In seiner Liebe und in seinem Mitgefühl ist er für uns da, sind ihm unsere irdischen Belastungen alles andere als gleichgültig. Unser Schmerz und unsere Not werden nicht kleiner, wenn wir dies glauben und auch einigermassen fassen können; aber löst dieses Wissen, trotz Krankheiten, Leid und Not, nicht auch Hoffnung, Trost und vielleicht sogar etwas Vorfreude auf unsere Zukunft aus?

Wie sollen wir nun beten, wann sollen wir beten, was passiert, wenn wir zu Gott beten? Unser Gebet ist nicht an irgendwelche Bedingungen geknüpft. Es heisst in der Bibel, wenn du betest, geh in dein Kämmerlein, schliess die Tür zu und bete zu deinem Vater im Verborgenen, denn dein Vater sieht ja in das Verborgene (Mt 6,6). Wir wollen uns vor einem Gebet so gut es geht klar machen, zu wem wir beten; dass wir zum allmächtigen Gott beten, der alles gemacht hat, die sichtbare und die für uns noch unsichtbare Schöpfung, uns alle erschaffen und dich und mich zu einer lebendigen Seele werden liess. Es soll Ehrfurcht und Demut vorhanden sein, sodass wir Gott auch preisen können und trotz unseren Bitten nicht vergessen, ihm auch zu danken. Wir sollen mit Ausdauer, in der Fürbitte und im Heiligen Geist beten (Eph 6,18). Das bedeutet, dass wir uns im Gebet vom Heiligen Geist leiten lassen und auf seine Impulse achten sollen.

Es soll uns auch bewusst sein, dass Gott unser Gebet schon kennt, bevor wir die Knie beugen und die Hände falten. Er kennt die Situation ganz genau, in der wir uns genau in diesem Moment befinden, er kennt unsere momentane Befindlichkeit, aber auch unsere Zukunft. Auch wenn er alles schon weiss ist es sehr wichtig, diese innige Verbindung zu unserem himmlischen Vater im Gebet immer wieder herzustellen, sie regelmässig zu suchen und darin beständig zu bleiben (Apg 2,42). Wir dürfen ihm im Gebet alles zu Füssen legen, ihm alles sagen was uns bedrückt. Wir werden uns mit der Zeit dann immer weniger Sorgen machen, werden Gott in seiner Hilfe und Unterstützung immer mehr erleben. Das stärkt unseren Glauben und lässt uns Gott immer mehr vertrauen. Paulus weist uns im Brief an die Philipper an, nicht besorgt zu sein: "Sorgt euch um nichts, sondern in allen Dingen lasst eure Bitten im Gebet und Flehen mit Danksagung vor Gott kundwerden" (Phil 4,6)!

Fang heute noch mit beten an, falls du es noch nie oder nur selten einmal getan hast. Erlebe, wie Gott dir im Gebet ganz nahe ist und dir aufmerksam zuhört. Dass er sich sehr freut, dass du die Verbindung zu ihm suchst. Spüre den Trost und die Kraft, die durch das Gebet entsteht, wenn du dich ihm öffnest und dich ihm zuwendest. Vertrau auf seine Hilfe und übergib ihm deine Sorgen im

Gebet. Er sorgt für dich, vertrau ihm, spür seine Nähe und erlebe seine Hilfe!

5.3

"Und führe uns nicht in Versuchung, sondern erlöse uns von dem Bösen" (Mt 6,13).

Dieser Satz aus dem "Unser Vater" bereitet so manchem Christen Kopfzerbrechen. Warum? Weil in der Bibel geschrieben steht, dass Gott niemand in Versuchung führt. Es heisst: Wenn jemand in Versuchung gerät, soll er nicht sagen: "Gott hat mich in die Versuchung geführt". Denn Gott kann nicht vom Bösen verführt werden und führt auch selbst niemand in Versuchung (Jak 1,13).

In diesem zentralen Gebet lehrt Jesus, wie wir zu Gott beten sollen: War die Bitte Jesus an Gott wirklich, dass er uns doch bitte nicht in Versuchung führen möge. Wie passt das mit der Aussage im Jakobusbrief zusammen?

Die Versuchung zum Bösen kommt immer vom Teufel, nie von Gott! "Sondern ein jeder, der versucht wird, wird von seinen eigenen Begierden gereizt und gelockt", steht im Jakobus 1, Vers 14, und hinter diesem Reizen unserer Begierden steckt natürlich der Böse. Wenn Gott uns "versucht" oder prüft, will er uns selbstverständlich nicht zu bösem Tun - zur Sünde - verleiten, wie der Böse es will. Gott stellt uns vielleicht einmal auf die Probe damit wir erkennen, wie stark unser Glaube ist, oder er prüft uns damit wir merken, wie wir uns in einer Situation verhalten haben, und was wir beim nächsten Mal besser machen können. Gott prüft uns im Übrigen bestimmt nicht um herauszufinden, wie wir uns wohl verhalten würden, das weiss er schon von Ewigkeit her. Er prüft uns, damit wir selbst unser Verhalten erkennen, reflektieren und entsprechend anpassen können.

Dieser Satz aus dem "Unser Vater" ist aber im Zusammenhang mit dem Bösen zu verstehen, es heisst ja im zweiten Teil des Satzes: "..., sondern erlöse uns von dem Bösen". Ich denke nicht, dass der erste Teil des Satzes mit einer Prüfung von Gott im Guten gemeint ist, und dann in diesem Zusammenhang im zweiten Teil des Satzes auf die Erlösung vom Bösen hingewiesen wird. Da bleibt aber weiterhin die Frage, wie das zu verstehen ist.

Kann es sein, dass es sich um ein Idiom, eine Spracheigentümlichkeit handelt, bei dem zwar Gott der aktiv Versuchende zu sein scheint, es aber dennoch nicht ist? Dass der eigentliche Sinn ist: "lass nicht zu, dass wir in Versuchung geführt werden", oder "bewahre uns davor, in Versuchung geführt zu werden"? Die Frage bleibt, wieso ist dieser Satz für uns so schwer verständlich?

Fakt ist und bleibt, dass Gott niemand in Versuchung zum Bösen führt. Das hat auch Papst Franziskus unlängst bestätigt. In diesem Punkt seien sich alle im Gremium einig gewesen, als dieser "schwierige" Satz aus dem "Unser Vater" auch im Vatikan angeschaut wurde. Das war aber vermutlich auch nicht allzu schwer, in diesem Punkt einen Konsens zu finden. Man überlegte sich dann auch noch, diesen Satz vielleicht etwas anzupassen, dachte an eine ungenaue Übersetzung und entschied sich dann aber doch, alles so sein zu lassen, wie es war.

Der Bibelforscher und Professor an der Ruhr Universität Bochum, Thomas Söding, sagt: "Es ist die richtige Übersetzung des griechischen Wortlauts, der für uns die älteste Traditionsgestalt ist, das heisst, wenn man daran etwas ändern will, muss man im Grunde an der gesamten Jesus-Tradition des Neuen Testaments etwas ändern". Die Übersetzung aus dem Griechischen sei "sehr genau im Deutschen". Man könne leichte Varianten überlegen, aber "Führe uns nicht in Versuchung" sei präzise. "Es ist auch der lateinischen Bibelübersetzung entsprechend, die an dieser Stelle ebenfalls sehr genau ist", so Söding.

Gott führte Jesus an diesen Punkt oder an diese Stelle oder an diesen Ort, wo er dann vom Bösen versucht wurde und er liess diese Versuchung durch den Teufel auch zu. Wir können dies wunderbar in der Geschichte erkennen, als Jesus - noch vor seinem eigentlichen Wirken auf der Erde - vom Geist Gottes in die Wüste geführt und dort nach 40 Tagen und Nächten vom Teufel versucht wurde (Mt 4,1-11). Gott wollte, dass Jesus vom Teufel versucht wurde - er führte Jesus in diese Versuchung hinein. Wieso denn?

Unsere Aufgabe ist es, die Begierde, die uns zur Sünde reizt, zu bekämpfen, damit der Böse sein Ziel nicht erreicht. Dies kann uns gelingen, wenn wir diese Begierde schon beim Auftauchen in unseren Gedanken bekämpfen. Falls sie in uns Raum bekommt, gebiert sie die Sünde. Unsere Aufgabe ist es, diese Versuchungen im Ansatz zu überwinden. Gott wollte aber, dass Jesus alle Dinge auch erleben musste, die wir - wenn es denn sein soll - eben auch erleben. "Denn wir haben nicht einen Hohenpriester (Jesus), der kein Mitleid haben könnte mit unseren Schwachheiten, sondern einen, der in allem versucht worden ist in ähnlicher Weise (wie wir), doch ohne Sünde (blieb)" (Heb 4,15).

Jesus blieb bei allen Versuchungen des Teufels standhaft. Er musste aber am eigenen Leib erleben, wie gewaltig stark und gefährlich diese Versuchungen durch den Teufel waren, wie gross die Gefahr ist - damals, wie auch im Blick auf heute - die uns da bedroht und vom wahren Weg abzubringen versucht. Deshalb die

Bitte im "Unser Vater": "Führe uns nicht in (die) Versuchung (hinein) ...", führe uns auf dem Weg, den du für uns bestimmt hast - wenn es denn sein soll auch durch die Wüste (schwierige Lebensumstände) - aber führe uns nicht in die Versuchung hinein, nicht in diese "Umgebung" hinein, wo es für uns dann sehr gefährlich wird.

Jesus musste diesen Weg durch die Wüste gehen und sich dann den Versuchungen des Teufels stellen. Nach 40 Tagen fasten in der Wüste kam er an diesen Punkt, diesen Ort oder an diese Stelle, wo der Teufel auf ihn wartete, um ihn in seinem geschwächten Zustand anzugreifen. Deshalb diese wichtige Bitte an Gott im "Unser Vater", dass er uns nicht in eine Situation (hinein) führen möge, wo dann dieser unerbittliche Angriff des Bösen erfolgt, wo wir mit unseren Kräften nicht bestehen können. Damit ist auch die Bitte verbunden, dass Gott uns Weisheit, Einsicht und Kraft schenken möge, alles was nötig ist, damit wir das Böse schon in unseren Gedanken, schon in der Entstehung überwinden können. Danach wird es immer schwieriger.

Es ist aber auch die Bitte, dass Gott in unserem Leben Situationen schaffen oder je nach dem auch abschaffen soll, die uns in eine solche Situation bringen, wo uns die Sünde griffbereit auf dem Silbertablett serviert wird. Wo unsere Begierde dann so stark ist, dass wir es nicht mehr schaffen, sie zu überwinden. Es ist die Bitte, unser himmlischer Vater möge in unserem Leben Konstellationen schaffen, wo der Reiz, Sünden oder Begierden zu erliegen, weniger wird oder bestenfalls ganz wegfällt.

Wir müssen diese Gefahr sehr ernst nehmen! Jesus wusste um diese grosse Gefahr der Versuchung und Verführung und packte diese Bitte sogar ins "Unser Vater". Wenn wir der Sünde Raum geben, sind wir ihr im Grunde genommen schon erlegen. Die Sünde trennt von Gott, die Missetaten bilden eine Scheidewand zwischen Gott und uns und verbergen sein Angesicht vor uns, sodass wir nicht gehört werden (Jes 59,2). Diese Situation schmerzt. Die Beziehung zu ihm leidet, die Gottesfurcht schwindet, die Liebe erkaltet. Das sind genau die Ziele, die der Böse erreichen will. Wir dürfen das nicht zulassen, wir müssen mit der Hilfe Gottes unbedingt versuchen, dies alles schon beim Entstehen, im Keim zu ersticken!

Es wird uns leider nicht immer gelingen, der Teufel wird immer wieder Teilsiege erringen. Der Herr weiss aber genau, wie er alle, die nach seinem Willen leben, aus Versuchungen und Gefahren rettet (2Petr 2,9). Wenn wir an der Hand Gottes bleiben, seine Hand nicht loslassen und die Verbindung zu ihm im Gebet pflegen, wird er uns in diesen Kämpfen immer unterstützen, sodass auch wir immer wieder Teilsiege erringen können, indem wir mit seiner Hilfe das Böse schon im Ansatz zu überwinden imstande sind. Wenn uns unser himmlischer Vater "in Versuchung führt", tut er dies, damit wir den Ernst und das Ausmass - die gewaltigen Kräfte des Bösen - auch verspüren und erkennen können. Dass wir dadurch auch erkennen, wie hilflos und unterlegen wir in solchen Situationen sind und wie gross seine Liebe, seine Gnade und seine Kraft ist, die uns da wieder heraushilft.

Jesus gibt uns den Ratschlag, wach zu bleiben und zu beten: "Wachet und betet, damit ihr nicht in Versuchung kommt, aus eigener Kraft könnt ihr es nicht erreichen (Mk 14,38). Allein schaffen wir das nicht, aber mit einem wachen Geist und durch das Gebet können wir Gottes Hilfe erleben.

Wenn wir dies in einer aufrichtigen Herzenseinstellung ernstlich versuchen, wird der Herr uns in den Versuchungen immer zur Seite stehen, uns schlussendlich auch Gnade erweisen und uns hoffentlich schon bald endgültig vom Bösen erlösen!

Teil 6

6.1

"Darum sollt ihr vollkommen sein, gleichwie euer Vater im Himmel vollkommen ist" (Mt 5,48).

Was für eine unmögliche Forderung. Das ist doch unerfüllbar! Dieser Satz aus dem Matthäus-Evangelium ist grundsätzlich richtig übersetzt, im Griechischen steht hier jedoch die Zukunftsform, "ihr werdet vollkommen sein." Es muss zum einen als Gebot verstanden werden, übersetzt wie im Hebräischen "ihr sollt" bei den Zehn Geboten, zum anderen darf es auch mit Zukunftsform übersetzt werden. Dieser Satz ist zugleich Anspruch und Zuspruch! Wird es durch diese Tatsache einfacher, vollkommen zu sein? Nein, nicht wirklich.

Aus allem was Gott uns durch den Heiligen Geist schenkt, ergibt sich immer auch die Erwartung und die Forderung, es umzusetzen. Gott hat diese Erwartungen und diese Forderungen an uns. Selbstverständlich weiss er, dass wir vollkommene 100% nicht erreichen können, das ist ihm natürlich klar. Trotzdem fordert er uns. Er gibt und er fordert. Er fordert uns auf, seinem Willen mit aller Kraft, allen Eigenschaften und allen Begabungen, die er uns geschenkt hat, ernsthaft nachzukommen. Wir können zwar seine Forderung, "vollkommen" zu werden hier auf Erden nicht erfüllen, wir können aber "voll" "kommen", das heisst, alles uns zur Verfügung stehende voll einsetzen, alles, was wir von Gott erhalten haben in die Waagschale werfen. Gott mag keine halben Sachen (Offb 3,16). Er möchte, dass wir uns für ihn entscheiden, und dass wir an dieser Entscheidung mit allen uns zur Verfügung stehenden Mitteln festhalten!

Auf diesem Weg zur "bestmöglichen Vollkommenheit" ist es wichtig, den Willen Gottes zu kennen. Befassen wir uns mit dem Evangelium - der Lehre Jesu! Bleiben wir in der Verbindung und im Gespräch mit Gott im Gebet! Stellen wir ihm Fragen und bitten wir ihn um Antworten. Er kann uns antworten, indem wir die Bibel aufschlagen und unseren Finger blind auf eine Stelle der aufgeschlagenen Seite legen. Wir dürfen auch solches einmal tun, sollten es aber nicht leichtfertig, sondern mit grosser Gottesfurcht und in einer innigen Verbindung mit Gott tun, mit einer entsprechenden Bitte um ein solches Zeichen, vorab im Gebet. Er antwortet uns auch, indem er Gedanken erweckt, während wir vielleicht noch am Beten sind, oder wir spüren nach dem Beten ein tröstliches Gefühl in uns, können wahrhaftig verspüren, dass er unsere Bitten vernommen hat. Er schenkt Gedanken und Impulse aus dem Heiligen Geist. Er schenkt uns dadurch Glaubenserlebnisse, was uns erkennen lässt, dass er uns ganz nahe ist und ein riesengrosses Interesse an uns hat.

Der Böse flüstert uns leider auch immer wieder Dinge ein, denn er hasst es, wenn wir versuchen uns mit Gott zu verbinden. Er will uns weismachen, dass alles, was wir in dieser Verbindung mit Gott erleben, nur Zufälle sind, das muss uns klar sein. Gott fordert uns; wir dürfen ihn auch fordern, wollen ihn inbrünstig bitten, dass er uns Glaubenserlebnisse zuteilwerden lässt, die uns stärken und uns Sicherheit geben auf unserem Glaubens- und Lebensweg. Über all dem soll aber unsere Bitte sein, dass sein Wille geschehen soll und wir sollten mit aller Kraft versuchen ihm zu vertrauen, falls er trotz allen Belastungen noch etwas Geduld verlangt.

Wenn wir ihn nicht sofort erleben sollten, wollen wir das "Dennoch-Prinzip" anwenden; bleiben wir dennoch an ihm, geben wir nicht gleich auf. Er will mit uns kommunizieren und er wird es auch tun! Er wird unsere Geduld nicht übermässig strapazieren.

Durch Glaubenserlebnisse wird unser Glaube gestärkt, wir können Gott immer besser vertrauen, lernen ihn immer besser kennen und können ihn dadurch auch immer mehr lieben. Wir können uns immer mehr freuen ob all diesen Erlebnissen. Sogar in schwierigen Zeiten wird es möglich, Freude zu empfinden (2Kor 8,2). Wir dürfen immer mehr erkennen, was für einen wunderbaren Gott und himmlischen Vater wir haben dürfen.

Dies alles motiviert uns, ja treibt uns an, das Evangelium in unserem täglichen Leben anzuwenden. Das Wort Gottes soll nicht nur für Jesus Speise sein, sondern soll auch für uns zu einer unverzichtbaren Nahrungsquelle werden. Wir können so mehr und mehr erleben, dass das Wort Gottes Wahrheit und Richtschnur ist, nicht nur für uns, sondern für alle Menschen!

Die Vollkommenheit Jesu werden wir hienieden selbstverständlich nicht erreichen. Wir werden hier auf Erden nie perfekt sein und Sünder bleiben. Wir können aber durch die Gnade Gottes rein werden, das wird möglich, indem wir unsere eigene Sündhaftigkeit erkennen, bereuen, bussfertig und vergebungsbereit sind.

Im Brief, den Paulus an die Gemeinde in Kolossä geschrieben hat, wo es um Ermahnung zu einem heiligen Wandel und zu gegenseitiger Liebe geht, heisst es: "Über dies alles aber (zieht) die Liebe (an), die das Band der Vollkommenheit ist" (Kol 3,14). Ein schöner Hinweis, dass wenn unser Dasein durch die Liebe geprägt ist, wir in den Augen Gottes möglicherweise doch schon hier auf Erden Vollkommenheit erlangen können.

6.2

Er sprach: "Du sollst nicht mehr Jakob heissen, sondern Israel; denn du hast mit Gott und mit Menschen gekämpft und hast gewonnen" (1Mo 32,29).

Eine bemerkenswerte Geschichte, die wir hier etwas beleuchten möchten. Die ganze Geschichte ist so umfangreich, dass sie im Rahmen dieses Abschnitts nicht vollumfänglich wiedergegeben wird. Wir wollen dennoch versuchen, die Umstände, die zu diesem Kampf Jakobs mit Gott führten und was es damit auf sich hat, etwas genauer anzuschauen und versuchen zu erklären.

Es geht um Jakob, der später auch Israel (Gottesstreiter) genannt wurde, Sohn Isaaks und Enkel Abrahams, ist nach dem 1. Buch Mose (altgriechisch Genesis genannt), der dritte der Erzväter der Israeliten. Jakob hatte zwölf Söhne, deren Familien zu den zwölf Stämmen Israels heranwuchsen und einen Zwillingsbruder, der hiess Esau. Isaaks Frau Rebekka gebar die Zwillinge und es heisst, dass Jakob kurz nach seinem Zwillingsbruder Esau zur Welt kam. Dadurch war Esau gemäss der Ordnung der Erbfolge erbberechtigt, im Gegensatz zu Jakob und den weiteren Geschwistern, die unberücksichtigt blieben.

Als Esau eines Tages hungrig vom Feld kam, verkaufte er sein Erstgeburtsrecht an Jakob für ein Linsengericht. Später erschlich sich Jakob auf Initiative und mit Hilfe seiner Mutter, die Jakob mehr liebte als Esau, auch den Erstgeburtssegen von seinem erblindeten Vater Isaak, der Esau mehr liebte als Jakob.

Aus Angst vor Esaus Zorn schickte Rebekka ihren Sohn nach Haran zu ihren Verwandten. Haran, ein Ort in Nordmesopotamien (der heutigen Türkei), der auch Wohnort Abrahams war, von wo er auf Geheiss Gottes mit seiner Familie nach Kanaan weitergezogen ist.

In Haran diente Jakob dann Laban - dem Bruder seiner Mutter - jeweils sieben Jahre für dessen Tochter Lea und Rahel. Eigentlich hätte Jakob nur Rahel heiraten wollen, doch Laban sorgte mit List dafür, dass er zuerst Lea heiratete und ihm für Rahel weitere sieben Jahre dienen musste. In der Folge kämpften die Schwestern um den Ehemann. Da Rahel zunächst keine eigenen Kinder bekam, gab sie Jakob ihre Magd Bilha, mit der Jakob zwei Söhne zeugte. Dieses Vorgehen war damals üblich und legitim. Schliesslich erhörte Gott Rahels Gebete, und sie bekam in Haran den bis dahin jüngsten Sohn, Josef. Die Josefs-Erzählung (1Mo 37) stellt dann übrigens den Übergang von den Vätergeschichten der Genesis zur Geschichte Israels im Buch Exodus (2. Buch Mose) her.

Durch Jakobs Fleiss wurde Laban reich, und durch eine kluge Abmachung mit seinem Schwiegervater wurde Jakob ebenfalls sehr reich. Nachdem Jakob seinem Onkel insgesamt 20 Jahre gedient hatte, machte er sich mit seiner Familie und seinem ganzen Hab und Gut auf den Rückweg nach Kanaan.

Jakob fürchtete sich davor, in der Heimat auf seinen Bruder Esau zu treffen. Auf diesem Heimweg ereignete sich dann diese wunderliche Begegnung und dieser merkwürdige Kampf mit Gott. Es heisst, dass Jakob in der Nacht, als er sich allein am Fluss Jabbok befand, von einem Mann angegriffen wurde, der mit ihm die ganze Nacht rang. Jakob wurde dabei an der Hüfte verletzt, dass er fortan hinkte. Bevor es hell wurde, sprach dieser Mann zu Jakob: "Lass mich gehen, denn die Morgenröte bricht an!" Aber Jakob antwortete: "Ich lasse dich nicht, du segnest mich denn!" (1Mo 32,27). Daraufhin wurde Jakob gesegnet.

Diese Kurzfassung zu dieser Begebenheit könnte uns schon etwas ärgern. Dass Gott diesen Mann - Jakob - in diesem finsteren Tal überfällt, das passt doch überhaupt nicht in unsere Denkvorstellung vom "lieben Gott" hinein. Jakob wurde schon vor seiner Geburt erwählt, ein Volk für Gott zu werden. Er ist der Mann, der Gottes Zusage erhalten hat: "Ich, Gott, bin mit dir!", "ich behüte dich, wohin du auch gehst!", "ich verlasse dich nicht!". Deshalb ist das, was hier geschieht, so rätselhaft. Gott selbst fällt einen geliebten Menschen an, dem er seinen Schutz verheissen hat.

Die Bibel zeigt uns, dass dieser Jakob in seinem Handeln alles andere als ein Vorbild war. Anstatt demütig zu warten, wie ihn Gott in die verheissene Stellung des Erben hineinführen wird, nimmt er die Lösung selbst in die Hand. Er übervorteilt Esau über alle Massen: Linsenmahlzeit gegen Erstgeburtsrecht. Zum Erstgeburtsrecht gehört der Segen des Vaters. Jakob und auch seine Mutter Rebekka warten nicht vertrauensvoll und geduldig auf die Anweisungen Gottes, sondern organisieren ein schäbiges Betrugsmanöver. Jakob erschleicht sich den Segen seines Vaters und Esau geht leer aus. Jakob ist ein Betrüger, und Gott schweigt. Es kommt noch dazu, dass Gott sich nicht einmal abwendet, sondern sich Jakob zu erkennen gibt indem er sagt: "Und siehe, ich bin mit dir, und ich will dich behüten überall, wo du hinziehst, und dich wieder in dieses Land bringen. Denn ich will dich nicht verlassen, bis ich vollbracht habe, was ich dir zugesagt habe" (1Mo 28,15). Hier erkennt man auch eine Parallele zu Gottes Handeln mit dem Volk Israel im Buch Jesaja.

Und wie sieht die Antwort Jakobs aus? Er schlägt Gott einen Handel vor (1Mo 28,20): "Wenn du mit mir bist und mich auf diesem Weg, den ich eingeschlagen habe, behütest, wenn du mir Brot zum Essen und Kleider zum Anziehen gibst, wenn ich wohlbehalten in das Haus meines Vaters heimkehre, ... dann sollst du mein Gott sein." Wenn, wenn, wenn, ... dann sollst du mein Gott sein.

Und Jakob zieht weiter. Und Gott geht mit ihm: Geduld Gottes!

Wenn sich dann unsere selbstgewählten Wege als totale Irrwege herausstellen, klagen wir Gott an: "Wie konntest du das zulassen, Gott!"

Das eigene Ich in Jakob drängt immer wieder nach vorn. In Haran - dem Wohnort seiner Verwandten - trifft er in seinem Onkel Laban auf einen Menschen, der fast noch gerissener ist als er selbst. Durch listige Aktionen bringt Jakob es dennoch fertig, dass seine Schafe kräftiger und seine Herden grösser werden als die seines Onkels, und Gott schweigt dazu.

Aber dann kommt ein Zeitpunkt, an dem Jakob Angst bekommt. Auf seinem Heimweg, da überfällt ihn die Angst, als er hört, dass Esau ihm mit 400 Bewaffneten entgegenzieht. Seine Vergangenheit hat ihn eingeholt. Er betet zu Gott: "Du hast doch zugesagt, mich zu beschützen! Und bis jetzt hast du das doch auch getan. Du wirst es doch nicht zulassen, dass Esau mich jetzt erschlägt!" Aber allein aufs Gebet, allein auf Gott, will sich ein Jakob nicht verlassen. Er wird gleich selbst wieder aktiv. In wohlberechneter Folge lässt er Geschenke für Esau vorausziehen, um ihn günstig zu stimmen. Und seine Karawane teilt er vorsichtshalber in zwei Lager, damit für einen Teil immer noch eine Fluchtmöglichkeit bleibt, falls Esau zuschlagen sollte. Ängstliche Eigeninitiative statt Gottvertrauen!

Sind wir nicht auch mittendrin in diesem Geschehen? Erkennen wir uns manchmal auch in dem Menschen Jakob, der von "Nachfolge" spricht und "Handel mit Gott" meint? Einen Gott, den man hervorkramt, wenn die eigenen Kräfte vielleicht einmal nicht ausreichen?

Dieser Mensch steht plötzlich hier am Jabbok. In der Nacht - vor Gott! Da, wo das Christsein zu einer ganz persönlichen Auseinandersetzung wird zwischen dir und Gott. Da, wo es unausweichlich wird. Da, wo dein Leben vor Gott zur Entscheidung steht. Da ist Nacht, da nützt keine Maske mehr, sie wird von niemandem mehr gesehen. Du bist allein, allein im Dunkel der Nacht, allein vor Gott. Und du erkennst plötzlich: Gott ist gegen mich!

Es heisst: "Da rang ein Mann mit ihm!" Hier greifen nicht die Mächte und Gewalten des Bösen an, die wir aus Epheser 6,12 kennen, hier greift der an, gegen dessen Angriff es keine Waffenrüstung gibt. Gott selbst greift den Menschen an. Aber was hier wie ein Kampf auf Tod und Verderben aussieht, ist in Wirklichkeit tiefste Liebe Gottes. Gott ringt gegen den Menschen, gegen das Ich des Menschen. Dieses Ich des Menschen, das ist der Todfeind des neuen Lebens im Menschen. Unser Ich, das ist die einzige Macht, die uns trennen kann von Gott. In Römer 8,38-39 heisst es:

"Denn ich bin gewiss, dass weder Tod noch Leben,

weder Engel noch Mächte noch Gewalten,

weder Gegenwärtiges noch Zukünftiges,

weder Hohes noch Tiefes noch keine andere Kreatur

uns zu scheiden vermag von der Liebe Gottes,

die in Christus Jesus ist, unserem Herrn."

Keine andere Kreatur (Geschöpf; von Gott geschaffenes Wesen) kann uns von Gott scheiden. Aber unser Ich kann das! Wer sein Leben seinem Ich ausliefert, trennt sich von Gott. Gegen dieses Ich - gegen den Feind unseres Lebens - tritt Gott zum Kampf an. Er hat zugesagt, dass er uns nicht allein lässt im Kampf gegen unser Ich. Dieses Wissen um den Feind unseres Lebens in uns, beantwortet uns viele Fragen nach dem "Warum" im Leben eines

Christen. "Wir wissen aber, dass denen, die Gott lieben, alle Dinge zum Besten dienen" (Röm 8,28). Von diesem Wissen her bekommt das Wort aus dem Römerbrief eine tiefe Bedeutung.

Die Jünger damals sind mit der Vorstellung zu Jesus gekommen, er würde sie von der Knechtschaft der Römer befreien (Lk 24,21). Mit welchen Vorstellungen kommen heute Menschen zu Jesus? Soll er nicht auch heute oft der sein, der den eigenen Wünschen die Steine aus dem Weg räumt? Der Mensch kommt so zu Jesus, und stürzt hier am Jabbok in die schwerste Krise. Plötzlich steht alles gegen ihn. Von aussen türmen sich Nöte, Sorgen, Krankheit und Tod. Der innere Frieden ist dahin, Zweifel und Anfechtungen nagen tief, Freude und Glückseligkeit sind gequält und vordergründig. Alles ist verworren und widersprüchlich und in allem steht man scheinbar allein da. So hatte er sich die Nachfolge nicht vorgestellt. Oft weiss solch ein Mensch keinen Rat mehr und er spürt: Gott ist gegen mich! An dieser Stelle der Nachfolge geht oft sehr viel zu Bruch.

Der Kampf Gottes gegen das Ich des Menschen gehört zum Erlösungswerk Gottes am Menschen! Die Gnade Gottes und die Liebe Gottes besteht aus zwei Schritten: Gott tötet, ehe er lebendig macht. Gott sagt: "Seht nun, dass ich, ich allein es bin und kein Gott neben mir ist! *Ich* bin's, der tötet und lebendig macht, ich zerschlage und ich heile" (5Mo 32,39; Hi 5,18). Die Bibel verkündet die Liebe Gottes als heilende, lebendig machende Liebe und als zerschlagende, tötende Liebe. In unser Bild, das wir uns vom "lieben Gott" gemacht haben, passt die zerschlagende, tötende Liebe nicht hinein. Sie passt da nicht hinein, weil wir den Ernst der Sünde übertüncht haben. Weil wir den tödlichen Ernst der grundsätzlichen Verderbtheit des Menschen augenzwinkernd verharmlosen, so nach dem Motto: "Wir sind ja alle kleine Sünderlein". Wenn dann der Heilige Gott gegen das Ich des Menschen zum

Kampf antritt, dann bricht der unvorbereitete Mensch an dieser Stelle der Nachfolge aus.

An dieser Stelle heisst es: "Aufgepasst!" In diesem Jabbok-Kampf gibt es einen Augenblick, auf den es ankommt. Nachdem Gott die Eigenkraft des Jakob niedergerungen hat, ihm durch den Schlag auf die Hüfte seine eigene Kraft gebrochen hat, stellt er Jakob plötzlich vor die Entscheidung: "Lass mich doch los, Jakob; lass mich doch gehen!". "Schau, das Morgenrot bricht schon an." (1Mo 32,27). Gott erinnert Jakob an das anbrechende Morgenrot! Was heisst das?

Im 2. Buch Mose (33,20) sagt Gott: "Mein Angesicht kann kein Mensch sehen; kein Mensch, der mich sieht, bleibt am Leben!" Und jetzt kommt das Morgenrot und damit der Augenblick, an dem Jakob Gottes Angesicht sehen wird. Und Jakob weiss: Das Morgenrot, das ist mein Tod. Jetzt muss die Entscheidung fallen!

Gott hält den Menschen nicht fest, er belässt ihm zu jeder Zeit die Entscheidungsmöglichkeit, ihn loszulassen und so den Kampf zu beenden. Hier hat der Mensch in der tiefen Nacht für sich persönlich die Entscheidung zu treffen: Flucht oder bei Gott bleiben, selbst wenn das für sein Ich den Tod bedeutet. Du hast nur diese beiden Möglichkeiten: Du klammerst dich an den gekreuzigten Christus: "Ich lasse dich nicht, du segnest mich denn!" Das bedeutet das Kreuz, den Tod für dein Ich, oder du ergreifst die Flucht, du kündigst Gott die Gefolgschaft auf. Der Mensch sucht sich dann einen anderen Gott, einen eigenen Gott, einen Gott, der es nicht darauf anlegt, das alte Ich des Menschen zu töten, sondern ganz im Gegenteil, diesem Ich zur Verherrlichung verhilft.

Jesus sagt (Mt 16,24-25):

"Wer mein Jünger sein will, der verleugne sich selbst, der nehme sein Kreuz auf sich und folge mir nach.

Denn wer sein Leben retten will, der wird es verlieren.

Wer aber sein Leben verliert um meinetwillen, der wird es gewinnen."

Jesus bringt so zum Ausdruck; wer mein Jünger sein will, der stelle sich unter die tötende Gnade, der ist einverstanden damit, dass Gott sein eigenes Ich abtötet, der nehme sein Kreuz auf sich. Wer sein Leben auf diese Weise verliert, gewinnt das Leben. Allein über die tötende Gnade führt der Weg zur lebendig machenden Gnade, zum Leben. Es führt kein Weg zu Gott, ausser über das Kreuz, ausser über Jesus Christus - der Weg, Wahrheit und Leben ist - und nur durch Jesus kann der Mensch zu Gott gelangen (Joh 14,6).

Das Ärgernis des Kreuzes steht mitten auf dem Weg zu Gott. Das Kreuz von Golgatha, an dem die Liebe Gottes in seinem Sohn Gestalt annahm, durch Tod zum Leben.

Das Ärgernis des Kreuzes ist aber nicht allein das Kreuz Jesu. Mitten auf deinem Weg steht auch das Ärgernis deines Kreuzes, dein Leid, deine Anfechtung. Dazu sagt Jesus (Mt 10,38):

"Wer nicht sein Kreuz aufnimmt und mir nachfolgt, ist meiner nicht würdig."

Wie entscheidest du dich? Für die Flucht? "Wer sein Leben retten will, wird es verlieren!" Flucht heisst Tod! Wer sich jedoch in diesem Kampf, in seinem Kreuz, an den gekreuzigten Christus klammert, der hat das Leben gewählt. "Wer sein Leben verliert um meinetwillen, der wird es gewinnen!" Kreuz heisst Leben!

Jakob ist in der Nacht ein anderer geworden, ist "Israel" geworden, ein Gottersstreiter, ein "Gottesklammerer" möchte man hier übersetzen. Sein Körper trägt die Spuren der Gottesbegegnung, er hinkt. Seine eigene Kraft, auf die er bisher seine Hoffnung gesetzt hat, ist zerbrochen. Er hat auch keine Gewissheit, in Zukunft vor solchen Kämpfen bewahrt zu bleiben. Schon morgen fasst die Hand Gottes vielleicht wieder nach ihm, um ihn weiter zu formen. Aber er hat das Wissen aus dieser Nacht mitgebracht: "Ich habe mich angeklammert an Gott und lebe!" Dieses Wissen nennt die Bibel "Hoffnung des Lebens".

Jakob gibt dieser Stätte am Jabbok nun den Namen Pniël, "Angesicht Gottes". "Denn", sprach Jakob, "ich habe Gott von Angesicht zu Angesicht gesehen, und bin am Leben geblieben (meine Seele ist gerettet worden)!" Er kann bezeugen: "Ich habe mich an den gekreuzigten Jesus Christus geklammert, und lebe!"

Lassen wir den gekreuzigten Jesus Christus nicht los! Weichen wir nicht aus, auch wenn uns die Fluchtwege noch so verlockend vor Augen gestellt werden.

Und der Herr sprach: "Wenn sie weise wären, so würden sie dies beherzigen; sie würden an ihr Ende denken" (5Mo 32,29).

6.3

"Ihr seid das Salz der Erde. Wenn aber das Salz fade wird, womit soll es wieder salzig gemacht werden? Es taugt zu nichts mehr, als dass es hinausgeworfen und von den Leuten zertreten wird" (Mt 5,13).

Die Bildrede vom Salz der Erde ist auch ein Teil der Bergpredigt Jesu. Sie war zur damaligen Zeit an seine Jünger gerichtet, ist aber in gleicher Weise für die Christen in der heutigen Zeit gültig. Keine Aufforderung, sondern eine Feststellung. Ihr seid es, nehmt das ernst und macht etwas daraus.

Viel braucht es nicht. Eine Prise Salz für die Suppe, einen Teelöffel für den Brotteig. Mehr wäre schon versalzen. Lassen wir das Salz jedoch weg, schmecken weder Suppe noch Brot. Das Salz sehen oder herauslesen aus dem fertigen Brot oder der dampfenden Suppe können wir nicht mehr. Es ist im Ganzen aufgegangen und hat dem Brot oder der Suppe Geschmack verliehen.

Salz in der richtigen Dosierung, das sind wir Christen in der Welt für die Menschen, stellt Jesus fest. Die Menschen sollen durch uns spüren, dass wir gutes Salz sind, dass sie uns zu ihrem Wohl verwenden können. Einen Vers später (Vers 14) sprich Jesus auch darüber, dass wir das Licht der Welt sind. Wir sollen unser Licht leuchten lassen vor den Leuten, damit sie auf unsere guten Werke aufmerksam werden und dass sie dadurch unseren Vater im Himmel preisen können. Licht, auch in der richtigen Dosierung, nicht zu schwach, aber auch nicht zu grell. Dieses Salz und dieses Licht können gewaltige Auswirkungen haben, es kann bis zum Lobpreis Gottes durch die Leute führen!

Wir müssen uns dieses Salz und dieses Licht nicht aneignen, wir dürfen es sein. Wenn wir was tun? Wenn wir wie die Jünger im

Glauben an den Gottessohn mit ihm verbunden sind und ihm nachfolgen. Wenn wir nach seiner Lehre - dem Evangelium - leben, hat das gewaltige Auswirkungen auf uns selbst, aber auch auf unseren Nächsten. Dadurch können Menschen auch zum Glauben finden und auf dem Weg - der gelegt ist durch Jesus Christus - vorwärtsschreiten, Gott loben und preisen.

Was sollen wir tun? Aufpassen, dass wir nicht fade werden, denn dann würde es nicht zum Lobpreis Gottes führen, sondern das Gegenteil würde eintreten. Es würde von den Leuten hinausgeworfen, verworfen werden, und sie würden es zertreten, das kann auch vernichten, ausrotten oder bekämpfen bedeuten. Was für ein Unterschied! Deshalb müssen wir auf der Hut sein, dass wir nicht fade werden, sondern dass wir gut geniessbares, gut dosiertes Salz und ein warmes, angenehmes Licht für unseren Nächsten sein können.

Aus diesem Bibelwort können wir weiter entnehmen, dass wenn wir fade und ungeniessbar geworden sind, es dringend nötig ist wieder zur ersten Liebe umzukehren (Offb 2,4). Diese Umkehr schliesst dieses Bibelwort nicht aus. Umkehr zu Gott ist immer möglich! Wir haben einen vergebenden Gott! Jesus hat dieses einmal gebrachte und ewig gültige Opfer für alle Menschen vollbracht. Es gibt sehr viele Bibelstellen, die darauf hinweisen. Es ist nie zu spät, zu gutem Salz und gutem Licht zurückzukehren! Gott schenkt uns alles in dem Mass wie wir es für uns selbst brauchen und möchte, dass wir diese Gaben auch zum Wohl von unserem Nächsten verwenden und weitergeben. Jesus hilft uns sehr gerne dabei, es zu tun liegt aber an uns – es bleibt unsere Entscheidung.

Teil 7

7.1

"Oder wisst ihr nicht, dass euer Leib ein Tempel des in euch wohnenden Heiligen Geistes ist, den ihr von Gott empfangen habt, und dass ihr nicht euch selbst gehört" (1Kor 6,19)?

Liebe Leserin, lieber Leser, wusstest du das? Dass dein Körper Tempel und Wohnstätte des Heiligen Geistes ist, welchen wir von Gott im Namen Jesus Christus empfangen haben (Joh 15,26)? Falls ja, ist es dir klar was das bedeutet?

Es bedeutet, dass wir Gott gehören, dass der Heilige Geist das Siegel der Gotteskindschaft in uns aufgedrückt hat, dass wir dadurch versiegelt sind und Gott angehören, nicht mehr uns selbst gehören! Es bedeutet, dass wir mit dem Heiligen Geist eine unvorstellbare Kraft und Hilfe erhalten haben! Es bedeutet, dass Gott selbst mit Jesus Christus in uns wohnt und wir jetzt schon ewiges Leben in uns haben dürfen! Es bedeutet auch, dass der Heilige Geist in uns bleiben wird in alle Ewigkeit! Das war im alten Bund noch nicht so. Gott hatte damals dem König Saul den Heiligen Geist wieder entzogen (1Sam 16,14) und auch König David betete zu Gott und bat ihn, dass er den Heiligen Geist nicht von ihm nehmen soll, nachdem er in Sünde gefallen war (Ps 51,13).

Der Heilige Geist lenkt unseren Blick auf Christus und verkündet uns was zukünftig ist. Er redet nicht in seinem eigenen Auftrag, sondern er redet nur das, was er am Thron Gottes hört (Joh 16,13-15). Er hat viele wunderbare Eigenschaften, die er uns zur Verfügung stellen will, die er sogar zu unseren Eigenschaften machen will. Damit er das kann, muss er Raum haben, wir dürfen ihn nicht dämpfen (1Thess 5,19)! Wenn wir ihm so viel Raum wie nur möglich geben, dann kann er sich in uns wunderbar entfalten und uns in göttlicher Weisheit lenken und leiten. Wenn wir ihm Raum geben und ihn nicht dämpfen, empfangen wir von ihm Impulse, empfangen Gedanken und Bilder, die uns zeigen, was wir tun sollen und wie wir es tun sollen, gemäss dem Willen Gottes. Es wird uns plötzlich so vieles klar, der Heilige Geist führt uns in alle Wahrheit und Klarheit, denn der Heilige Geist ist der Geist der Wahrheit und der Klarheit! Die ganze Wahrheit und Klarheit werden wir natürlich erst haben, wenn wir beim Herrn sind, denn es steht geschrieben, dass wir ihn dann nichts mehr fragen werden (Joh 16,23). Es wird uns dann alles klar sein - das was war, das was ist und das was sein wird.

Der Heilige Geist wurde den Jüngern durch Jesus verheissen, kurz bevor er am Kreuz starb. Der Sohn Gottes sprach zu seinen Jüngern: "Und ich will den Vater bitten, und er wird euch einen anderen Beistand geben, dass er bei euch bleibt in Ewigkeit, den Geist der Wahrheit, den die Welt nicht empfangen kann, denn sie beachtet ihn nicht und erkennt ihn nicht; ihr aber erkennt ihn, denn er bleibt bei euch und wird in euch sein" (Joh 14,16-17). Jesus war damals der Beistand für seine Jünger und er wollte, dass wenn er nicht mehr körperlich bei ihnen auf Erden sein konnte, sie weiterhin einen Beistand zur Seite haben: Den Heiligen Geist. 50 Tage nach Ostern erfüllte sich diese Verheissung, 10 Tage nach der Himmelfahrt Jesu kam Pfingsten (gr. Pentekoste, bezeichnet das jüdische "Wochenfest" aus 3Mo 23,15-21). An Pfingsten gedenken die Christen der sichtbaren Herabkunft des Heiligen Geistes auf die in Jerusalem versammelten Apostel und Jünger, die plötzlich in verschiedenen Sprachen reden konnten, so wie der Geist es ihnen eingab, und das Evangelium dann an alle Völker weitergeben konnten. Ungefähr 3000 Menschen fanden damals an diesem Pfingstereignis - das von vielen Zeichen und Wundern geprägt war - zum Glauben an Jesus Christus (Apg 2,1-12). Pfingsten gilt deshalb als "Geburt der Kirche Christi".

Die meisten Menschen können den Heiligen Geist nicht empfangen. Warum? Weil sie ihn nicht beachten und ihn nicht erkennen. Das bedeutet im Umkehrschluss, wenn sie ihn beachten würden und sich mit ihm beschäftigen würden, könnten sie ihn auch erkennen, empfangen und erleben.

Der Heilige Geist verbirgt sich nicht vor uns und will sich nicht vor uns verstecken. Im Gegenteil, er möchte sich uns zu erkennen geben, sich bemerkbar machen. Um ihn zu bemerken müssen wir unseren Blick nach innen wenden. Wir müssen uns abwenden von Äusserlichkeiten, auf die uns der Böse ständig lenken möchte. Um einen ersten Kontakt und eine fortlaufende und fortwährende Entwicklung in der Gemeinschaft mit dem Heiligen Geist zu erlangen, müssen wir unseren inneren Menschen besuchen, müssen in uns gehen!

Nehmen wir uns Zeit zu dieser Einkehr - zur Besinnung - so geben wir dem Heiligen Geist die Möglichkeit, uns zu inspirieren. Dazu braucht es Ruhe und Zeit. Diese zwei Bedingungen sind nötig, um mit dem Heiligen Geist in ein Zwiegespräch einzutreten und zu fragen: Was soll ich tun? Was soll ich machen, damit sich meine Situation ändert?

Lass den Heiligen Geist wirken und die Antwort ist schon in dir. Der Heilige Geist stellt dir auch eine Frage: Wie ernst ist es dir? Was ist dein Wunsch? Ist es dein grösster Wunsch, in Gottes Herrlichkeit einzugehen? Lassen wir den Heiligen Geist wirken und achten wir auf die Impulse, die er uns übermittelt.

Vielleicht fragen wir uns: Was macht der Heilige Geist eigentlich in uns oder mit uns? Zuerst einmal gibt er Zeugnis unserem Geist - dem menschlichen Geist - dass wir Gottes Kinder sind (Röm

8,16). Er möchte, dass es uns immer bewusster wird, dass wir Gottes Kinder sind. Der Geist des Menschen ist ohne den Heiligen Geist schwach. Wenn der Heilige Geist aber in uns ist, kann unser menschlicher Geist die geistlichen Impulse empfangen und geistliche Realitäten erkennen. Die Verbindung mit Gott durch den innewohnenden Heiligen Geist ist dann Realität und funktioniert. Der neue, innwendige Mensch, der nun wiedergeboren ist durch den Heiligen Geist, belebt nun den Geist des Menschen und durchströmt ihn mit göttlichem Leben.

Wir können in keiner Weise erahnen, was für ein gewaltiges Geschenk dieser Heilige Geist ist! Die Wiedergeburt aus Wasser und Geist ist unumgänglich, um Zugang zum Reich Gottes zu erlangen. "Wahrlich, wahrlich, ich sage dir: nur wer durch Wasser und durch Gottes Geist neu geboren wird, kann in Gottes Reich eingehen" (Joh 3,5)! Jesus prägte diesen wichtigen Satz im "Nachtgespräch" mit Nikodemus, der bei Jesus eingekehrt war (Joh 3,1-13). Nikodemus hat diese Aussage nicht verstanden und fragte Jesus, wie das denn gehen soll, dass eine Person zum zweiten Mal in den Mutterleib zurückkehren kann. Wie wichtig diese Aussage Jesu war, konnte er in dieser Nacht nicht im Geringsten abschätzen, obwohl er dem Sanhedrin - dem hohen Rat der Juden - angehörte und "Lehrer Israels" genannt wurde. Es war schlicht und einfach nicht möglich, dies in der damaligen Zeit zu verstehen. Heute, wo wir die ganze Geschichte in der Bibel nachlesen können und die Zusammenhänge kennen, ist es einfacher.

Was bewirkt der Heilige Geist auch noch? Die Liebe Gottes - seine vollkommene Liebe - ist ausgegossen in unsere Herzen, durch den Heiligen Geist (Röm 5,5). Die Liebe Gottes ist in uns, in unsere Herzen gegeben. Was können wir mit dieser Liebe machen? Wir können und sollen sie weitergeben! Wenn wir diese Liebe unserem

Nächsten weitergeben, wird sie in uns nicht geringer, im Gegenteil. Wenn wir für unseren Nächsten ein Licht sind, ein Friedensstifter sein können, ein Segen sein dürfen, wird das alles in uns nicht abnehmen, nicht weniger werden. Die Liebe in uns wird noch grösser, der Friede Gottes breitet sich in uns noch mehr aus, wir erhalten noch mehr Licht und bleiben gesegnet. Dies alles geschieht durch den Heiligen Geist.

Aus eigener Kraft sind wir nicht in der Lage, in Gott den himmlischen Vater und in Jesus den Weg zum Vater zu erkennen (Joh 14,6). Allein der Heilige Geist gibt uns zu verstehen, dass wir von Natur aus schuldig vor Gott sind und von allein nicht gerecht werden können. Nur durch Jesus - der das Leben ist - durch sein Opfer, verliert unsere Schuld ihre Last und der Weg zu Gott wird wieder frei (Joh 16,7-11).

Der Heilige Geist heiligt uns. Der Begriff "Heiligung" bedeutet "Reinigung". Sündenvergebung ist möglich, wir können von unseren Sünden "gereinigt" werden. Mit jeder Sünde, die wir tun, wird die Verbindung zu Gott gestört. Wir können uns das wie ein Holzstück vorstellen, das zwischen zwei Magnete gelegt wird. Eine intakte Verbindung zu Gott ist aber enorm wichtig, um zu einem neuen Leben zu kommen, falsche Verhaltensweisen abzulegen und falsche Denkmuster zu durchbrechen. Weil wir Christen sind, werden wir selbstverständlich nicht zu Heiligen, die sich nichts mehr zu Schulden kommen lassen. Jesus sagt aber deutlich, dass wir im Glauben an ihn erneuert werden im Geist unserer Gesinnung (Eph 4,23). Das bedeutet, dass wir den "alten Menschen", was unseren früheren Wandel betrifft, abgelegt haben und den "neuen Menschen", der Gott entsprechend geschaffen ist, "angezogen" haben. Das Fleisch bleibt schwach, aber in dieser Erneuerung des Sinnes aus dem Geist Gottes, ist uns die Möglichkeit gegeben, Jesus immer ähnlicher zu werden. Durch diesen Ratgeber und Kraftgeber sind wir ausgerüstet, gegen die Sünde anzukämpfen und unseren Lebensstil am Willen Gottes auszurichten (Joh 14,26).

Die Bibel spricht auch von "Gaben des Heiligen Geistes" (Röm 12,6). Paulus beschreibt, dass wir als Christen in der Gemeinschaft zu "einem Leib getauft" sind (1Kor 12,13). In diesem Leib Christi bekommt jeder besondere Gaben. Die sogenannten "Gaben des Heiligen Geistes" können ganz unterschiedlich sein und sollen dazu dienen, dass der Leib Christi vollkommen "eins" wird, damit die Welt erkennt, dass Jesus, als Haupt der Gemeinde, von Gott gesandt ist (Joh 17,21-23).

Es ist in der Schrift auch von den "Geistesfrüchten" die Rede, die zur Ausreifung gelangen, wenn wir im Heiligen Geist leben (Gal 5,22). Im gleichen Kapitel werden wir aufgefordert, im Geist zu wandeln, so dass wir das Begehren des Fleisches nicht erfüllen werden (Gal 5,16). Wenn wir den Geist in uns regieren lassen, sind wir auch nicht unter dem Gesetz (Gal 5,18). Verständlicher ausgedrückt: "Wenn wir im Geist leben, so lasst uns auch im Geist wandeln. Lasst uns nicht nach eitler Ehre trachten, einander nicht herausfordern und beneiden" (Gal 5,26). Wo der Geist des Herrn ist, da ist Freiheit (2Kor 3,17). Zu dieser Freiheit hat uns Christus befreit (Gal 5,1)!

Im Geist wandeln ist angesagt! Versuchen, alles im und durch den Heiligen Geist zu tun. Lasst uns Gott bitten, dass der Heilige Geist in uns regieren kann, dass er uns prägen kann, dass er uns ganz erfüllen kann. Wir können so immer mehr erleben, dass wir eigentlich alles im und durch den Heiligen Geist tun können. Das Gebet wird sich in uns verändern, wenn wir im Heiligen Geist beten. Er wird uns immer besseres Gelingen schenken, wenn wir im Heiligen Geist denken, reden, schreiben, lesen, hören, sehen, spü-

ren und fühlen, handeln und wandeln. So können wir Gott wohl-
gefällig wandeln und er wird sein Wohlgefallen auf uns legen. Wir
können durch den Heiligen Geist auch den Willen Gottes immer
besser erkennen. In allem was wir tun, werden wir Gelingen haben. Das sind gewaltige Erlebnisse, die unseren Glauben enorm
stärken.

Wenn wir dem Heiligen Geist Raum geben und ihn nicht dämpfen,
kann er sich in uns wunderbar entfalten. Wenn es unser Wunsch
ist, dass er uns ganz erfüllen und in uns regieren soll, wenn wir
alles in ihm und durch ihn tun wollen, wird er uns eine wunderbare und unverzichtbare Kraft und Hilfe sein und bleiben, auch für
alle Aufgaben und Dienste, die wir dereinst auch in der Ewigkeit
ausführen werden!

7.2

**"So ist er (Jesus) auch zu den Geistern in die Totenwelt gegan-
gen, um ihnen die Botschaft von seinem Sieg (das Evangelium)
zu verkünden" (1Petr 3,19).**

Lasst uns einmal einen Blick in die Totenwelt machen. Was können wir aus der Bibel zum Leben nach dem Tod erfahren, zum Zustand der Seelen im Jenseits. Hinweise erhalten wir zunächst aus
dem 1. Petrusbrief.

Einen Vers vor unserem Bibelwort heisst es, dass Jesus getötet
wurde nach dem Fleisch, aber lebendig gemacht durch den Geist.
Wenn wir sterben, sterben wir auch "nach dem Fleisch" und werden auch lebendig gemacht "nach dem Geist". Das bedeutet, dass
der Heilige Geist derjenige ist, der uns nach unserem irdischen

Ableben zu einem neuen Leben auferweckt. Auch bei der Entrückung wird es der Heilige Geist sein, der uns mit seiner Auferstehungskraft zu Gott in sein Reich führen wird.

Nach Jesus Tod am Kreuz und nach seiner Auferstehung, ist er seinen Jüngern und vielen anderen Menschen "erschienen". Es heisst, dass mehr als 500 Brüder den auferstandenen Jesus gesehen haben (1Kor 15,6). Es handelte sich bei der Auferstehung also nicht um eine Einbildung ein paar weniger, sondern um schlichte Realität.

Die Kreuzigung von Jesus - bei der es auch viele Zeugen gab - schien das Ende seines Wirkens zu besiegeln. Als Jesus auferstanden ist, wendete sich das ganze allerdings zum Guten und wurde für die Jünger, die zunächst die Bedeutung dieser Ereignisse nicht ganz verstanden, zu einer grossen Kraftquelle. Dieses eine Ereignis wurde zum Anker für den Glauben und die Hoffnung der Menschen in Jesus Christus. Es war und ist die Grundlage für unseren Glauben und die Hoffnung auf unsere eigene Auferstehung bei der Wiederkunft des Herrn.

Die Auferstehung Jesu Christi wurde bereits im Alten Testament vorausgesagt. Paulus verteidigt die Wahrhaftigkeit und Heilsnotwendigkeit der Auferstehungsbotschaft und des Glaubens daran: "Denn als Erstes habe ich euch weitergegeben, was ich auch empfangen habe, nämlich dass Christus für unsere Sünden gestorben ist, nach den Schriften, und dass er begraben worden ist und dass er auferstanden ist am dritten Tag, nach den Schriften" (1Kor 15,3-4). Die Formulierung "nach den Schriften" meint, entsprechend dem Zeugnis der alttestamentarischen Schriften. Es handelt sich hier um einen vorpaulinischen Bekenntnistext. Paulus zitiert hier vermutlich ein Bekenntnis der urchristlichen Gemeinde zur Auferstehung.

Interessant ist, dass der auferstandene Jesus zunächst jeweils nicht auf Anhieb erkannt wurde. Maria Magdalena stand als erste frühmorgens am ersten Tag der Woche, ganz aufgelöst, traurig und verzweifelt vor dem leeren Grab. Das ist das erste, was wir von Ostern hören. Während die Apostel ratlos beieinander sassen, haben die Frauen sehnsüchtig das Ende der Sabbatruhe abgewartet, um dann nach dem Grab Jesu zu sehen, und dem Leichnam den letzten Liebesdienst zu erweisen. Maria meinte dann, der Mann, der plötzlich neben ihr stand sei der Gärtner, und sie fragte ihn, wo er den Leichnam denn hingebracht habe (Joh 20,15). Auch die Geschichte mit den Emmaus-Jüngern, die nach der Kreuzigung Jesu traurig von Jerusalem in ihre Heimatstadt zurück gingen, zeigt uns, dass diese den auferstandenen Jesus zunächst auch nicht erkannten, der sich auf diesem Weg zu ihnen gesellte (Lk 24,16). Jesus hatte ihnen dann zunächst die Schrift ausgelegt und ihnen erklärt, das Leiden des Messias sei gemäss den Verheissungen der Propheten notwendig gewesen; trotzdem erkannten sie ihn noch nicht.

Was musste passieren, dass sie ihn erkannten? Bei Maria war es so, dass der vermeintliche Gärtner zu sprechen begann, er sagte nur ein Wort: "Maria!", und sofort erkannte sie ihn. Die Emmaus-Jünger erkannten den Herrn, als er von den Jüngern in Emmaus zum Abendmahl eingeladen wurde und das Brot brach.

Aus diesen zwei Geschichten können wir schon sehr viel erkennen: Jesus wurde nicht sofort erkannt, sein Auferstehungsleib muss etwas anders ausgesehen haben, oder anders auf sie gewirkt haben. Er wurde durch seine Aussprache, durch sein Wort, erkannt, und er wurde während dem Abendmahl - sinnbildlich für die Eucharistie - erkannt. Wir können hier klar erkennen, wie wichtig eben auch Gottesdienste sind - die Verkündigung des Wort Gottes durch den Heiligen Geist - und wie wichtig auch die

Feier des Heiligen Abendmahls ist. Durch das geistgewirkte Wort erkennen wir Gott, und im Heiligen Abendmahl ist uns Jesus ganz nah und stärkt uns.

Jesus war der erste, dem der Auferstehungsleib - dieser "geistige" Leib - angezogen wurde. Er ist der "Erstling der Entschlafenen" (1Kor 15,20). Aber wenn der Herr Jesus der Erste ist, dann werden solche, die an ihn geglaubt haben und auferweckt werden, dann auch einen "geistigen Leib" haben, denn wir werden "ihm gleich (gleichgestaltet) sein" (1Joh 3,2). Was für eine unfassbare Verheissung! Wir alle können solches erleben, wenn wir wahrhaftig im Glauben und in der Nachfolge Jesu stehen.

Auch wenn der Auferstehungsleib offensichtlich Ähnlichkeiten mit dem irdischen Leib hat, so gibt es doch wesentliche Unterschiede: Jesus konnte durch verschlossene Türen gehen (Joh 20,19), und er war auch keiner irdischen Gesetzmässigkeit wie Zeit und Raum unterworfen (Lk 24,36-43; Joh 20,19-20). Er konnte jedoch trotzdem immer nur an *einem* Ort sein; der zukünftige Beistand, der kurz danach gesendet wurde - der Heilige Geist - konnte dann und kann *überall gleichzeitig* sein.

Als der auferstandene Jesus in Jerusalem im Ober-Saal des Hauses war, dort wo sich seine Jünger versammelt hatten, weist er auch auf seine Wunden als Erkennungsmerkmal hin, die er auch dem "ungläubigen" Thomas gezeigt hatte, der sogar seine Hände in die Wunden Jesu legen durfte (Joh 20,27). Die Beschreibung der Geschehnisse in diesem Ober-Saal geben uns einen weiteren wichtigen Hinweis, dass sich der Auferstehungsleib von dem "irdischen Leib" unterscheidet, denn Jesus gebraucht hier die Worte "Fleisch und Gebein" und nicht "Fleisch und Blut" (Lk 24,39). Weiterhin können wir erkennen, dass er auch kein Geist war, denn er konnte betastet werden, und er hat auch Speise zu sich genommen (Joh 21,12-13).

Unser Leib ist von der Erde genommen und wird auch wieder zurückkehren zum Erdboden. Das ist soweit unstrittig. Die Bibel lehrt uns aber, dass es ein Jenseits gibt. Jesus hat uns eine Stätte bereitet, dass wo er ist, auch wir dermaleinst sein dürfen (Joh 14,2). Wir Menschen fürchten uns vor Leid und vor dem Tod, so wie Jesus es tat, als er im Garten Gethsemane kurz vor seinem Opfertod mit Gott gerungen hatte (Mk 14,33). Auch wir haben manchmal Angst. Tun wir dann das gleiche wie Jesus: Beten! Beten hilft immer! Wir dürfen uns sicher sein, dass das Leiden nur eine gewisse Zeit währt und dass der Tod nur ein Zwischenstadium ist! Gott wird uns nach unserem Tod auferwecken und das Leben wird ewiglich ohne Leid und Not weitergehen; das ist gewiss! Wenn wir in Ängsten und grossen Sorgen sind, und das passiert uns allen einmal, versuchen wir in die Weite zu sehen, über das Leid hinaus. Wenden wir uns bewusst hin zum Gottvertrauen und zur Freude und wenden wir uns bewusst ab von Ängsten und Sorgen. Blicken wir in die Zukunft, die uns die ewige Gemeinschaft mit Gott bringen wird!

Gott wird die Toten auferwecken am "Jüngsten Tag". Er wird sie richten, und diejenigen, die im Gericht bestehen, werden eingehen zu ihres Herrn Freude. "Denn so sehr hat Gott die Welt geliebt, dass er seinen eingeborenen Sohn gab, damit jeder, der an ihn glaubt, nicht verlorengeht, sondern ewiges Leben hat". Es steht geschrieben: "Jeder, der an ihn glaubt", wird ewiges Leben im Reich Gottes haben. "Verwundert euch nicht darüber! Denn es kommt die Stunde, in der alle, die in den Gräbern sind, seine Stimme hören werden, und sie werden hervorgehen: die das Gute getan haben, zur Auferstehung des Lebens; die aber das Böse getan haben, zur Auferstehung des Gerichts" (Joh 5,28-29).

Nach dem Opfertod ist Jesus nun ins Totenreich gegangen. Dort verkündete er den bei der Sintflut Umgekommenen das Evangelium. Diese Menschen lebten in den Tagen Noahs nicht nach dem Willen Gottes, sie weigerten sich zu glauben (1Petr 3,20). In dieser besonderen Zuwendung an den Seelen, die in der Gottferne ins Jenseits gezogen sind, zeigt sich der universale Heilswillen Gottes! Dies ist ein schönes Bild, dass es auch im Totenreich möglich ist, trotz einem gottlosen Zustand zu Lebzeiten, Heil zu erlangen. Dass die Entschlafenen zum "Leben im Geist" der Verkündigung des Evangeliums bedürfen, sagt auch 1. Petrus 4,6: "Denn dazu ist den Toten das Evangelium verkündigt, dass sie zwar nach Menschenweise gerichtet werden im Fleisch, aber nach Gottes Weise das Leben haben im Geist".

Christus hat den Tod besiegt, er ist Herr über Leben und Tod. Damit hat er den Seelen im Jenseits - das heisst, in den Bereichen, die ausserhalb der materiellen Welt liegen - die Möglichkeit erschlossen, in Gottes Nähe zu gelangen. Der Zustand der Seelen im Jenseits gleicht dem während der Lebenszeit. Die Wiedergeborenen aus Wasser und Geist, die Gott zugewandt waren, befinden sich in einem Zustand der Gerechtigkeit vor Gott, sind in der Gottnähe. Seelen, die während der Lebenszeit nicht zum Glauben gefunden haben, sind im Jenseits in der Gottferne. Durch den Glauben an Jesus Christus und durch die Annahme seines Verdienstes kann der Zustand der Gottferne aber überwunden werden. Ein Schelm, der jetzt denkt, ich kann ja - wenn dies sich so verhält - auf Erden tun und lassen was ich will und lass mich dann im Jenseits bekehren. Das ist möglich, jedoch wissen wir inzwischen, dass bei Gott die Herzenseinstellung massgebend ist, und die kann dann im Jenseits nicht so einfach um 180 Grad gedreht werden.

Es wird ein jeder Mensch durch ein Gericht gehen müssen. Bei der Entrückung werden die einen angenommen und andere bleiben zurück (Mt 24,40-41). Dann wird es am Ende der Zeiten - nach dem Millennium, auf das ich später noch eingehen werde - ein Endgericht geben. In diesem Gericht werden alle, die an der ersten Auferstehung nicht angenommen wurden, von Gott endgültig beurteilt werden (Offb 20,13).

Wir werden im Jenseits unsere Persönlichkeit, die wir jetzt innehaben, behalten. Wir können dies ableiten aus der Begebenheit, wo Jesus mit Petrus, Johannes und Jakobus auf dem Berg der Verklärung war. Dort erschienen ihnen zwei verstorbene Gottesmänner aus dem Jenseits: Mose und Elia. Es steht geschrieben: "die erschienen in Herrlichkeit (von herrlichem Glanz umgeben) und redeten von seinem Ausgang (von seinem Tod), den er in Jerusalem erfüllen sollte" (Lk 9,31).

Wir erfahren hier nicht genau, was da gesprochen wurde, wir erfahren aber, dass die zwei Männer von den drei Aposteln als Mose und Elia erkannt wurden. Das war nur möglich durch deren Persönlichkeit, denn die Apostel wussten ja nicht, wie diese zwei Männer ausgesehen haben. Interessant ist auch, dass das Aussehen des Angesichts Jesu sich bei diesem Treffen veränderte. Es wurde "anders" und sein Gewand wurde strahlend weiss (Lk 9,29). Jesus verklärte sich in dieser Begegnung an diesem Heiligen Ort, wo auch Gott selbst seine Stimme hören liess und Jesus als seinen geliebten Sohn bestätigte, indem er sprach: "Dies ist mein geliebter Sohn; auf ihn sollt ihr hören" (Lk 9,35)!

Und was sagt Jesus, auf den wir hören sollen, auch noch? "Ich sage euch, forderte Jesus seine Jünger auf, nutzt das leidige Geld dazu, durch Wohltaten Freunde zu gewinnen. Wenn es mit euch und eurem Geld zu Ende geht, werden sie euch in der neuen Welt Gottes in ihre Wohnungen aufnehmen", heisst es in Lukas 16,9. Das ist ein schöner und wichtiger Hinweis, dass es im Jenseits Seelen gibt, die uns dort empfangen und aufnehmen werden. Es werden diejenigen sein, denen wir Gutes getan haben. In diesem Vers macht Jesus wieder einmal deutlich, wie wichtig es ist, wie wir hier auf Erden auch mit den uns zur Verfügung stehenden irdischen Werten umgehen. Wie wir unser Geld und unsere Mittel hier auf Erden einsetzen, wird Auswirkungen auf unser Leben im Himmel haben. Jesus möchte, dass wir die Armen unterstützen, das ist ihm ein grosses Anliegen. Viele Bibelstellen weisen darauf hin.

Wir erfahren, dass wir im Jenseits durch die Wohltaten - die wir hier auf Erden an unserem Nächsten tun - Freunde gewinnen werden und einander auch besuchen können, dass jeder von uns eine Wohnung haben wird. Wir können in Johannes 14,2 lesen: "Im Haus meines Vaters sind viele Wohnungen. Sonst hätte ich euch nicht gesagt: Ich gehe hin, euch eine Stätte zu bereiten".

Allen in der gottferne Verstorbenen, die auf Erden nicht glauben konnten, muss es möglich sein, im Jenseits die Sakramente der Heiligen Wasser- und Geistestaufe zu erhalten. Erinnern wir uns an das Bibelwort, dass wir ohne Wasser- und Geistestaufe kein Teil an Jesus haben können (Joh 3,5). Dieses Wort ist für den jenseitigen Bereich nicht einfach aufgehoben!

Jesus sagte: "Mir ist gegeben alle Gewalt im Himmel und auf Erden" (Mt 28,18). Seine erlösende Kraft setzte er nach seinem Tod am Kreuz ein. Er predigte in der Zeit zwischen Tod und Auferstehung den Geistern in der Totenwelt. Jesus bietet ihnen in seiner Vollmacht Hilfe an. Diese Hilfe wird vermittelt durch Sakramente und Verkündigung des Evangeliums. Ausdrücklich erwähnt wird im Petrusbrief die rettende Wirkung der Taufe (1Petr 3,21).

Der Zusammenhang zwischen dem Kreuzestod Jesu und der Heiligen Wassertaufe wird auch in Römer 6,3-7 dargestellt. In diesen

Versen wird deutlich gemacht, dass die Taufe - durch die das Christsein ermöglicht wird - Anteil an dem Tod Jesu bedeutet. Durch den Taufakt wird der Getaufte in den Tod Jesu hineingenommen: "Wisst ihr nicht, dass alle, die wir auf Christus Jesus getauft sind, die sind in seinen Tod getauft" (Röm 6,3)? Insofern stellt die Taufe gleichsam das Geschehen auf Golgatha nach und der Mensch, der in Gemeinschaft mit Jesus Christus leben will, folgt nun dem Weg Jesu in den Tod am Kreuz.

Was geschieht in der Wassertaufe? Paulus sagt: "Wir wissen ja, dass unser alter Mensch mit ihm gekreuzigt ist, damit der Leib der Sünde vernichtet werde, sodass wir hinfort der Sünde nicht dienen. Denn wer gestorben ist, der ist frei geworden von der Sünde" (Röm 6,6-7). Der alte Mensch, der der Sünde völlig anheimgestellt ist und von daher in völliger Gottferne leben muss, wird in der Wassertaufe begraben. Die Taufe schenkt also Anteil an dem Verdienst Jesu Christi, denn in ihr wird die Sünde überwunden und dadurch ein neues Gottverhältnis hergestellt. Der alte Mensch, der nach Römer 5,12 in der Nachfolge Adams steht, wird zurückgelassen und an seine Stelle tritt ein Menschsein, das von Jesus Christus bestimmt wird.

Dies alles zeigt uns, dass tatsächlich viel mehr Interaktion in diesen uns noch verborgenen Bereichen des Jenseits stattfindet, stattfinden kann und stattfinden wird, als man geneigt ist zu denken. Es kann gut sein, dass Entschlafene auch mit uns hier auf Erden interagieren. Es kann gut sein, dass Verstorbene mehr erkennen als wir vielleicht das Gefühl haben. Dass sie spüren können, wie wir wirklich in unserem Innersten sind - dass wir ihnen nichts vormachen können. Dass sie uns "durchschauen" können, denn, da wir ja durch unseren Wandel ein Zeugnis sein dürfen und sein sollen - natürlich auch für Entschlafene - dann kann dieses Zeugnis ja nicht von unserem schauspielerischen Talent abhängen.

Vielleicht können sie auch für uns beten. Wir wissen es nicht, es ist aber durchaus möglich, aus meiner Sicht sogar sehr wahrscheinlich. Auf jeden Fall wollen wir selbst in der Fürbitte für Unerlöste stehen. Wenn Entschlafene dann zum Glauben an das Evangelium Jesu kommen und die nötigen Sakramente empfangen, erleben sie den Prozess der Erlösung. Eine ungeahnte Besserung ihres Zustandes tritt ein, sie erfahren Freude durch Erlösung.

Gott will die Erlösung aller Menschen. Er lädt Lebende und Tote ein, zu ihm zu kommen, ohne jemanden auszuschliessen. Jeder braucht Gemeinschaft mit Gott, um glücklich zu sein. Sich beruhigen zu wollen, indem man materiellen Reichtum, Ruhm oder Macht sucht, wäre dumm. Der geistliche Durst, den Lebende und Tote haben, wird dadurch nicht gestillt (Jes 55,1). Gott schenkt demjenigen Heil, der Gemeinschaft mit ihm sucht.

Teil 8

8.1

"Siehe, ich sage euch ein Geheimnis: Wir werden nicht alle entschlafen, wir werden aber alle verwandelt werden; und das plötzlich, in einem Augenblick, zur Zeit der letzten Posaune. Denn es wird die Posaune erschallen und die Toten werden auferstehen unverweslich, und wir werden verwandelt werden" (1Kor 15,51-52).

Zuerst einmal: Wieso ist dies ein Geheimnis? Darf das niemand wissen? Nein, im Gegenteil. Geheimnis im Kontext der Bibel bedeutet nicht, dass etwas für uns nicht zugänglich sein darf, im Verborgenen bleiben muss, es bedeutet eher "vertraute Mitteilung". Gott offenbart seine Geheimnisse (Am 3,7). Die Knechte Gottes und seine Propheten gaben die Offenbarungen weiter, sodass das Handeln Gottes transparent ist. Jeder kann sich informieren, trotzdem bleiben die Geheimnisse Gottes geheimnisvoll, denn ohne den Geist Gottes ist ein Verständnis kaum möglich. Viele Gleichnisse Jesu handeln vom Reich Gottes. Die Jünger konnten sie verstehen, andere nicht. Jesus sprach zu seinen Jüngern: "Euch ist es gegeben, das Geheimnis des Reiches Gottes zu erkennen, denen aber, die draußen sind (die nicht zu mir gehören), wird alles in Gleichnissen zuteil" (Mk 4,11). Diese sehen zwar aber erkennen nichts und können zwar hören aber verstehen nichts (Ps 115,6; Jer 5,21; Jes 6,9). Wenn dem nicht so wäre würden sie zu Gott umkehren, und ihre Sünden würden ihnen vergeben werden (Mk 4,12).

Die Geheimnisse Gottes sind trotzdem keine Exklusivität, wo

Nichteingeweihte ausgeschlossen werden. Gott offenbart Geheimnisse, wenn die heilsgeschichtliche Situation es erfordert. Jeder kann sich über diese Geheimnisse informieren und sie mit Hilfe des Heiligen Geistes auch verstehen.

Im neuen Bund sind die Apostel Jesu die Verwalter der Geheimnisse Gottes. Apostel Paulus schreibt: "So soll man uns betrachten: für Christi Diener und Haushalter über Gottes Geheimnisse" (1Kor 4,1). Ein Verwalter oder Haushalter ist jemand, der über die Angelegenheiten eines Hauses gesetzt war und sie für seinen Herrn verwalten musste. Das Bild des Hauses ist die Kirche Christi, die auch bezeichnet wird als der Leib Christi, die Gemeinde Jesu oder auch die Braut Christi. Demzufolge kann man sagen, dass die Apostel - die Leiter der Kirche Christi - als Diener Christi die Haushalter über Gottes Geheimnisse sind.

Wenden wir uns nun dem zweiten Teil dieses Bibelverses zu. Wir alle (Tote und Lebende, die Christus angehören) werden zur Zeit der letzten Posaune verwandelt werden, und das ganz plötzlich, in einem Augenblick. Bei der Entrückung werden alle, die Gnade gefunden haben vor Gott, verwandelt werden. Die zu diesem Zeitpunkt auf der Erde lebenden Gläubigen werden nicht entschlafen (sterben). Es wird eine Gruppe Menschen geben, die nicht entschlafen, die nicht sterben werden. Wie wir es aus dem Alten Bund von Henoch und Elia kennen. Diese zwei Gottesmänner starben nicht. Henoch wurde entrückt, das heisst, noch vor seinem Tod von der Erde weggenommen, und Elia fuhr in einem feurigen Wagen mit feurigen Pferden im Sturmwind zum Himmel (Hebr 11,5; 2Kön 2,11).

Diese "Entrückung" kann schon sehr bald stattfinden. Denken wir in diesem Zusammenhang an die zwei Engel in weissen Gewändern, die bei der Himmelfahrt Jesu zu den Anwesenden sprachen: "Was steht ihr hier und seht zum Himmel? Dieser Jesus, der von euch weg in den Himmel aufgehoben worden ist, wird in derselben Weise wiederkommen, wie ihr ihn habt in den Himmel auffahren sehen" (Apg 1,11)! Dies ist die Verheissung der "Wiederkunft Christi", wo Jesu wiederkommt, um seine Braut in den Hochzeitssaal zu führen. Dieses Ereignis ist Teil der in der Offenbarung des Johannes beschriebenen "ersten Auferstehung". Dort heisst es: "Selig ist der und heilig, der teilhat an der ersten Auferstehung. Über diese hat der zweite Tod keine Macht" (Offb 20,5-6). Der zweite Tod ist der endgültige Tod beim Endgericht Gottes (Offb 21,8).

Jesus hat versprochen, dass er bald wiederkommen wird (Offb 22,20). Er hat verheissen, dass er die Seinen dann zu sich nehmen will (Joh 14,3). Dass er bis heute noch nicht gekommen ist, heisst nicht, dass er seine Verheissung verzieht. "Er verzieht nicht die Verheissung, wie es etliche für einen Verzug halten; er hat Geduld mit uns" (2Petr 3,9). Die Entrückung wird stattfinden! "Denn dieses Verwesliche muss Unverweslichkeit anziehen, und dieses Sterbliche muss Unsterblichkeit anziehen". So wird das Wort erfüllt werden, das geschrieben steht: "Der Tod ist verschlungen in den Sieg" (1Kor 15,54)! Jesus hat durch seinen Opfertod den Tod ein für alle Mal besiegt! Dadurch ist die Entrückung, die Möglichkeit Unverweslichkeit anzuziehen, erst möglich geworden.

Unmittelbar vor diesen Versen beschreibt Paulus die Ordnung der Auferstehungen (1Kor 15,20-26). Diese Ausführungen werden nun differenzierter dargestellt. Die Zeit der Gemeinde Jesu endet in einem Augenblick. Dann werden zuerst die Toten in Christus auferstehen und die noch lebenden Gläubigen werden zusammen mit ihnen verwandelt. Die Gemeinde Jesu besteht aus den Gläubigen im Jenseits und den Gläubigen hier auf Erden.

Dieser Übergang geschieht sehr schnell. Paulus verwendet hier ein Wort, das nur einmal in der Bibel vorkommt: "atomos". Dieses

Wort wird meist mit Nu oder Augenblick übersetzt. Der Begriff "atomos" wurde verwendet, um etwas zu beschreiben, das so klein ist, dass es nicht mehr geteilt werden kann. Der Zeitabschnitt der Entrückung ist so unfassbar kurz, dass eine Verkleinerung nicht mehr möglich ist.

Paulus nennt auch einen Zeitpunkt, nämlich "bei der letzten Posaune". Etliche Ausleger bringen dies mit den Posaunengerichten in der Offenbarung in Verbindung (Offb 8,6-11,19). Dies ist jedoch unwahrscheinlich, denn die Korinther wussten nichts von Posaunengerichten. Die Offenbarung des Johannes wurde erst Jahre später geschrieben. Der Hinweis des Paulus wäre für sie unverständlich gewesen. Zudem würde dies bedeuten, dass die Gemeinde einen Teil der apokalyptischen Drangsal (Trübsalszeit) erleben würde. Ich werde auf diese Drangsalszeit - die über Israel und die ganze Erde kommen wird - später noch eingehen. Es gibt etliche Argumente, dass Jesus *vor* dieser schrecklichen Zeit kommen wird, um die Seinen in den Himmel aufzunehmen. Die Heilige Schrift lässt bei genauer Betrachtung keine andere Schlussfolgerung zu.

Die Korinther kannten den Einsatz von Posaunen bei jüdischen Festen, zur akustischen Übermittlung von Befehlen in Kriegssituationen und als Mittel, um Menschen zusammenzurufen und den gemeinsamen Aufbruch einzuleiten. Einen Hinweis auf die Bedeutung dieses Begriffs liefert auch 1Thess 4,13-18. Dort beschreibt Paulus ebenfalls die Entrückung der Gemeinde und verwendet dabei den Begriff der "Posaune Gottes", die erschallen wird, ein Signal zum Aufbruch. Es heisst im 1Thess 4,16-17: "denn der Herr selbst wird, wenn der Befehl ergeht und die Stimme des Erzengels und die Posaune Gottes erschallt, vom Himmel herabkommen, und die Toten in Christus werden zuerst auferstehen. Danach werden wir, die wir leben und übrigbleiben, zusammen mit ihnen entrückt (d.h. rasch hinweggeführt) werden in Wolken, zur Begegnung mit dem Herrn, in der Luft, und so werden wir bei dem Herrn sein allezeit".

Dies wird der nächste, gewaltig grosse und noch unvorstellbare heilsgeschichtliche Schritt für die Gemeinde Jesu sein! Darauf warten wir. Der Tod wird über die lebendig entrückten Gläubigen keine Macht haben. Sie werden entrückt und kommen zu Jesus Christus, ohne vorher gestorben zu sein.

Der Herr selbst wird vom Himmel herabkommen, um die Seinen zu sich in den Himmel zu holen. Dabei wird sein Kommen von drei Dingen begleitet sein: einem *gebietenden Zuruf*, der *Stimme des Erzengels* und der *Posaune Gottes*. In diesem Zusammenhang ist einmal folgender Gedanke geäussert worden, den ich gerne weitergeben möchte:

Der *gebietende Zuruf* erreicht alle diejenigen, die zur *Versammlung Gottes* gehören. Es sind die Schafe, die seine Stimme, die Stimme ihres guten Hirten Jesus Christus, kennen und auf sie hören (Joh 10,4.16).

Die *Stimme des Erzengels* geht zurück bis auf Abraham und erreicht alle *Gläubigen des Volkes Israel*. Der Erzengel vertritt typischerweise die Interessen des Volkes Israel (Dan 12,1).

Die *Posaune Gottes* schliesslich geht zurück bis auf Adam und erreicht alle *übrigen gläubigen Menschen*, die weder zur Versammlung Gottes noch zum Volk Israel gehören.

Bei der Wiederkunft Christi wird der Leib Christi - die Gemeinde - mit Jesus Christus, der das Haupt ist, vereint (Eph 1,22). Erst bei der Wiederkunft Christi wird offenbar werden, wer zur Braut des Herrn zählt (Lk 17,34-35). Wir wissen nicht, an welchem Tag der Herr Jesus kommt, aber wir wissen, dass er kommt (Mt 25,6). Er kann heute oder morgen kommen. Wir sollten in der Naherwartung stehen, das heisst, ihn täglich erwarten und bereit sein.

8.2

"Fürchte dich nicht, ich bin mit dir; weiche nicht, denn ich bin dein Gott. Ich stärke dich, ich helfe dir auch, ich halte dich durch die rechte Hand meiner Gerechtigkeit" (Jes 41,10).

Nehmen wir uns dieses Wort zu Herzen. Der allmächtige Gott und unser liebreicher und guter himmlischer Vater spricht es zu dir und zu mir, gerade auch in diesem Moment. Glauben wir fest daran, dass Gott uns nicht nur stärken will und uns nicht nur helfen will, sondern dass er es auch tut, auch in diesem Moment. Sein Auge ist immer auf uns gerichtet und mit seinem Heiligen Geist ist er bei dir, ja sogar in dir, er überblickt alles und weiss ganz genau wie du dich jetzt fühlst, was du genau in diesem Moment brauchst.

Wir haben keinen Grund, uns vor irgendetwas oder vor irgendwem zu fürchten. Der Böse möchte uns ständig Angst einflössen, das ist einer seiner Lieblingsbeschäftigungen. Lassen wir das nicht zu. Denn: Gott ist bei dir und mit dir! "Wenn Gott für uns ist, wer kann dann gegen uns sein" (Röm 8,31)? Und er ist für uns und mit uns, auch genau in diesem Augenblick. Er hält dich durch die rechte Hand seiner Gerechtigkeit. Das heisst nicht, dass du nie Ungerechtigkeiten durch Menschen erleiden wirst. Es heisst aber, dass die Gerechtigkeit Gottes, seine Macht und seine Verlässlichkeit, dich aufrecht hält. Gott ist Ursprung von Recht und Gerechtigkeit. Wenn er an unserer Seite ist, können wir nicht untergehen. Vertrauen wir ihm und weisen wir den Bösen in die Schranken.

Dieses Bibelwort aus dem alten Bund enthält eine Zusage Gottes an Israel, die wir als Angehörige des Neuen Bundes auch auf uns beziehen dürfen. In unserem Leben gibt es immer wieder Zustände, die uns Sorgen bereiten. Bisweilen erleben wir im Hinblick auf unsere persönlichen Verhältnisse Leid, Not oder Ungewissheit. Auch die Entwicklung in der Gesellschaft und Kirche können uns beunruhigen. Gott verspricht nicht, dass er uns das alles erspart, aber er weist darauf hin, dass wir uns nicht fürchten müssen, weil er mit uns ist, uns hilft und unterstützt.

Gott gibt uns einen wichtigen Hinweis, in dem er spricht: "Weiche nicht, denn ich bin dein Gott!" Das bedeutet nichts anderes, als wenn er sprechen würde: "Bleib dennoch, auch wenn alles scheinbar wankt und bricht, hoffnungsvoll an mir, bleib an meiner Hand, weiche nicht zurück! Ich bin dein Gott, ich habe dich geschaffen und dir das Leben gegeben, ich habe dir nicht nur das natürliche Leben gegeben, sondern ich habe dir auch ewiges Leben geschenkt. Ich liebe dich, ich möchte mit dir und mit all deinen Lieben, auch wenn sie dich in diesem Leben schon verlassen haben, die Zeit in meinem Reich verbringen, wo du in alle Ewigkeit Glückseligkeit erleben wirst. Ich sehe dich und deine Lieben jetzt schon vor mir, wie du dich freuen wirst, wie du staunen wirst, wie glücklich und selig du sein wirst. Bitte, weiche nicht, auch ich weiche nicht von dir, das verspreche ich dir."

Gott ist treu und stärkt uns, er bezeugt seine Treue. An vielen Stellen in der Bibel bezeugt Gott den Menschen in schwierigen Verhältnissen seine Treue. Bleiben auch wir ihm treu trotz Not und Leiden!

Mose wurde Gottes Treue zugesagt, bevor er die Aufgabe auf sich nahm, das Volk aus Ägypten zu führen. Gott hat ihn für diese Aufgabe ausgewählt, obwohl er sich zu Beginn sträubte und ihm viele Argumente einfielen, um nicht zum Pharao gehen zu müssen. Er war mutlos und ängstlich, wollte weichen, wollte ausweichen, hatte viele Ausreden. Was tat Gott? Er hat ihm liebevoll erklärt und gezeigt, dass er der allmächtige Gott ist, dass er alles kann und alles weiss. Er hat Mose gezeigt, dass er imstande ist, alles jederzeit in alle Richtungen blitzartig zu ändern und zu verändern. "Und nun steck deine Hand in dein Gewand!", sprach Gott zu Mose. Mose gehorchte, und als er seine Hand wieder herauszog, war sie plötzlich schneeweiss - sie war aussätzig geworden. Und der Herr sprach weiter zu ihm: "Steck die Hand noch einmal in dein Gewand!" Als Mose sie dann wieder herauszog, war der Aussatz verschwunden, sie war wieder geworden wie sein (übriges) Fleisch, sie war wieder gesund wie der Rest seines Körpers (2Mo 4,6-7).

Gott hat Mose wieder und wieder seine Allmacht gezeigt, hat ihn unterstützt und ihm geholfen, hat ihn gestärkt, sodass Mose dann doch nicht von ihm gewichen ist, was er mit seinem freien Willen jederzeit hätte tun können. Er spürte immer mehr, dass Gott alles vermag, und er auf diese gewaltigen Kräfte und die Hilfe und Unterstützung in allen Situationen zählen kann.

Gott verspricht, uns in allen Zeiten zu begleiten; er wird immer für uns da sein (Jes 43,1-5).

Josef wurde von seinen Brüdern in die Sklaverei verkauft. Später wurde er sogar ungerechtfertigt ins Gefängnis geworfen. Doch Gott begleitete ihn in all diesen Situationen, sodass Josef sie meistern konnte und selbst ein Segen für andere wurde.

Auch der Prophet Elia erlebte die Gegenwart Gottes. Er war allein übriggeblieben, alle anderen Propheten wurden getötet. Er wurde verfolgt, war verzweifelt und floh bis zum Berg Horeb, auf dem er Gott in der Stille erlebte (1Kön 19,1-15).

Verlässlichkeit Gottes! Vertrauen wir auf seine Hilfe und erleben wir seine Kraft und Stärke. Wenn Gott an unserer Seite ist, brauchen wir uns vor nichts und niemandem zu fürchten. Blicken wir auf Jesus, der zur Rechten Gottes sitzt. Solange Petrus auf Jesus geblickt hat, als er übers Wasser ging, ist er nicht gesunken. Als er dann auf Wind und Wellen achtete - auf die irdischen Dinge - sank er. Aber auch da half Jesu und streckte ihm seine Hand entgegen (Mt 14,31). Petrus hat ihn auch dreimal verleugnet; auch er war ängstlich und schwach. Dennoch machte ihn Jesus zum Felsen seiner Gemeinde. Warum? Weil er Jesus liebte (Joh 21,15-24). Das war der entscheidende Punkt.

Blicken wir im Geist auf Jesus und vertrauen wir uns ihm an. Schauen wir nicht auf all die angsteinflössenden Dinge um uns herum. Fassen wir seine Hirtenhand, die er uns immer entgegenstreckt. Bleiben wir an ihm, wie es sich auch schon damals der Psalmist vorgenommen hat: "Dennoch bleibe ich stets an dir; denn du hältst mich bei meiner rechten Hand, du leitest mich nach deinem Rat und nimmst mich endlich in Ehren an." (Ps 73,23-24).

"Denn ich, der Herr, dein Gott, ergreife deine rechte Hand und sage dir: Fürchte dich nicht; ich helfe dir (Jes 41,13)!

8.3

"Wahrlich, ich sage dir: Heute noch wirst du mit mir im Paradies sein" (Lk 23,43)!

Eines der sieben letzten Worte Jesu am Kreuz. Von Jesus Christus an einen der beiden Schächer (Räuber; Mörder) gerichtet, die zusammen mit Jesus gekreuzigt wurden. Einer der Verbrecher wandte sich Jesus zu und sprach: "Herr, gedenke an mich, wenn du in dein Reich kommst!" (Lk 23,42).

Hier geht es darum, dass jeder jederzeit zu Gott finden kann, ganz gleich welche Schuld einer durch seine Taten auf sich geladen hat. Jesus handelt hier gemäss seinen Aussagen und Versprechen: "Wer zu mir kommt, den werde ich nicht hinausstossen" (Joh 6,37).

Es geht hier aber auch noch um etwas anderes, etwas Rätselhaftes. Die Bibel lehrt uns, dass wir nach unserem Tod in dieses Zwischenstadium kommen, in diesen Entschlafenen-Bereich, ins Jenseits, ins Totenreich oder wie wir es auch nennen wollen, aber sicher nicht ins Paradies. Was ist denn genau das Paradies?

Das Paradies ist zunächst einmal der Ort, wo Adam und Eva zusammen mit Gott gelebt haben, der Garten Eden. Es war ein Ort auf Erden, am Oberlauf der vier Flüsse Euphrat und Tigris, Pischon und Gihon, der im Bereich des heutigen Irak/Iran vermutet wird. Durch den Sündenfall wurde dieses paradiesische Dasein zur Makulatur. Dieser paradiesische Zustand wird sich in der Endzeit aber wieder einstellen. Am Anfang der Schöpfung steht das Paradies, und am Ende der Zeiten wird es wieder paradiesisch. Der Kreis wird sich schliessen.

Johannes sieht in der Vision, die er in Griechenland - auf der Insel

Patmos - erhalten hat, die "heilige Stadt", das "neue Jerusalem", von Gott aus dem Himmel herabkommen (Offb 21,10). Johannes sah einen neuen Himmel und eine neue Erde; denn der erste Himmel und die erste Erde sind vergangen (Offb 21,1). Auf dieser neuen Erde ist ein paradiesisches Leben wieder Realität. Der Thron Gottes wird in der Stadt sein, es wird keine Nacht mehr sein, auch das Licht der Sonne wird nicht mehr sein, denn Gott der Herr selbst wird durch seine Strahlkraft die Stadt erleuchten. "Und ich hörte eine laute Stimme aus dem Himmel sagen: Siehe, das Zelt Gottes bei den Menschen! Und er wird bei ihnen wohnen; und sie werden seine Völker sein, und Gott selbst wird bei ihnen sein, ihr Gott." (Offb 21,3).

Insgesamt kommt das Wort Paradies nur drei Mal in der Bibel vor. Das zweite Mal, dass das Wort Paradies in der Bibel auftaucht, ist eine besondere Erfahrung, die Paulus selbst machen durfte. Apostel Paulus berichtet, um sich nicht so wichtig zu nehmen in der dritten Person: "Ich weiss von einem Menschen in Christus, der vor 14 Jahren [ob im Leib oder ob ausserhalb des Leibes, ich weiss es nicht; Gott weiss es] bis in den dritten Himmel entrückt wurde" (2Kor 12,2). "... dass er in das Paradies entrückt wurde und unaussprechliche Worte hörte, die ein Mensch nicht sagen darf" (2Kor 12,4). Paulus will sich mit dieser Erfahrung nicht wichtigmachen, er will sich damit nicht rühmen. Aber es kommt klar zum Ausdruck, dass Gott ihm gestattete, nicht nur einen Blick in den "dritten Himmel" zu tun und dort auch Worte zu hören, die kein Mensch sagen kann - die für Menschen unaussprechlich sind - sondern dass er auch im Leib oder ausserhalb seines Leibes dort war. Was ist denn überhaupt der "dritte Himmel"? Ist dort vielleicht das zukünftige Paradies zu verorten?

Der erste Himmel ist die Atmosphäre; Himmel und Wolken (Jes 55,9-10).

Der zweite Himmel ist der Weltraum; Sterne, Planeten und Galaxien (1Mo 1,14-18).

Der dritte Himmel ist der Wohnort Gottes; dort herrschen ganz sicher paradiesische Verhältnisse, so wie es Paulus auch beschreibt (2Kor 12,2-4).

Zum dritten Mal ist vom Paradies die Rede in der Offenbarung 2, Vers 7: "Wer ein Ohr hat, der höre, was der Geist den Gemeinden sagt! Wer überwindet, dem will ich zu essen geben von dem Baum des Lebens, der in der Mitte des Paradieses Gottes ist".

Es ist bemerkenswert, dass alle drei Bibelstellen, in denen das Wort Paradies vorkommt, über den Tod hinaus zukunftsorientiert sind. Das Paradies von Adam und Eva ist vergangen, es gibt kein Zurück mehr ins ursprüngliche Paradies. Gott macht alles neu. "Und der auf dem Thron sass, sprach: Siehe, ich mache alles neu! Und er sprach zu mir: Schreibe; denn diese Worte sind wahrhaftig und gewiss" (Off 21,5)!

Das zukünftige Paradies wird für die Menschen zum neuen Ort der Wiedervereinigung mit Gott. In den letzten zwei Kapiteln der Bibel hat Gott einen neuen Wohnsitz. Er wohnt mitten unter den Menschen in einer Stadt, dem neuen Jerusalem. Das paradiesische Inventar des Gartens ist da: die Wasserströme, der vertraute Umgang mit Gott, der Baum des Lebens, der von Engeln bewacht ist (1Mo 3,24). Diese drastische Massnahme war notwendig, um zu gewährleisten, dass Adam und Eva nicht unsterblich würden. Denn dann wäre das Wort des Herrn, dass sie nach dem Sündenfall sterben sollten, zunichte geworden (1Mo 2,17). Doch in dieser Massnahme zeigt sich auch Gottes Gnade: Er wollte nicht, dass der Mensch in seinem gefallenen Zustand ewig leben müsste (1Mo 3,22). Gott hatte in seinem Plan längst vorgesehen, den Menschen einen Herrlichkeitsleib zu geben und den Genuss am

Baum des Lebens im zukünftigen, himmlischen Paradies zu ermöglichen (Offb 2,7; 22,2).

Zusammenfassend kann man erkennen, dass nach dem Paradies von Adam und Eva erst wieder vom Paradies gesprochen wird, nachdem Gott eine neue Ordnung, einen neuen Himmel und eine neue Erde gemacht hat (Offb 21-22). Dazwischen gibt es kein Paradies für uns Menschen, und von daher konnte auch niemand in der Zeit, bis zu jenem Zeitpunkt der Schaffung des neuen Paradieses, ins Paradies kommen.

Vor diesem Hintergrund bleibt aber das Problem mit der Zusage Jesu in Lukas 23,43 weiter ungelöst. Hatte Jesus etwa eine falsche Zusage gegeben? War er etwa der Meinung, er würde an jenem Tag im Paradies sein? Das ist selbstverständlich ausgeschlossen! Jesus sagte schon vor seinem Tod am Kreuz, im Gespräch mit den Schriftgelehrten, dass er nach seinem Tod drei Tage und drei Nächte im Schoss der Erde (im Grabe) sei (Mt 12,40). Er wusste ganz genau, dass er nach seinem Tod noch nicht bei Gott im Himmel, in diesem paradiesischen Umfeld, wo Paulus einen kleinen Einblick erhaschen durfte, sein konnte.

Das Problem hat seine Ursache an anderer Stelle. Der erste Schritt zur Lösung ist, dass man berücksichtigen muss, dass in den alten Handschriften der Bibel jegliche Zeichensetzung fehlt. Die Interpunktion, wie wir sie heute handhaben, war daher nicht Teil des ursprünglich eingegebenen Wortes. Wenn man den griechischen Text von Lukas 23,43 betrachtet, so heisst es dort wörtlich, ohne Zeichensetzung:

"und er sagte zu ihm wahrlich dir sage ich heute mit mir wirst du sein im Paradies"

Das Problem ist gelöst, wenn man den Vers im Lichte der zuvor erwähnten Fakten korrekt wiedergibt mit folgender Zeichensetzung:

"und er sagte zu ihm: Wahrlich, ich sage dir heute: Du wirst mit mir im Paradies sein!"

Übersetzer und Ausleger haben aufgrund der weit verbreiteten Lehre, dass Gläubige sogar ohne Auferstehung sofort nach ihrem Ableben "in den Himmel kommen", und weil sie "Himmel" und "Paradies" gleichsetzen, dies so geschrieben, dass die Aussage Jesus ihrer vorgefassten Meinung entspricht. Umgekehrt ist es dann so, dass diese Übersetzung wiederum als Beweis für diese Lehre genommen wird. Der Ausdruck "ich sage dir heute" ist zudem eine typisch semitische Redeweise, um eine Betonung auf das zu legen, was dann folgt. Dieser Ausdruck findet sich verschiedentlich bereits im Alten Testament an bedeutsamen Stellen.

Es ist auch zu beachten, dass der Übeltäter selbst, bei seiner Bitte an Jesus, ebenfalls nicht an ein Paradies an jenem Tage dachte, denn er redete ja nicht von etwas, was er an jenem Tage erwartete, sondern was sein würde, *"wenn du in dein Reich kommst"*. Jesus ersetzte diese an jenem Tage noch zukünftige Realität in seiner Antwort gleich mit "Paradies". An jenem Tage, an dem Jesus und der Übeltäter starben, kam auch Jesus noch nicht in sein Reich. Was aber von Jesus betont wird, ist: "wahrlich, ich sage dir heute ...". An dem Tage gab Jesus dem gläubigen Übeltäter die Verheissung, er würde in der Zukunft mit ihm im Paradies sein.

Teil 9

9.1

"Die Zeit (die von Gott festgesetzte, besondere, entscheidende Zeit) ist erfüllt, und das Reich Gottes ist nahe. Tut Busse (kehrt von Herzen um zu Gott) und glaubt an das Evangelium" (Mk 1,15)!

Wir haben im vorherigen Abschnitt die Begriffe "Paradies" und "Himmel" etwas näher betrachtet. Jetzt schauen wir uns das "Reich Gottes" etwas genauer an.

Jesus hat gerade was das Reich Gottes anbelangt, fasst ausschliesslich in Gleichnissen gesprochen und seinen Zuhörern damit Bilder gezeigt, die sie eher fassen konnten. Zudem hat er aber auch Tote auferweckt, Kranke geheilt, Blinde sehend und Lahme gehend gemacht und unzählige andere Wunder vollbracht. Auch dadurch hat er den Menschen das Himmelreich nahe herbeigebracht, es dadurch sichtbarer und verständlicher gemacht.

Die Lehre Jesu war definitiv etwas komplett Neues, sie war absolut revolutionär. Zudem konnten die meisten Menschen damals auch nicht lesen und schreiben, das heisst, die Lehre Jesu konnte primär nicht schriftlich weitergegeben werden. Die Lehre Jesu ist das Evangelium, die Kunde vom Reich Gottes und der Weg dahin.

Wenn man sich dies alles so vor Augen führt ist es schon erstaunlich, eigentlich absolut unfassbar, dass diese Lehre sich über 2000 Jahre so unaufhaltsam entfalten konnte. Über Jahrhunderte schrieben Mönche die Bibel, oft auch bei Kerzenlicht, in den Skriptorien (Schreibstuben) der Klöster ab. So genau, dass man durch die alten Schriftrollen (Qumranrollen), die vor circa 70 Jahren in elf Höhlen am Toten Meer im Westjordanland gefunden wurden, sehen konnte, wie identisch diese mit den Texten der heutigen Bibel sind. Diese Schriftrollen zählen zu den wichtigsten archäologischen Entdeckungen des 20. Jahrhunderts. Die Texte von etwa 850 Rollen entstanden in der Zeit zwischen 250 vor und rund 40 nach Christus. Deren Inhalt gilt als unschätzbares Zeugnis des antiken Judentums und des Urchristentums. Die grosse Jesajarolle enthält den fast vollständigen Text des Buches Jesaja in hebräischer Sprache und ist die älteste erhaltene Handschrift eines ganzen Buches der Bibel. Der Text stimmt auch überein mit dem Text des Codex Leningradensis von 1008 n. Chr., der ältesten vollständig erhaltenen Handschrift der hebräischen Bibel. Die Qumranrollen zeigen, wie nah wir mit den schriftlichen Zeugnissen an den Ereignissen sind, und wie zuverlässig die Texte überliefert wurden. Man müsste meinen, dass nur schon diese Tatsache, oder auch ein Blick in die Natur, ins Universum oder auch in die Tierwelt, den Menschen doch die Augen öffnen sollte, dass es einen Gott geben muss, der alles schafft und lenkt! Dass nicht alles Evolution oder Zufall sein kann.

Das Reich Gottes, von dem Jesus spricht, dass es nahe ist, was ist das eigentlich? Zunächst einmal ist es unser Glaubensziel, die Gemeinschaft mit Gott im Himmel, in unserer zukünftigen Heimat. Dort wo diese paradiesischen Zustände herrschen, die in der Bibel beschrieben sind, die wir aber noch in keiner Weise fassen können. Diese noch nicht vorstellbare Pracht und Herrlichkeit, dieses Dasein in alle Ewigkeit in der Gemeinschaft mit Gott, mit Jesus, mit dem Heiligen Geist und mit all unseren Lieben, die auch Gnade finden durften, das alles ist dann Realität. Es wird alles mit Liebe erfüllt sein, das Böse und auch der Tod wird nicht mehr sein. Das ist das Reich Gottes am Ende der Zeiten, im himmlischen Jerusalem, in diesem paradiesischen Umfeld, im neuen Himmel und auf der neuen Erde (Offb 21).

Der Begriff Reich Gottes bezeichnet im Grunde genommen aber das ganzheitliche Wirken Gottes in allen von ihm geschaffenen Bereichen. Sein heilbringendes, zielorientiertes, segenbringendes Wirken im Diesseits wie im Jenseits, überall in seinem Herrschaftsbereich.

Wenn Jesus in unserem Bibelwort ausdrückt, dass dieses Reich Gottes nahe ist, meint er damit primär, dass das Wirken Gottes ein neues Stadium erreicht hat. Dass die Zeit reif geworden ist, um mit der Präsenz Jesu und seinem Wirken auf Erden einen neuen Zeitabschnitt, eine weitere Phase der Aufklärung und Entwicklung einzuläuten. Dass die Zeit reif war, um den auch heute noch immer unfassbaren Plan Gottes mit seinen geliebten Geschöpfen zu erklären, weiter auszurollen und vorwärts zu bringen.

In Jesus selbst, in seiner Person und in seinem Wirken unter den Menschen, ist das Reich Gottes nahe herbeigekommen. Diese Tatsache drückte auch Johannes der Täufer aus, der als letzter grosser Prophet und Wegbereiter Jesu in der Übergangszeit vom Alten zum Neuen Testament wirkte und sprach: "Tut Busse, denn Gottes himmlisches Reich ist nahe herbeigekommen" (Mt 3,2)! Jesus bestätigte diese Aussage dann zu Beginn seines Wirkens in Galiläa wortwörtlich (Mt 4,17). Busse tun bedeutet Änderung der inneren Haltung. Die Busse führt über die Erkenntnis der eigenen Schuld zu den rechtschaffenen Werken des neuen Lebens. Diese Erkenntnis erlangen wir, indem wir an das Evangelium glauben und es ganz persönlich auch anwenden.

Als Jesus dann sein Erlösungswerk vollendet hatte durch seinen Tod, seine Auferstehung, seine Aufnahme in den Himmel und die Ausgiessung des Heiligen Geistes an Pfingsten, war das Reich Gottes ganz präsent, ganz real, spürbar und greifbar. Auch immer begreifbarer durch die Wirksamkeit des Heiligen Geistes. Dieser Heilige Geist, der in unserem Leib wohnt, und somit das Reich Gottes eben auch *in* uns ist.

Als Jesus von den Pharisäern gefragt wurde, wann das Reich Gottes komme, antwortete er ihnen und sprach: "Das Reich Gottes kommt nicht so, dass man es beobachten könnte. Man wird nicht sagen: Siehe hier! oder: Siehe dort! Denn siehe, das Reich Gottes ist mitten unter euch" (Lk 17,20-21). Luther übersetzt: "inwendig in euch". Es war nicht mehr "nur" nahe herbeigekommen, es war in seiner ganzen Pracht und Herrlichkeit da. Durch Gott, der uns zu rechtmässigen Erben seines Reichs gemacht hat, der uns errettet hat aus der Herrschaft der Finsternis, sind wir versetzt worden in das Reich des Sohnes, in die Königsherrschaft des Sohnes seiner Liebe, in dem wir Erlösung haben durch sein Blut, die Vergebung der Sünden (Kol 1,13-14). Das Reich Gottes, das in seiner Pracht und Herrlichkeit präsent ist, auch wunderbar spürbar und erlebbar, kann sich aber durch die Sündhaftigkeit der Menschen, die zurzeit eben noch gegeben ist, nicht in seinem vollkommenen Mass entfalten und uns beeinflussen, wie es ohne die Sünde möglich wäre. Es kann aber dennoch heute schon in uns gewaltige Freuden und Seligkeiten schaffen und auslösen.

Wieso sollen wir eigentlich im "Unser Vater" beten: "Dein Reich komme", wenn das Reich Gottes schon da ist, sogar inwendig in uns ist? Das Reich Gottes ist wie schon erwähnt eben auch der zukünftige Ort der Geretteten, unser Glaubensziel im himmlischen Jerusalem. Das Reich Gottes ist aber immer auch ein Zustand oder eine Zeit, in der es den Lebewesen - der Schöpfung - gut geht. Unser Gebet soll deshalb nicht nur unsere ferne Zukunft im Auge haben, sondern auch für das Reich Gottes in der Gegenwart einstehen, indem ein respekt- und liebevoller Umgang miteinander und untereinander stattfindet, sodass sich dieses Reich auch heute schon immer besser entfalten und immer spürbarer werden kann, indem die Nächstenliebe praktiziert, und indem auch im Einklang mit der ganzen Schöpfung gelebt wird.

Die bevorstehende Entrückung wird dann weitere Ereignisse im Plan Gottes auslösen. Chronologisch gesehen wird nach der Entrückung die "Hochzeit des Lammes" im Himmel stattfinden, während auf der Erde die Menschen der Macht Satans ausgesetzt sind. Unter den damit verbundenen Verhältnissen wird grosses Leid sein. In der zweiten Hälfte der Tribulation oder Trübsalszeit, die insgesamt sieben Jahre dauert, wird sich alles dramatisch zuspitzen. Das Böse kann sich voll entfalten: "denn das Geheimnis der Gesetzlosigkeit (der bewussten Auflehnung gegen die Gesetze und Gebote Gottes) ist schon am Wirken, nur muss der, welcher jetzt zurückhält, erst aus dem Weg sein" (2Thess 2,7). Der, welcher zurückhält, ist der Heilige Geist; er hält das Böse jetzt noch weitgehend auf. Bei der Entrückung wird sich der Heilige Geist von der Erde zurückziehen und bei den Entrückten im Himmel sein. Dieser Schutz Gottes ist dann hinweggetan. Die Menschen und die Schöpfung werden dann der Macht Satans schutzlos ausgesetzt sein.

Nach der Hochzeit im Himmel und dieser furchtbaren Zeit auf Erden - die mit nichts dagewesenem vergleichbar ist - wird der Sohn Gottes mit den Erstlingen zurück zur Erde kommen (Offb 19), "mit grosser Kraft und Herrlichkeit", und zwar für alle Menschen sichtbar (Mt 24,30). Bei der Wiederkunft Christi, wo er seine Gemeinde entrückt, werden die Gläubigen in der Luft dem Herrn entgegengeführt; sieben Jahre später bei der Wiederkunft Christi "mit Kraft und Herrlichkeit", wird er die Erde dann wieder betreten (1Thess 4,17).

Der Ölberg war die Stätte, von wo Jesus gen Himmel fuhr, und der Ölberg wird dann auch wieder die Stätte sein, auf der seine Füsse stehen werden, wenn er zur Vernichtung seiner Feinde erscheinen wird.

Für alle sichtbar offenbart Jesus Christus nunmehr auf Erden seine göttliche Macht (Offb 1,6-7). Er nimmt Satan und dessen Anhang alle Macht und beendet damit die Zeit der grossen Trübsal. Satans Anhang wird gerichtet (Offb 19,20). Satan selbst wird für "tausend Jahre" gefangen gesetzt, damit er die Völker nicht mehr verführen kann (Offb 20,1-3).

Auch in der Zeit der grossen Trübsal werden sich Menschen standhaft zu Christus bekennen, den Antichrist - auf den wir im nächsten Abschnitt noch näher eingehen - nicht anbeten wie von ihm verlangt, und deswegen getötet werden (Offb 13,10.15; Offb 14,12-13). Diese standhaften Zeugen für Christus werden zu Märtyrern und haben auch Teil an der ersten Auferstehung, zusammen mit den vorab schon Entrückten. Mit der Entrückung der Märtyrer ist die "erste Auferstehung" dann komplett vollzogen und abgeschlossen.

Danach richtet Jesus Christus auf Erden sein "Friedensreich", auch Millennium genannt, auf (Offb 20,4.6). Als "königliche Priesterschaft" hat die Brautgemeinde Anteil an der Regentschaft Christi. Am Ende des Millenniums werden alle Menschen aller Zeiten das Evangelium Christi erfahren haben. Nachdem Satan letztmalig Gelegenheit bekommt, Menschen zu verführen, wird er endgültig bezwungen und gerichtet (Offb 20,10). Das Böse in jeglicher Form ist dann für ewig unwirksam. Es erfolgt dann die Auferstehung der Toten zum Gericht (Mt 25,32-46). Diejenigen, die im Endgericht Gnade finden, werden Bewohner von Gottes neuer Schöpfung.

Gott wird einen neuen Himmel und eine neue Erde schaffen, der erste Himmel und die erste Erde sind vergangen. Das neue, das himmlische Jerusalem, die heilige Stadt, das Zelt Gottes, wo dann Gott selbst bei den Menschen wohnen wird, ist dann in der neuen Schöpfung angebrochen (Off 21,3).

Das Reich Gottes soll aber schon in der heutigen Zeit immer sichtbarer werden. Da ist jeder von uns gefordert und sollte seinen Beitrag dazu leisten, dass dieses Reich heute schon immer wahrnehmbarer und erlebbarer wird. In seiner vollen Pracht und Fülle erlebbar wird es ab dem Moment der Wiederkunft Jesu für die Entrückten, die Gnade gefunden haben, und mündet dann in die neue Zeit hinein, wo Gott alles in allem und in allen sein wird (1Kor 15,28).

9.2

"Denn es wird eine Zeit der Drangsal sein, wie es noch keine gab, seitdem es Völker gibt, bis zu dieser Zeit" (Dan 12,1).

Diese Verheissung, dass eine so schreckliche Zeit kommen werde, wie keine zuvor war, wurde dem Propheten Daniel gegeben. Der Judäer wurde im Jahr 597 v. Chr. mit drei Freunden durch Nebukadnezars Truppen bei der ersten Eroberung Jerusalems und des Königreiches Juda, nach Babylon deportiert. Dort wurden ihm Einblicke in die Geschichte der Endzeit gegeben. Das Buch Daniel ist das jüngste Buch in der hebräischen Bibel und es gilt als das vierte der grossen prophetischen Bücher.

Obwohl die Brautgemeinde schon vor diesen dramatischen Geschehnissen entrückt wird, wollen wir diese sieben Jahre dauernde Zeit etwas genauer betrachten. Sieben Jahre ergibt sich aus den siebzig Wochen aus Daniel 9,24-27: Eine Jahrwoche entspricht dabei einer "Woche" von sieben Jahren. Die 70 Jahrwochen ergeben also zusammen 490 Jahre. Von den 70x7 Wochen wurden 69 bereits in der Geschichte erfüllt. Dies lässt eine weitere übrig, welche noch zu erfüllen ist. Die letzte "Sieben" von Daniel ist die Trübsalszeit.

Verschiedene christliche Autoren bezeichnen lediglich die zweite Hälfte der Trübsalszeit als "grosse Trübsal". Es wird damit unterschieden zwischen der "Trübsal" (sieben Jahre) und der "grossen Trübsal" (die letzten dreieinhalb Jahre).

Die "grosse Trübsal" ist ein Strafgericht über die Nationen und über Israel, und führt zur Umkehr des Volkes Israel, das am Ende der Trübsal Jesus als Messias anerkennen wird.

Die Trübsalszeit ist geprägt von drei Protagonisten, dem Antichrist, der als "Tier" bezeichnet wird, dem falschen Propheten, der auch als "zweites Tier" bezeichnet wird und Satan, der den beiden die Macht gibt. Der falsche Prophet ist die dritte Person in dieser "unheiligen Dreifaltigkeit".

Die Bezeichnung "Antichrist" erscheint in der Bibel in den Johannesbriefen nur fünfmal. Er wird auch als "Sohn des Verderbens" oder auch "Mensch der Sünde" bezeichnet (2Thess 2,3). Die Bibel gibt uns keine Details über Herkunft und Ethnie. Bibelwissenschaftler glauben, dass er aus einer Föderation von zehn Nationen (Zehnstaatenbund) kommen wird. Dieser Zehnstaatenbund wird mit dem (vergangenen) Römischen Reich verglichen und diesem in seiner neuen Ausgestaltung gleichgesetzt (Dan 7,24-25; Offb 17,7). Der Antichrist wird von Bibelforschern deshalb oft auch als "römischer Diktator" bezeichnet. Einige Ausleger weisen in diesem Zusammenhang auf die Europäische Union (EU) hin. Durch die Unterzeichnung der Römischen Verträge im Jahr 1957 wurden die Europäischen Gemeinschaften in Rom im Senatorenpalast gegründet, aus diesen dann die Europäische Union hervorging. Es ist denkbar, dass sich aus diesem Staatenverbund ein Zehnstaatenbund herauskristallisieren wird.

Wir wissen nicht, ob der Antichrist jetzt schon lebt und wann er sich zeigt, wir wissen aber wie er sich zu erkennen gibt. Es heisst, dass er sich über alles erheben wird, was Gott oder Heiligtum heisst, sodass er sich in den Tempel Gottes setzt und vorgibt, er sei Gott. Weiter wird uns in der Offenbarung 13,5-8 aufgeschlossen: "Und es wurde ihm ein Maul gegeben, zu reden grosse Dinge und Lästerungen, und ihm wurde Macht gegeben (von Satan), es zu tun zweiundvierzig Monate lang (grosse Trübsal). Und er tat sein Maul auf zur Lästerung gegen Gott, zu lästern seinen Namen und seine Hütte und die im Himmel wohnen. Und es wurde ihm gegeben Macht über alle Stämme und Völker und Sprachen und Nationen. Und alle, die auf Erden wohnen, werden ihn anbeten, alle, deren Namen nicht vom Anfang der Welt an geschrieben stehen in dem Lebensbuch des Lammes, das geschlachtet ist".

Interessant ist, dass wir lesen: "er lästert die im Himmel wohnen". Wer sind diese? Es sind jene, die zuvor entrückt worden sind. Der Antichrist muss doch vor der Welt erklären, warum auf einmal plötzlich so viele Menschen verschwunden sind. Da bleibt ihm nichts anderes übrig als die Christen zu verhöhnen und zu lästern.

Die Menschen, welche während der grossen Trübsal trotzdem am Glauben an Jesus Christus festhalten oder zum Glauben an Jesus Christus gelangt sind, können weder kaufen noch verkaufen. Die Bibel spricht von einem "Zeichen des Tiers", einem Malzeichen, das an der rechten Hand oder an der Stirn platziert wird, das zur Identifikation erforderlich ist. Diejenigen, die dieses "Siegel" nicht haben, werden zuerst ausgegrenzt, dann verfolgt und getötet. Diese sind dann die Märtyrer, die auch teilhaben an der ersten

Auferstehung, die aus den Entrückten bei der Wiederkunft Christi vor der Trübsalszeit, und den Märtyrern aus der grossen Trübsal besteht.

Das Zeichen des Tieres ist die Zahl 666. "Hier ist Weisheit! Wer Verstand hat, der überlege die Zahl des Tieres; denn es ist die Zahl eines Menschen, und seine Zahl ist sechshundertsechsundsechzig" (Offb 13,18). Irgendwie wird die Zahl 666 - im Griechischen wiedergegeben durch die drei Buchstaben Chi, Xi und Sigma, die diesen Zahlenwert haben - den Antichrist identifizieren. Es gab und gibt viele Spekulationen von Interpretatoren dieser Bibelverse, die versucht haben, die Zahl 666 einer Person zuzuordnen. Vielleicht wird schon bald klar sein, wer er ist und wie die Zahl 666 ihn identifiziert. Es ist auch davon auszugehen, dass der Antichrist eine tödliche Kopfwunde empfangen und danach wieder genesen wird. Er wird eine Verwundung erhalten, die normalerweise zum Tod führt, von der er jedoch vor Eintritt des Todes auf wundersame Weise wieder geheilt wird (Offb 13,3). Diese Tatsache wird überall auf der Welt grosse Verwunderung hervorrufen. Wahrscheinlich wird dieses Ereignis der Beginn seines öffentlichen Wirkens sein. Es gibt allerdings auch Bibelforscher, die diese Prophezeiung nicht auf die Person des Antichristen deuten, sondern symbolisch auf das untergegangene (zum Tode verwundete) alte Römische Reich, das auf wundersame Weise wieder entstehen (geheilt) wird und in seinem Endcharakter dann dem ehemaligen Römischen Reich politisch, militärisch und wirtschaftlich wieder gleichgestaltet sein wird. Diese These ist aber eher unwahrscheinlich, da in Offenbarung 13, Vers 14 geschrieben steht, dass demjenigen, der die Todeswunde empfangen hat und wieder aufgelebt ist, ein Bild angefertigt wird. Bilder fertigt man von Personen an, nicht von einem Reich.

Wer ist der falsche Prophet und was für Hinweise gibt uns die Bibel zu dieser Person? Apostel Johannes beschreibt diese Figur und gibt uns Hinweise, wie wir sie identifizieren können, wenn sie sich zeigt. Sie kommt aus der Erde. Das könnte bedeuten, dass sie direkt aus der Hölle (jenseitige Unterwelt) hervorkommt, es könnte aber auch sein, dass sie aus einfachen Verhältnissen kommt, unbekannt, bis sie plötzlich auf der Weltbühne als rechte Hand des Antichristen sichtbar wird.

Diese Figur wird dargestellt mit Hörner eines Lamms, während sie wie ein Drache spricht. Die Hörner eines Lamms sind lediglich kleine Beulen auf ihren Köpfen. Anders als der Antichrist, mit seiner Vielfalt an Köpfen und Hörnern, die seine Macht und Kraft zeigen, kommt der falsche Prophet wie ein Lamm daher, gefällig, und mit überzeugenden Worten, die Sympathien und Entgegenkommen entlocken. Er könnte ein aussergewöhnlicher Prediger oder Redner sein, dessen von Satan verliehene Worte die Menschen täuschen werden. Er spricht aber wie ein Drache, was bedeutet, dass seine Botschaft die Botschaft des Teufels ist (Offb 12,9). Er ist der Sprecher des Antichristen.

Der falsche Prophet wird die Menschheit dazu bringen, den Antichrist anzubeten. Das ist seine primäre Mission. Vielleicht sind das gewisse Zwänge, vielleicht sind die Menschen von diesem Wesen aber auch so fasziniert, dass sie sich täuschen lassen und den falschen Propheten freiwillig verehren. Der falsche Prophet wird mit der Macht, die er von Satan erhalten hat, Zeichen und Wunder vollbringen, einschliesslich Feuer vom Himmel, um sich Glaubhaftigkeit zu verschaffen (Offb 13,13). Dadurch erliegen die Menschen voll Bewunderung der Macht dieser Täuschungsmanöver. Die Täuschung wird so gross sein, dass die Menschen sogar Götzen vom Antichrist aufstellen und ihn anbeten werden.

Der Antichrist wird dann von sich selbst ein Abbild im Tempel aufstellen. Das erinnert frappant an das riesige, goldene Abbild von Nebukadnezar (Daniel 3), vor dem sich alle verneigen und ihm Verehrung erweisen sollten. Offenbarung 14, Vers 9-11 beschreibt dann allerdings das grausame Schicksal, das diejenigen erwartet, die das Abbild anbeten.

Dieses Abbild von sich selbst, welches der Antichrist im Tempel aufstellen wird, wird insofern aussergewöhnlich sein, weil es sprechen können wird. Das heisst nicht, dass es lebendig wird, das griechische Wort "pneuma" bedeutet "atmen" oder "Strömung" von Luft, dies ist nicht gleichzusetzen mit dem Wort "bios" ("Leben"). Es bedeutet aber schon, dass es irgendeine Fähigkeit hat, die Botschaft des Antichristen und des falschen Propheten zu übermitteln. Es wird dann das Sprachrohr der beiden sein, und es wird zudem diejenigen zum Tode verurteilen, die sich weigern, das unheilige Paar anzubeten. Dieses Wirken des Bösen in der Mitte der Trübsalszeit im Tempel bezeichnet die Bibel als "Gräuel der Verwüstung". Gräuel beschreibt immer Götzendienst und Götzendienst bewirkt immer Verwüstung (Dan 9,27).

Am Anfang der Trübsalszeit steht ein Freundschaftspakt über sieben Jahre, den der Antichrist mit Israel abschliessen wird. Schon der Prophet Jesaja warnte mit beschwörenden Worten vor diesem Vertrag (Jes 28,15-18). Es wird ein Scheinfriede sein, bis der Antichrist nach dreieinhalb Jahren diesen Bund dann brechen wird. Die Menschen werden zu jener Zeit sprechen: Jetzt herrscht "Friede und Sicherheit", gerade dann überfällt sie aber das Verderben, plötzlich wie die Wehen einer schwangeren Frau, und sie werden sicherlich nicht entrinnen (1Thess 5,3). Auch Paulus benutzt so wie Jesus das Bild der Geburtswehen: "Denn ein Volk wird sich gegen das andere erheben und ein Reich gegen das andere und an vielen Orten wird es Hungersnöte und Erdbeben geben. Doch das alles ist erst der Anfang der Wehen" (Mt 24,7-8). Diese Geburtswehen treten dann in immer kürzeren Abständen auf und werden immer heftiger.

Wir können heute schon zweifellos erkennen, dass die Geschehnisse in der Welt einem kommenden Führer den Boden bereiten. Die Völker sehnen sich immer mehr nach einem "starken Mann". Die Menschheit wird den Antichristen begeistert aufnehmen, auch weil er den Weltfrieden zu bringen verspricht, nach dem sich jedermann sehnt. Denn im Vorfeld dieser Zeit werden militärische Aktivitäten, Kriege, Hungersnöte, Erdbeben, Seuchen und Konflikte zunehmen.

"Auch wurde ihm gestattet, Krieg mit den Heiligen zu führen und sie zu besiegen" (Offb 13,7). Da stellt sich die Frage, wie er mit denen einen Krieg führen kann, wenn sie sich überhaupt nicht mehr auf der Erde befinden. Hier sind nicht die Entrückten gemeint, sondern diejenigen, die während der Trübsalszeit zum Glauben an Gott und an Jesus gefunden haben.

Der Antichrist wird sich selbst zum Gott erklären, fordert für sich göttliche Verehrung und setzt sich in den Tempel Gottes (2Thess 2,4). Es gibt nur einen Ort, an dem sich der Tempel Gottes befinden kann, und das ist der Berg Morija - der Tempelberg in Jerusalem - die Stelle, wo sich heute der Felsendom und andere Heiligtümer des Islam befinden. Es gibt viele Stellen in der Bibel, die besagen, dass die Juden dereinst dort ihren Tempel wieder erbauen werden.

Werfen wir nun noch einen Blick auf die drei Gerichtsserien in der Offenbarung. Die Siegelgerichte markieren den Anfang der Wehen. Sie beschreiben, wer die Herrschaft über die Erde antreten wird und wie diese aussehen soll. "Ihr werdet aber von Kriegen und Kriegsgerüchten hören. Gebt acht, erschreckt nicht; denn dies muss geschehen, aber es ist noch nicht das Ende" (Mt 24,6). Offenbarung 5 berichtet von einem Buch mit sieben Siegeln. Nur der Herr Jesus - das Lamm - ist würdig das Buch zu nehmen und die Siegel zu brechen (Offb 5,5.9). Das Brechen der Siegel bedeutet, dass der Zorn des Lammes über die böse Welt kommt, damit das Reich der Gerechtigkeit (Millennium) aufgerichtet werden kann. Nacheinander öffnet das Lamm die sieben Siegel und mit jedem dieser Siegel werden neue Ereignisse über die Menschen und die Schöpfung hereinbrechen. Beim siebten und letzten Siegel des Buches folgt kein einzelnes Ereignis, sondern eine weitere Gerichtsserie: Die sieben Engel, die vor Gott stehen, bekommen sieben Posaunen gereicht.

Die sieben Engel posaunen dann nacheinander (Offb 8,6). Die folgenden Posaunengerichte betreffen den Lebensraum und die Lebensgrundlagen der Menschen (Erde, Wasser, Licht). Dann betreffen sie den Menschen selbst (Qual, Tod, Vertilgung). Danach folgen die Schalengerichte.

Die Offenbarung erwähnt dann vier lebendige Wesen. Eins von diesen Wesen gibt den sieben Engeln, die aus dem himmlischen Tempel gekommen sind, sieben goldene Schalen (Offb 15,6-7). Dann ertönt eine Stimme aus dem Tempel und die Schalen werden nacheinander von den Engeln ausgegossen. In diesen schnell aufeinander folgenden Gerichten wird der Grimm Gottes vollendet (Offb 15,1).

Die Schalengerichte sind im Vergleich zu den Posaunengerichten umfassender, denn es werden nicht nur das Reich vom Antichristen und Israel geschlagen, sondern alle Nationen (Offb 16,19). Die Schalengerichte sind auch direkter und intensiver. So werden neben den Menschen, die das Malzeichen des Tieres hatten und die sein Bild anbeteten, die Erde, das Meer und die Flüsse unmittelbar getroffen (Offb 16,2-4).

Diese Gerichtsserien enden mit Menschen, die wissen, dass Gott sie für ihre Bosheiten und Lästerungen straft, die aber trotzdem nicht Busse tun wollen (Offb 16,21).

Jesus wird dann mit den Heiligen - den himmlischen Heerscharen - wieder erscheinen. "Und die Heere im Himmel folgten ihm nach auf weissen Pferden, und sie waren bekleidet mit strahlend weisser und reiner Leinwand (Offb 19,14). Was bedeuten die weissen Gewänder? In Offenbarung 19,8 erhalten wir die Antwort: "Und ihr (der aus allen Gläubigen bestehenden zum Herrn entrückten Gemeinde) ist verliehen worden, sich in feine Leinwand zu kleiden, rein und glänzend; denn die feine Leinwand bedeutet die Gerechtigkeit der Heiligen" (Offb 19,8).

Dies ist das Kommen des Herrn "mit Kraft und Herrlichkeit", bei der seine Füsse auf dem Ölberg stehen werden und dieser sich von Osten nach Westen spalten wird zu einem sehr grossen Tal (Sach 14,4). Der Berg wird in dem Augenblick, in dem Jesu Füsse ihn berühren, in zwei Teile gespalten, und es entsteht eine riesige Schlucht, die nach Osten hin bis zum Nordzipfel des Toten Meeres reichen wird, nach Westen bis zum Mittelmeer.

Die Juden befinden sich bei diesen Geschehnissen in einer verzweifelten Lage. Nach Sacharja wird Gott "alle Völker zum Krieg gegen Jerusalem versammeln". In dieser scheinbar ausweglosen Situation geschieht dann etwas Seltsames: Anstatt bei diesem Naturereignis die Flucht zu ergreifen, fliehen die gläubigen Juden - die diese Prophetie kennen - in die Schlucht hinein. Sie erkennen, dass sie ein von Gott bereiteter Zufluchtsort vor den Katastrophen ringsum darstellt. Sie dient als eine Art "Luftschutzkeller".

Gleichzeitig bedeutet dies den Beginn einer grossen Hinwendung der Juden zu Gott und seinem Messias, Jesus Christus. Sacharja sagt voraus, dass sich ein Drittel der dann lebenden Juden bekehrt und auf wundersame Weise errettet wird (Sach 13,8-9).

Folgendes Kriegsszenario ist vorstellbar: Israel wird angegriffen von einem Afro-Arabischen Bund unter Führung Ägyptens (Dan 11,40). Dieser Schritt bedeutet den Beginn des Harmagedon-Feldzugs. Russland und seine Verbündeten nützen die Gelegenheit, um in den Nahen Osten einzufallen. Hesekiel 38 beschreibt die grosse russische Streitmacht und ihren Angriffsplan auf Israel. Hauptanziehungspunkt ist der Reichtum des Landes. Hesekiel schreibt: "... um schonungslos zu rauben und Beute zu machen". Aus dieser Stelle geht also hervor, dass Israel zu jener Zeit im Wohlstand leben wird. Die Russen werden in einer Art "Blitzkrieg" gleichzeitig zu Wasser und zu Land in Palästina einfallen (Dan 11,40-41). Es heisst dann weiter, dass die Russen ihre Hand nach den arabischen Ländern des Nahen Ostens ausstrecken und auch Ägypten plündern. Lubier und Kuschiten werden in seinem Gefolge sein, das sind die Völker im heutigen Libyen und in Äthiopien / Sudan (Dan 11,42-43). Nach einer für Russland unerwarteten Mobilmachung im fernen Osten und dazu auch noch in einigen Ländern Europas, wird das russische Heer dann in grosser Wut aus Ägypten ausziehen, um viele zu vernichten und zu vertilgen (Dan 11,44). Der russische Führer wird dann sein Hauptquartier auf dem Berg Morija - im Tempelbezirk von Jerusalem - aufschlagen, und noch am selben Tag wird er sein Ende finden (Dan 11,45).

Der Prophet Hesekiel verkündete schon vor 2600 Jahren den schrecklichen Untergang der Roten Armee. Gott selbst spricht: "So wird denn am selben Tag, an dem Gog (Russland) in das Land Israel einrückt, die Zornesglut in mir auflodern; und in meinem Zorneseifer, im Feuer meines Ingrimms spreche ich es aus: "Wahrlich, an diesem Tage wird ein grosses Erdbeben im Lande

Israel sein! Dann werde ich in meinem ganzen Bergland das Schwert gegen ihn aufbieten, sodass das Schwert eines jeden sich gegen den anderen kehrt. Und ich will das Strafgericht an ihm vollziehen durch Pest und Blutvergiessen durch Wolkenbrüche und Hagelsteine; Feuer und Schwefel will ich regnen lassen auf ihn und auf seine Kriegsscharen und auf die vielen Völker, die bei ihm sind (Hes 38,18-22; 39,3-5). Gott hat sein Urteil über das Heer, das die Juden vernichten wollte, gefällt.

Nachdem die vereinigten arabischen und afrikanischen Heere durch Verrat bei der russischen Invasion ausgeschaltet sind, und danach auch die russische Armee ihren Untergang gefunden hat, bleiben noch zwei Sphären der Macht übrig, die sich in der eigentlichen Schlacht von Harmagedon gegenüberstehen: die vereinten Kräfte der westlichen Welt unter der Führung des Antichristen und die gewaltigen Horden des Ostens unter der Führung Chinas. Dies wird in etwa zur Zeit der Ausgiessung der Schale des sechsten Engels stattfinden (Offb 16,12).

Diese Ereignisse finden also kurz vor der sichtbaren Wiederkunft Christi statt. Der Antichrist und der falsche Prophet werden dann in ihrer dämonischen Macht alle Völker der Erde - die nicht mit China verbündet sind - dazu bringen, ihre Heere nach Palästina zu entsenden, um dort die letzte Kriegsmacht in der Welt zu vernichten. Ziemlich sicher werden dort noch Länder Europas, die Vereinigten Staaten, Kanada, Südamerika und Australien vertreten sein.

In Harmagedon (Berg von Megiddo) - im weiteren Sinn versteht man darunter die Jesreel-Ebene - wird diese letzte grosse Schlacht dann stattfinden. Vor über 2700 Jahren sah auch der Prophet Joel die apokalyptische Schlacht der Endzeit bereits voraus (Jo 4,9-14). Auch Jesaja spricht von einem furchtbaren Gemetzel südlich des Toten Meeres im alten Edom (Jes 63,1-4).

In Sacharja 14,12 lesen wir, wie der Herr an jenem Tage gegen die versammelten feindlichen Heere vorgehen wird. "Darin aber wird das Strafgericht bestehen, mit dem der Herr alle Völker heimsuchen wird, die gegen Jerusalem zu Felde gezogen sind: Er wird ihr Fleisch vermodern lassen, während sie noch auf ihren Füssen stehen; die Augen werden ihnen in ihren Höhlen verfaulen und die Zunge ihnen im Munde verwesen". Ein schreckliches Bild, wo man unwillkürlich an die Folgen von eingesetzten Kernwaffen denken muss.

Weiter steht geschrieben: "und dann wird der Gesetzlose (Antichrist) geoffenbart werden, den der Herr verzehren wird durch den Hauch seines Mundes, und den er durch die Erscheinung seiner Wiederkunft beseitigen wird (2Thess 2,8).

Gott bleibt trotz Zornesschalen und Gerichten ein liebender Gott, ein immer vergebungsbereiter Gott, da hat sich nichts geändert. Er gibt niemals auf, alle Menschen eine wunderbare Zukunft in seinem Reich nahezubringen und zu ermöglichen. Er hat seinen Sohn geopfert, Jesus hat sein Leben gegeben aus Liebe zu allen Menschen, um Erlösung und Errettung von Sünde und Tod für uns alle zu ermöglichen. Er hat den Menschen aber immer auch den freien Willen zugestanden. Er hat nie jemanden zu etwas gezwungen - so zwingt er auch niemanden zu seinem Glück.

Der folgende Meilenstein im Plan Gottes wird die Aufrichtung des 1000-jährigen Reiches sein, wo allen Menschen und Seelen zu allen Zeiten wiederum die Möglichkeit geschenkt wird, die Liebe Gottes zu schmecken, diesmal ohne die Beeinflussung durch das Böse, das gebunden ist. Welch eine Gnade und Barmherzigkeit durch unseren liebreichen Gott und himmlischen Vater! Gott sei Dank!

Teil 10

10.1

"Sie werden ihre Schwerter zu Pflugscharen schmieden und ihre Lanzen spitzen zu Winzermessern; kein Volk wird noch gegen ein anderes Volk das Schwert erheben, und sie werden sich hinfort nicht mehr auf den Krieg vorbereiten" (Jes 2,4).

Im Garten beim UN-Hauptquartier in New York befindet sich eine Bronzeskulptur mit diesem Auszug aus dem Propheten Jesaja. Für den Künstler bedeutete dies: der Mensch kann mit enormer Kraftanstrengung den Frieden selbst schaffen. Auch die UN kann den Frieden schaffen, der auch als Ziel in der UN-Charta steht. Ein schöner Satz und ein edler Gedanke, der jedoch aus dem Zusammenhang herausgenommen ist. Dieser Abschnitt spricht von der Zeit, da der Messias im tausendjährigen Reich - dem Millennium - von Jerusalem aus, die Welt in Frieden regieren wird. Auch der Prophet Micha weist auf das Gleiche hin: am Ende der Zeit wird Friede sein (Mi 4,3).

Nachdem Christus alle gottlosen Königreiche vernichtet hat, wird er König sein über die ganze Erde. Satan ist während diesen tausend Jahren gebunden. Bevor dies geschehen ist, solange der Böse aktiv ist, kann es auf Erden keinen Frieden geben.

Nach dem zweiten, dem sichtbaren Kommen Christi "mit Kraft und Herrlichkeit" - auf dem Höhepunkt des apokalyptischen Krieges der Endzeit - trennt Christus die überlebenden Gläubigen von den Ungläubigen. Anschliessend erfolgt das Gericht über die Ungläubigen. Dann errichtet Christus das tausendjährige Reich, in das die überlebenden Gläubigen als sterbliche Menschen eingehen und von neuem die Erde bevölkern werden (Mt 25,31-40). Am Ende der tausend Jahre werden sich ihre ungläubigen Nachkommen gegen Christus auflehnen und von ihm gerichtet werden.

Jerusalem wird in diesem Reich der Mittelpunkt der Welt sein, zu dem die Völker der Erde hin pilgern werden, um Jesus dort anzubeten (Sach 14,16-21; Mi 4,1-3; Jes 66,23). Der gläubige Überrest der Juden wird zur geistlichen Führungselite in der Welt werden und alle Völker die Wege des Herrn lehren (Jes 2,3; Sach 8,20-23).

Diese geistliche Führung im Millennium gründet im Bund Gottes mit Abraham und der Offenbarung der Tora (die fünf Bücher Mose) am Berg Sinai. Gott spricht zu Moses: "... und ihr sollt mir ein Königreich von Priestern und ein heiliges Volk sein" (2Mo 19,6)!

Dieses von Gott "auserwählte Volk", das heilig sein soll, bedeutet für den Gläubigen nicht eine Bevorzugung gegenüber anderen Menschen oder Völkern. Es ist vielmehr eine Verpflichtung zu strengem, gottgewolltem Handeln, also eher eine Erschwernis, denn ein Privileg im weltlichen Sinne. Die "Auserwähltheit" ist eine grosse ethische Verpflichtung: Vermittler für alle Menschen zwischen Gott und der Schöpfung zu sein. Es ist eine Besonderheit, dass Gott eine Nation dazu bestimmt hat, seine göttliche Lehre zu bewahren und zu verbreiten.

Hat dieses Volk dies damals wahrgenommen und getan? Ein Vers zuvor (Vers 5) spricht Gott: "Wenn ihr nun wirklich meiner Stimme Gehör schenken und gehorchen werdet und meinen Bund bewahrt, so sollt ihr vor allen Völkern mein besonderes Eigentum sein; ...". Sein Volk hat aber der Stimme Gottes nicht das nötige Gehör geschenkt und ihm nicht genügend gehorcht; es war ein halsstarriges Volk (2Mo 32,9).

Hat Gott sein Volk nun verstossen und verworfen? "Gott hat sein Volk nicht verstossen, das er zuvor ersehen hat! Oder wisst ihr nicht, was die Schrift bei Elia sagt, wie er vor Gott gegen Israel auftritt und spricht: Herr, sie haben deine Propheten getötet und deine Altäre zerstört, und ich bin allein übriggeblieben, und sie trachten mir nach dem Leben" (Röm 11,1-2)!

Aber was sagt ihm die göttliche Antwort? "Ich habe mir 7000 Männer übrigbleiben lassen, die ihr Knie nicht gebeugt haben vor (dem Götzen) Baal" (1Kön 19,14.18). "So ist nun auch in der jetzigen Zeit ein Überrest vorhanden aufgrund der Gnadenwahl" (Röm 11,4-5). Gnadenwahl bedeutet: gemäss der Auserwählung (Auswahl) der Gnade.

Was heisst das also? Was Israel suchte, das hat es nicht erreicht. Das wurde nur einem kleinen, von Gott auserwählten Teil des Volkes geschenkt. Alle übrigen aber sind verhärtet und taub für Gottes Botschaft. Von ihnen sagt die Heilige Schrift: "Gott hat einen Geist über sie kommen lassen, der sie in tiefen Schlaf (Bewusstlosigkeit) versetzt hat. Mit ihren Augen sehen sie nichts, mit ihren Ohren hören sie nichts; und das bis auf den heutigen Tag" (Jes 29,10; 5Mo 29,3). Ihre Augen sind verfinstert worden, damit sie nichts mehr sehen und ihr Rücken ist allezeit gebeugt unter der schweren Last (Röm 11,10; Ps 69,24).

War es nun Gottes Absicht, dieses Volk fallen zu lassen, weil sie sich von Christus abgewandt haben? Nie und nimmer! Weil das Volk Israel die rettende Botschaft - das Evangelium Jesu - abgelehnt hat, wurde der Weg bereitet, um den übrigen Völkern diese Botschaft zu bringen. Auf diese Weise wollte Gott sie zur Eifersucht - zum Nacheifern - "reizen" und dazu bewegen, dem Beispiel der anderen Völker zu folgen. Diese ablehnende Haltung und die Schuld Israels hat allen anderen Völker grossen Segen gebracht. Wie gross wird erst der Segen sein, wenn das ganze Israel für Christus gewonnen ist (Röm 11,1-12)! Dies wird dann im Millennium der Fall sein.

Paulus macht dann weiter klar: "Denn wenn ihre Verwerfung die Versöhnung der Welt (zur Folge hatte), was wird ihre Annahme anderes (zur Folge haben) als Leben aus den Toten? Wenn aber der Erstling heilig ist, so auch die Masse; und wenn die Wurzel heilig ist, so auch die Zweige" (Röm 11,15-16).

Nach dieser bildhaft beschriebenen Heilszusage an die Gläubigen aus den Heidenvölkern, folgt aber auch in bildlicher Form gleich eine ernste Mahnung: "Wenn aber etliche der Zweige ausgebrochen wurden und du als ein wilder Ölzweig unter sie eingepfropft bist und mit Anteil bekommen hast an der Wurzel und der Fettigkeit des Ölbaums, so überhebe dich nicht gegen die Zweige! Überhebst du dich aber, (so bedenke): Nicht du trägst die Wurzel, sondern die Wurzel trägt dich! Nun sagst du aber: "Die Zweige sind ausgebrochen worden, damit ich eingepfropft werde". Ganz recht! Um ihres Unglaubens willen sind sie ausgebrochen worden; du aber stehst durch den Glauben. Sei deshalb aber nicht hochmütig, sondern pass auf, dass es dir nicht genauso ergeht! Denn wenn Gott die natürlichen Zweige nicht verschont hat, könnte es sonst geschehen, dass er auch dich nicht verschont" (Röm 11,17-21).

Was können wir aus diesen Aussagen erkennen? "Zweierlei sollt ihr daran erkennen: Gottes Güte und seine Strenge. Gottes Strenge seht ihr an denen, die ihm untreu geworden sind. Seine Güte aber gilt euch, wenn ihr an der Güte bleibt. Sonst werdet auch ihr wie die Zweige herausgebrochen. Umgekehrt werden alle aus dem Volk Israel wieder eingepfropft, wenn sie den Glauben nicht länger ablehnen, denn Gott vermag sie wohl wieder einzupfropfen. Denn wenn du aus dem von Natur wilden Ölbaum eingepfropft worden bist, wieviel mehr werden diese, die natürlichen Zweige, in ihren eigenen Ölbaum eingepfropft werden" (Röm 11,22-24)!

Ein Teil des jüdischen Volkes ist verhärtet und verschlossen für die rettende Botschaft. Aber das wird nur so lange dauern, bis die Vollzahl der Menschen aus den anderen Völkern den Weg zu Christus gefunden hat (Röm 11,25).

Langsam, aber sicher ändert sich schon in der heutigen Zeit die jüdische Einstellung zu Jesus. Zuerst kam die unvermeidliche Anerkennung, dass die historische Person namens Jesus als Jude geboren und gestorben ist. Es wurde sogar zugegeben, dass er einen traditionellen jüdischen Lebensstil führte. Bald folgte das Eingeständnis, wenn auch unverbindlich, dass Jesus zu seiner Zeit als jüdischer Lehrer beliebt war und von einigen sogar als Prophet angesehen werden konnte. Schon in der Ausgabe der Time Magazine vom 7. Mai 1979 wurde berichtet, dass ein orthodoxer Rabbiner behauptete, dass die Auferstehung Jesu ein wahres historisches Ereignis sei. Das Magazin kam damals zum Schluss, dass die jüdische Rückbesinnung auf Jesus eine der zehn wichtigsten Ideen ist, die die moderne Welt verändern.

Auch Juden, die keine Anhänger von Jesus wurden, mussten schon zugeben, dass die Beweise für die Auferstehung überwältigend waren.

Immer mehr israelische Akademiker und Gelehrte scheinen anzuerkennen, dass bestimmte messianische Passagen absichtlich aus den synagogalen Lesungen ausgelassen worden sind. Nachforschungen haben ergeben, dass Passagen wegen ihrer "messianischen" Konnotationen (Nebenbedeutung, die "Mit-Bedeutung" eines Wortes) aus dem Wochenabschnitt ausgeschlossen wurden. Weisen diese Passagen so eindeutig auf Jesus hin, dass die Rabbiner Angst hatten, Juden könnten an Jesus glauben, wenn sie in der Synagoge gelesen werden würden?

Jede Woche wird am Schabbat in der Synagoge ein Abschnitt ("Paraschat Haschavua") aus den fünf Büchern Mose gelesen. Diesem Wochenabschnitt wird die "Haftara" hinzugefügt, das sind zusätzliche Lesungen aus den Propheten.

Die früheste Erwähnung dieser Praxis findet sich im Neuen Testament, als Jesus am Schabbat in der Synagoge in Nazareth aufsteht und aus dem Buch Jesaja liest (aus Jes 61,1-2). Im Anschluss an diese Haftara hält Jesus eine Predigt, in der er erklärt, dass er selbst derjenige ist, über den die Schriftstelle spricht (Lk 4,21).

Es ist diesbezüglich schon vieles in Bewegung in der heutigen Zeit, das ist klar. Israel ist Verstockung widerfahren, doch Israel wird gerettet werden, wie geschrieben steht: "Aus Zion (Wohnsitz Gottes) wird der Retter kommen. Er wird die Nachkommen Jakobs von ihrer Gottlosigkeit befreien (Röm 11,26). Gott hält seine Zusagen, und weil er ihre Vorfahren erwählt hat, bleiben sie sein geliebtes Volk.

Jesus - der Friedefürst - wird aber auch die Seinen aus der ersten Auferstehung als königliche Priesterschaft an seiner Königsherrschaft beteiligen. Sie werden als Priester Gottes und Christi einen geistlichen Leib haben, der dem des Herrn gleicht (1Kor 15,44).

Ungehindert kann nun das Evangelium verkündet werden. Sowohl den auf Erden lebenden Menschen als auch den Seelen, die sich in den Bereichen der Entschlafenen befinden, wird während dieser Zeit das Heil angeboten.

Der Herr selbst wird in Gerechtigkeit über die Erde regieren, und alle Bewohner der Welt werden Gerechtigkeit lernen (Ps 72,17;

Jes 11,5; Jes 26,9). Allenthalben wird die wahre Gotteserkenntnis verbreitet sein. "Und alles Fleisch wird erkennen, dass ich, der Herr, dein Erretter bin, und ich, der Mächtige Jakobs, dein Erlöser" (Jes 49,26). Dies wird möglich, indem der Geist auf alles Fleisch ausgegossen sein wird, und die Schöpfung, jetzt seufzend und in Geburtswehen, wird erlöst werden von der Knechtschaft des Verderbens (Röm 8,19-22).

Im Königreich Gottes wird es Frieden und Gerechtigkeit geben. Sogar die Tierwelt wird ihre Wildheit verlieren und "der Löwe wird Stroh fressen wie das Rind". Der Wolf wird sich beim Lamm aufhalten, der Leopard beim Böcklein lagern, das Kalb und der junge Löwe und das Mastvieh werden zusammen sein, und ein kleiner Knabe wird sie treiben. Kuh und Bärin werden miteinander weiden, ihre Jungen zusammen lagern und der Löwe wird Stroh fressen wie das Rind. Und der Säugling wird spielen am Loch der Otter, und das entwöhnte Kind seine Hand ausstrecken nach der Höhle der Viper (Jes 11,6-8). Es wird keine Not mehr geben und alles wird reichlich vorhanden sein.

Das Friedensreich ist dann unter der Herrschaft Christi Wirklichkeit geworden (Jes 11).

Gleichwohl bleiben die Menschen weiterhin Sünder, da die Geneigtheit zur Sünde nicht aufgehoben ist. Es wird geboren und gestorben; der Tod, obwohl noch nicht vernichtet, ist aber verschlungen in den Sieg (1Kor 15,55).

Jedoch werden die Menschen viel länger leben. Wenn jemand im 1000-jährigen Reich mit 100 Jahren stirbt, heisst es, wird man von ihm als einem "Jüngling" sprechen (Jes 65,20)!

Das Friedensreich endet, wenn Satan losgelassen wird und letztmalig Gelegenheit hat, Menschen zu verführen. Es heisst, dass sehr viele dann willig auf ihn hören werden und sich verführen lassen. Sie werden sich dann auch versammeln, um Jerusalem anzugreifen, dort aber nur dem eigenen Ende entgegensehen (Offb 20,7-9). Durch diese Schriftstelle können wir auch wieder klar und deutlich die unvorstellbaren verführerischen Kräfte des Bösen erkennen, die noch ein letztes Mal gewaltig aufflammen werden.

Nach seiner endgültigen Bezwingung wird Satan gerichtet und "geworfen in den Pfuhl von Feuer". Das Böse in jeglicher Form ist dann für ewig unwirksam.

Nun erfolgt die Auferstehung der Toten zum Gericht (Offb 20,11-15). Christus wird alle Menschen richten, die nicht an der ersten Auferstehung teilhatten. Massgeblich für das Urteil wird die Stellung sein, die der Mensch letztlich zu Christus einnimmt. Wer ihn ablehnt und nicht "geschrieben ist in dem Buch des Lebens", verbleibt im Elend der Gottferne. Diejenigen, die im Endgericht Gnade finden, werden Bewohner von Gottes neuer Schöpfung sein und dürfen ewige Gemeinschaft mit ihm haben.

10.2

"Fürwahr, er trug unsere Krankheit (unsere Leiden) und lud auf sich unsere Schmerzen. Wir aber hielten ihn für den, der geplagt und von Gott geschlagen und gemartert wäre" (Jes 53,4).

Wir bleiben mit diesem Bibelwort bei Jesaja. Er war der erste grosse Schriftprophet der hebräischen Bibel und wirkte zwischen 740 und 701 v. Chr., vor allem im damaligen Südreich Juda, war aber auch im Nordreich Israel aktiv und verkündete das Gericht Gottes, aber auch eine endzeitliche Wende zum Heil im kommenden Millennium.

Wenn wir in der heutigen Zeit mit Christen über die Kreuzigung Jesus sprechen, wird oftmals - mehrheitlich bei jungen Christen - Unverständnis und Unbehagen offenbar in Anbetracht der Härte und der Brutalität, die Jesus beim Erbringen des Opfers auf sich nehmen musste. Die Frage taucht dann auf: Musste dieses Opfer wirklich in so einer Form stattfinden? Die Antwort darauf ist einfach: Ja, es musste so stattfinden wie es stattgefunden hat. Die Erklärung dazu ist nicht so einfach.

Wenn wir den ganzen Leidensweg Jesu in der Passionszeit mit der abschliessenden Kreuzigung betrachten, den er unschuldig und ohne Sünde gegangen ist, wirft das schon Fragen auf.

Wir dürfen zuerst einmal auf keinen Fall davon ausgehen, dass er, weil er eben nicht nur Mensch, sondern auch Gott war und ist, weniger Schmerzen gehabt oder weniger gelitten hätte, weil dies durch sein "Gottsein" vielleicht etwas abgeschwächt worden wäre. Jesus sitzt zur Rechten Gottes und kann dort nur wahrer Fürsprecher für uns Menschen sein, wenn er all das, was wir Menschen an Leid, Not, Ungerechtigkeit, Krankheit und Schmerz aushalten müssen, auch erlebt und erlitten hat. Zudem wissen wir, dass Jesus auch grosse Angst hatte vor den Ereignissen, die auf ihn zukamen, von denen er genau wusste, wie sie ablaufen werden. Sie wurden durch die Propheten exakt beschrieben, und Jesus kannte diese Passagen in den Schriften ganz genau. Auch kennen wir seine Gebete im Garten Gethsemane, wo er intensiv mit Gott gerungen hat, dass doch dieser Kelch an ihm vorübergehen soll. Aber der Wille Gottes war, dass die Schrift erfüllt wird, und Jesus stellte wie immer seinen Willen unter den Willen seines Vaters, des allmächtigen Gottes.

Diese Hinweise aus dem Buch Jesaja auf einen leidenden Gottesknecht sind ein Beispiel dafür, dass das Alte Testament auf Jesus Christus ausgerichtet ist und in ihm seine Erfüllung findet: "Er war der Allerverachtetste und Unwerteste, voller Schmerzen und Krankheit (Leiden)" (Jes 53,3). Der leidende Gottesknecht verweist auf Christus, der für die in Sünde gefallene Menschheit gelitten hat. Diese damals historisch nicht fassbare Person ist ein Mensch, der offensichtlich gequält wird und paradoxerweise gerade deshalb zum Retter und Befreier der Menschen wird. Er nimmt die Sünde der anderen und die daraus resultierende Strafe auf sich. Die Menschen damals waren sich sicher: Dieser Mensch ist von Gott bestraft, geschlagen und verlassen (Mt 27,39-43). Sie erkannten nicht, dass er für ihre Sünden litt.

Die Frage bleibt: Wieso aber musste dies in dieser Härte und Intensität geschehen und vollbracht werden? Es war der Wille seines Vaters, und Jesus wusste, dass die Erfüllung von Gottes Willen immer zum Heil führt. Es ging ihm aber natürlich nicht um sein eigenes Heil, es ging ihm um das Heil für uns alle. Er litt für die Sünden der ganzen Menschheit, für uns alle. Er opferte sich aus Liebe zu den Menschen, weil er genau wusste, wie wunderbar die Zukunft für die Menschen werden wird, die zum Glauben an ihn finden werden und an diesem Glauben festhalten. Denn: "Ich bin ganz sicher, dass alles, was wir in dieser Welt erleiden, nichts ist verglichen mit der Herrlichkeit, die Gott uns einmal schenken wird" (Röm 8,18). Eine der im Kern zentralsten Aussagen von Paulus.

Die Macht der Sünde - das Böse - ist so unvorstellbar grausam und fürchterlich, wie auf der anderen Seite das Heil - das Gute - das Leben in der neuen Schöpfung, so unvorstellbar herrlich und prächtig ist. Beide Extreme sind für uns Menschen definitiv nicht zu fassen, es gibt auch keine Worte, die diese Zustände beschreiben könnten. Wir können diese Kräfte, die da am Wirken sind, auch in keiner Weise erahnen, deshalb war auch kein "leichtes"

Opfer möglich. Es musste diesen gewaltigen, unvorstellbaren Dimensionen gerecht werden.

Jesus wusste, dass wenn er es nicht schaffen würde das Opfer zu vollbringen, der Heilige Geist dann nicht in seinem Namen gesendet werden konnte (Joh 14,16). Jesus sprach in den sogenannten Abschiedsreden zu seinen Jüngern: "Aber ich sage euch die Wahrheit: Es ist gut für euch, dass ich hingehe (von euch weg - zum Vater gehe); denn, wenn ich nicht hingehe, so kommt der Beistand (der Heilige Geist) nicht zu euch. Wenn ich aber hingegangen bin, will ich ihn zu euch senden" (Joh 16,7). Er wusste, dass der Böse dann gesiegt hätte und unvorstellbares Leid über die Menschen hereingebrochen wäre. Weil er dies alles wusste und er in seiner Liebe zu den Menschen eben auch wollte, dass sie bei ihm seien dereinst in seinem Reich, brachte er dieses Opfer auch für dich und mich ganz persönlich (Joh 17,24). Wenn Jesus nicht bereitwillig gestorben wäre, dann wären wir alle in unseren Sünden umgekommen.

Es war der Wille Gottes, der diesen Heilsweg in dieser Intensität beschloss. Wir liegen definitiv falsch, wenn wir das Gefühl haben, es wäre einfacher gegangen. Man kann schon sagen, Gott ist frei, er kann machen was er will. Das stimmt schon; dennoch wollen und können wir uns nicht anmassen zu denken, es hätte einen einfacheren, schmerzfreieren Weg gegeben, um das Heil den Menschen nach dem Sündenfall im vergangenen Paradies wieder zugänglich zu machen.

Gott hat den Menschen geschaffen und ihm eine lebendige Seele geschenkt, er hat ihm auch das Paradies gegeben und wird es uns dank dem einmal gebrachten, und ewig gültigen Opfer Jesu, wiederum schenken. Was wir aber tun können, ist dankbar zu sein für dieses Opfer, für alles was ermöglicht wurde durch diese Liebestat. Das darf der allmächtige Gott doch von uns erwarten.

Der Tod Jesu am Kreuz erschliesst sich nur von der Auferstehung her. Den Tod allein betrachtet, könnte alles aus sein. Gott selbst wäre tot, für immer und ewig, wenn es kein Ostern gäbe. Satan hätte gewonnen, auch trotz eines allenfalls sündlosen Wandels des Gottessohnes. Der Gott, der sich aus Liebe zu den Menschen der Gewalt von Menschen ausgeliefert hat, eines gewaltsamen Todes gestorben ist, ist stärker als die Gewalt und holt das Nichts wieder ins Sein. Fortan braucht der Mensch keine Angst zu haben, ins Nichts zu stürzen. Gott hat das Nichts zurück ins Sein geholt. Deshalb wird auch der Mensch ins Sein zurückgeholt und leben. In dieser geheimnisvollen Hingabe an die Menschheit erweist Gott nicht nur seine Liebe, er erweist sich selbst als Liebe. Im Tode Jesu am Kreuz tut die Liebe ihre grösste Tat: Sie gibt sich hin für andere. Zu Ostern wird diese Liebe beglaubigt: Sie lebt! Und wir mit ihr.

10.3

"ihr dagegen seid gekommen zum Berge Zion und zur Stadt des lebendigen Gottes, dem himmlischen Jerusalem; und zu Myriaden von Engeln," (Heb 12,22).

Der Schreiber des Hebräerbriefs ermahnt uns in diesem Kapitel zu einem heiligen Wandel und warnt davor, Jesus Christus abzuweisen. Er erinnert an die Erscheinung des Herrn auf dem Sinai, wo er mit dem Volk Israel den Bund schliesst und ihnen die Gebote gab. Damals sprach der Herr zu Mose: "Siehe, ich will in einer dichten Wolke zu dir kommen, damit das Volk meine Worte hört, die ich mit dir rede, und auch dir für alle Zeit glaubt" (2Mo 19,9). Gott separierte in diesem Fall Mose nicht, er kündigte an, seine

Stimme vor dem ganzen Volk hörbar zu machen.

Da geschah es dann, dass sich Gott dem Berg nahte. Es erhob sich ein Donnern und Blitzen, eine dichte Wolke lag auf dem Berg und ein sehr lauter Schall von Schopharhörnern (Widderhörner, die als Signalinstrument verwendet wurden) ertönte und das Volk erschrak. Der ganze Berg Sinai rauchte, weil der Herr im Feuer auf ihn herabstieg. Und sein Rauch stieg auf wie der Rauch eines Schmelzofens, und der ganze Berg erbebte heftig. Und der Hörnerschall wurde immer stärker. Mose redete, und Gott antwortete ihm mit lauter Stimme (2Mo 19,16-19).

Das ganze Volk nahm das Donnern und die Flammen wahr, den Schall der Schopharhörner und den rauchenden Berg. Es heisst weiter, dass das Volk zitterte ob diesen Begebenheiten und meinte es müsse sterben. Es konnte diese Erscheinungen nicht ertragen und bat Mose, er möge doch wieder allein mit Gott sprechen und ihnen dann das Gesagte übermitteln (2Mo 20,18-19).

Der Hebräerbrief stellt dann diese Begebenheiten in einen Bezug mit dem himmlischen Jerusalem. Der Schreiber - man weiss nur, dass es sich um einen theologisch gebildeten Mann handelt - erinnert nochmals an diese gewaltigen Geschehnisse am Sinai: "Denn ihr seid nicht zu dem Berg gekommen, den man anrühren konnte, und zu dem glühenden Feuer, noch zu dem Dunkel, der Finsternis und dem Gewittersturm, ... sondern ihr seid gekommen zu dem Berg Zion und der Stadt des lebendigen Gottes, dem himmlischen Jerusalem, ... zu der Festversammlung und zu der Gemeinde der Erstgeborenen, die im Himmel angeschrieben sind, und zu Gott, dem Richter über alle. Ihr gehört zu derselben grossen Gemeinde, die bereits am Ziel sind und Gottes Anerkennung gefunden haben, und zu Jesus, dem Mittler des neuen Bundes. Um euch von euren Sünden zu reinigen, hat Christus am Kreuz sein Blut vergossen" (Heb 12,18-24).

Weiter heisst es dann im Vers 26-28: Seine Stimme erschütterte damals (am Sinai) die Erde; jetzt aber hat er eine Verheissung gegeben, indem er spricht: "Noch einmal erschüttere ich nicht allein die Erde, sondern auch den Himmel" (vgl. Hag 2,6)! Dieses "noch einmal" deutet aber hin auf die Beseitigung der Dinge, die erschüttert werden, als solche, die erschaffen worden sind, damit die Dinge bleiben, die nicht erschüttert werden können. Auf uns wartet also ein neues Reich, das niemals erschüttert wird. Dafür wollen wir Gott von Herzen danken und uns auch auf dieses in Ewigkeit bestehende Reich freuen.

Als Johannes einen Blick vom Himmel und vom Thron Gottes erhalten hat, war dies noch nicht ein Blick ins neue Jerusalem (Offb 4). Es war ein Blick in den Himmel, wo auch von einem gläsernen Meer, klar wie Kristall, die Rede ist. Im himmlischen Jerusalem ist dieses Meer dann verschwunden (Offb 21,1).

Es wird am Ende der Zeiten eine neue Schöpfung geben, einen neuen Himmel und eine neue Erde. Die materielle Erde wird nicht mehr existent sein. Schon Jesaja verkündigte Gottes Vision: "Denn siehe, ich schaffe einen neuen Himmel und eine neue Erde ..." (Jes 65,17). Er sprach von einer Neuschöpfung, die ewiglich bestehen bleibt (Jes 66,22). Die Juden verstanden Gottes Pläne von Anfang an materiell und nicht geistlich. Deshalb hatten sie mit dem Sohn Gottes auch so grosse Mühe und konnten ihn nicht annehmen, weil er nicht ihren weltlichen Erwartungen entsprach.

Im letzten Buch der Bibel, der Offenbarung des Johannes (auch Apokalypse genannt), im Kapitel 21, Vers 2 heisst es: "Und ich, Johannes, sah die heilige Stadt, das neue Jerusalem, von Gott aus dem Himmel herabsteigen, zubereitet wie eine für ihren Mann geschmückte Braut".

Die heilige Stadt ist wie eine Braut. Es wird keine materielle Stadt vom Himmel herabkommen. Die Bibel lehrt auch an anderen Stellen, dass es um die völlige Beseitigung der Materie geht (Heb 12,26-29). Es geht bei diesem Ereignis nicht bloss um eine Verwandlung, wie es in einigen Übersetzungen heisst, sondern um die Beseitigung aller Materie. Die Elemente werden gänzlich "verbrannt" werden, denn "Gott ist ein verzehrendes Feuer" (Hebr 12,29)!

"Und die Welt vergeht mit ihrer Lust (Unersättlichkeit) ..." erklärt der Apostel Johannes (1Joh 2,17). Und Jesus versichert: "Himmel und Erde werden vergehen, meine Worte aber werden nicht vergehen" (Mt 24,35)! Wir werden ein unerschütterliches Reich empfangen, jenes Reich, in dem der ewige Gott mit Tausenden (Myriaden) von Engeln bereits lebt.

Damit die himmlische Vision von Menschen einigermassen verstanden werden kann, werden Johannes irdische Bilder gezeigt. Er sieht die Heilige Stadt vom Himmel herabkommen zu den Menschen. Das ist nicht wörtlich zu verstehen, auch wenn dies alles detailliert beschrieben wird und uns sogar die Masse der Stadt mitgeteilt werden. Dieses "herabkommen" ist symbolisch und deutet auf den göttlichen Ursprung der Stadt.

"Ihr seid gekommen zum Berg Zion und zum himmlischen Jerusalem ...". Auch hier geht es nicht um ein buchstäbliches "hingehen" oder "herabkommen", sondern allein um den göttlichen Ursprung der Stadt darzustellen. Die himmlische Stadt Jerusalem besteht nicht aus Mörtel und Stein, da sie nicht von Menschenhand erbaut wurde, sondern ihr Architekt und Baumeister ist Gott der Herr (Hebr 11,10).

Die geschmückte Braut ist ein weiteres symbolisches Bild. Im Epheserbrief wird die Braut symbolisch für die Gemeinde verwendet.

Es war von Anfang an Gottes Absicht und Streben, mit seinen Geschöpfen eine enge und erfüllende Gemeinschaft zu finden. "Ich will unter ihnen wohnen und wandeln, und ich will ihr Gott sein, und sie sollen mein Volk sein" (2Kor 6,16). "Daher schämt sich Gott ihrer nicht, ihr Gott genannt zu werden; denn er hat ihnen eine Stadt bereitet" (Hebr 11,16).

In der neuen Schöpfung wird schliesslich Gott selbst für immer bei den Menschen wohnen! Er selbst wird abwischen alle Tränen. Kein Tod, kein Leid, kein Geschrei und kein Schmerz werden mehr sein, denn das Erste ist vergangen (Offb 21,4).

Das Erste, das was einmal war, ist vergangen: Was ist das Erste? Es ist die erste Schöpfung mit dem ersten Adam und der Sünde, die dieses Leid gebracht hat (1Kor 15,45-53). Die zweite Schöpfung ist unvergänglich!

"Und der auf dem Thron sass, sprach: Siehe, ich mache alles neu! Und er sprach zu mir: Schreibe; denn diese Worte sind wahrhaftig und gewiss" (Offb 21,5)! Das griechische Wort "neu" bedeutet etwas noch nie Dagewesenes. Das heisst, es kann sich nicht um die Erde handeln, die bloss erneuert wird. Durch Christus hat Gott angefangen alles neu zu machen, indem er beim einzelnen Menschen beginnt und mit der neuen Schöpfung im Himmel endet.

Johannes sieht in seiner herrlichen Vision diese himmlischen Verheissungen als bereits erfüllt oder vollbracht. Auch die Stimme, die er hört, bezeugt: "Es ist geschehen". Wie Jesus am Kreuz kundtat, indem er sagte: "Es ist vollbracht" (Joh 19,30)! So ist Gott nun zu seinem endgültigen Ziel gekommen.

Im Alten Testament bezeugt Gott immer wieder, dass er der Anfang und das Ende, der Erste und der Letzte ist (Jes 41,4; 43,10; 44,6; 48,12; Offb 22,13). Alpha und Omega sind der Anfang und das Ende des griechischen Alphabets. Damit wird kein zeitlicher

Beginn und kein zeitliches Ende beschrieben.

Alpha bedeutet: Anfang, der Ursprung, die Quelle!

Omega bedeutet: Ziel, das sichere Ziel!

Teil 11

11.1

"Siehe, ich habe dir geboten, dass du getrost und freudig (stark und mutig) seist. Erschrick nicht und fürchte dich nicht; denn der Herr, dein Gott, ist mit dir überall, wohin du gehst" (Jos 1,9).

Gott gebietet Josua - der nach Moses Tod in dessen Nachfolge getreten ist - getrost, freudig, stark und mutig für die kommenden Aufgaben zu sein. Die kommenden Aufgaben Josuas waren die Überquerung des Jordan mit dem Volk Israel, diverse Schlachten zu bestreiten, dann in Kanaan - dem gelobten Land - einzuziehen und es unter den zwölf Stämmen aufzuteilen. Er soll sich durch nichts und niemanden erschrecken lassen und sich vor nichts und niemandem fürchten, denn, Gott verspricht, dass er mit ihm ist auf allen seinen Wegen.

Gott ist auch mit uns, auf allen unseren Wegen und in unseren kommenden Aufgaben. Dieses Wort gilt ganz genau so auch für uns in der heutigen Zeit. Nichts und niemanden zu fürchten und uns auch durch nichts erschrecken zu lassen. Lasst uns versuchen, ruhig und freudig zu bleiben und Gott zu vertrauen in allen Dingen!

Wenn auch scheinbar unlösbare Probleme, scheinbar unüberwindbare Gegebenheiten und hoffnungslose Zustände sich vor uns auftürmen, dann spricht Jesus: "Fürchte dich nicht! Sei getrost und zuversichtlich. Bring dein eigenes Wollen in dir zur Ruh; lass mich machen!"

Einfacher gesagt als getan, denkt vermutlich jeder von uns, und hat diesbezüglich auch recht. Hier kommt das Vertrauen zu Gott und seiner Hilfe ins Spiel. Jesus spricht: "Blicke auf mich, vertraue mir, ich bin dir ganz nahe, ich helfe dir, ich bleibe in deiner Nähe und blicke allezeit auch auf dich. Ich weiss ganz genau wie du dich jetzt gerade fühlst."

Blicken wir auf Jesus, versuchen wir es. Wenn wir im Geist auf ihn blicken, entsteht automatisch eine Verbindung. In dieser Verbindung fliesst uns Kraft und Trost zu, sodass wir immer stärker und mutiger werden können. Probiere es aus, es funktioniert!

Was geschieht nun weiter? Das entscheidest du selbst. Klammerst du dich weiter an Jesus, vertraust du ihm weiter, bleibst du beständig in dieser lebendigen Verbindung mit ihm auch im Gebet - im Gespräch mit ihm - dann erlebst du ihn auch weiter auf deiner vor dir liegenden Wegstrecke.

Wie sieht die Hilfe denn konkret aus? Musst du dann keine Operation über dich ergehen lassen? Ist die Krankheit oder der Schmerz dann plötzlich weg, die Kündigung aufgehoben, der Streit geschlichtet? Sind die Prüfungstage, die sich vor dir aufbäumen urplötzlich verschwunden? Das ist durchaus möglich. Es kann aber auch sein, dass die Bedrängnisse noch da sind, du aber ganz plötzlich wieder Kraft in dir spürst, Lebensfreude, Mut und Zuversicht, sodass du entspannter und gelassener auf die kommenden Tage blicken kannst. Was nicht passieren wird ist einzig, dass du in der Trostlosigkeit und der Verzagtheit wie zuvor verbleibst. Das ist nicht möglich, denn, wer Gott sucht, wird ihn finden; wer bei ihm anklopft, dem wird aufgetan, zu dem wird er eingehen und das Abendmahl mit ihm halten (Off 3,20). Das bedeutet, wir werden gestärkt. Darauf kannst du dich verlassen und wirst es auch erleben, denn: "Gesegnet ist der Mann (Frau; Kind), der auf den Herrn vertraut und dessen Zuversicht der Herr geworden ist! Denn er wird sein, wie ein Baum, der am Wasser gepflanzt ist und seine Wurzeln am Bach ausstreckt, der die Hitze nicht fürchtet, wenn sie kommt, sondern seine Blätter bleiben grün; auch in einem dürren Jahr braucht er sich nicht zu sorgen, und er hört nicht auf, Frucht zu bringen (Jer 17,7-8). Unser guter Hirte Jesus Christus führt seine Schafe immer wieder auf grüne Auen und zu frischen Wasserquellen, auch wenn es einmal auch durchs finstere Tal gehen sollte (Ps 23).

Mose ist gestorben und wurde von Gott höchstpersönlich begraben. Zuvor durfte er vom Berg Nebo aus - Jericho gegenüber - das von Gott verheissene Land sehen (5Mo 34).

Gott beauftragt und ermutigt nun Josua als Führer des Volkes. Des Öfteren beginnt Gott bei seinen Beauftragungen an Josua mit den Worten: Sei stark und mutig! Gestärkt durch diese Worte Gottes trifft Josua die Vorbereitungen für den Weg und den Einzug in Kanaan. Kanaan ist das Land, in dem Abraham, Isaak und Jakob früher gewohnt haben. Wegen einer Hungersnot ist Jakob dann mit seiner Familie nach Ägypten gezogen. Jetzt, nach über 200 Jahren, will Josua die Israeliten, gemäss dem Willen Gottes, wieder nach Kanaan führen.

Josua gehörte zu Beginn der 40-jährigen Wüstenwanderung der Israeliten zu den zwölf Kundschaftern, die von Kadesch aus von Mose beauftragt wurden, das zu erobernde Land auszuspionieren. Zehn der Kundschafter waren nach ihrer Rückkehr verzagt und sagten zu Mose: "Die Menschen dort sind gross und stark. Sie werden uns töten, wenn wir versuchen das Land zu erobern" (4Mo 13,28-33). Einzig Josua und Kaleb vertrauten Gott und sprachen: "Habt keine Angst. Gott ist doch mit uns. Er wird uns in dieses Land bringen und es uns geben" (4Mo 14,6-9). Aber die Israeliten hörten nicht auf sie. Sie wollten Josua und Kaleb sogar umbringen.

Das gefiel Gott selbstverständlich nicht. Er möchte doch so gerne, dass wir ihm vertrauen, weil er ja ganz genau weiss, was uns guttut. Und das was uns guttut, das möchte er uns geben; jetzt, und in der Zukunft. Seine Wege sind immer richtig und bringen immer Heil und Segen. Weil wir seine Wege aber oftmals nicht verstehen, erschrecken wir, haben Angst und machen uns Sorgen. Gott möchte aber nicht, dass wir uns ängstigen, dass wir erschrecken und dass wir uns Sorgen machen. Lassen wir uns von ihm führen, bleiben wir an seiner Hand, die er uns immer entgegenstreckt. Er ist unser Gott, er weiss was das Beste für uns ist und er hat einen wunderbaren Plan für jeden von uns.

Gott sprach damals zu Mose: "Von denen, die zwanzig Jahre alt sind oder älter, wird keiner nach Kanaan kommen. Sie haben die Wunder gesehen, die ich in Ägypten und in der Wüste getan habe, und trotzdem vertrauen sie nicht auf mich. Darum werden sie vierzig Jahre lang in der Wüste umherziehen, bis sie alle gestorben sind. Nur Josua und Kaleb werden nach Kanaan kommen" (4Mo 14,29-34).

Jetzt waren die Israeliten also wieder im Wüstenort Kadesch - dem Ort im heutigen Syrien - wo sie vor fast 40 Jahren die Kundschafter aussandten. Eine neue Generation war zwischenzeitlich herangewachsen. Nur wenige Alte waren noch dabei, denn die meisten von ihnen waren schon gestorben. Josua und Kaleb gingen nun mit Gottvertrauen voran, Jericho wurde eingenommen, das Sonnenwunder konnte erlebt, und viele Siege konnten mit der Hilfe Gottes errungen werden. Sie erreichten ihr Ziel, das verheissene Land. Auch wir werden das verheissene Ziel erreichen, wenn wir im Glauben und Vertrauen auf den Herrn, mutig und freudig vorwärtsschreiten und uns durch seine Hand führen lassen.

Gott segnet diejenigen, die ihr Vertrauen und ihre Hoffnungen auf den Herrn setzen. Dieser Segen ist im neuen Bund vor allem geistlicher Natur. Im alten Bund verkündigten die Propheten: "Wenn ihr Gott treu bleibt, seine Gebote beachtet und befolgt, dann wird Gott mit euch sein und ihr werdet gesegnet sein." Wenn Sicherheit und Frieden herrschten, wenn man reich war, dann wurde das als Folge göttlichen Segens verstanden. Heute - im neuen Bund - sind wir gesegnet, wenn wir Jesus Christus treu nachfolgen, dem Herrn vertrauen und auf ihn hoffen. Wenn wir an Jesus und sein Evangelium glauben, unser Leben danach ausrichten, dem Gesetz der Liebe und der Vergebung folgen, dann sind wir die Gesegneten.

Die Gesegneten werden zwar nicht von Prüfungen verschont, aber die Bedrängnisse haben keinen Einfluss auf ihr Verhältnis zu Gott. Sie machen Gott keine Vorwürfe, sie ärgern sich auch nicht über seine Wege, sie bleiben in der Liebe, denn sie wissen, dass ihnen alle Dinge, die sie erleben, zum Besten dienen, zum Heil und zur Ausreifung (Röm 8,28). Sie haben vor Bedrängnissen auch keine übermässige Angst. Sicherlich fürchten sie Leiden und Tod, so wie Jesus sich als Menschensohn auch davor gefürchtet hat. Sie wissen aber, dass Leiden nur eine gewisse Zeit währt und die Zukunft ihnen die ewige Gemeinschaft mit Gott bringen wird. Sie gehen voll Vertrauen vorwärts, was die Zukunft auch bringen mag.

11.2

"Wenn es so sein soll; unser Gott, dem wir dienen, kann uns aus dem glühenden Feuerofen erretten, und er wird uns bestimmt aus deiner Hand erretten, o König" (Dan 3,17)!

In dieser Geschichte erkennen wir die Hilfe Gottes auch in lebensgefährlichen Situationen. Nichts und niemand kann und wird uns Schaden zufügen können, wenn Gott - der allein Herr über Leben und Tod ist - es nicht zulässt. Die Bibel lehrt, wie wir es ganz klar auch bei Josua und Kaleb feststellen können, dass diejenigen die ihm vertrauen, errettet werden.

Nebukadnezar war der Gründer des Königreichs Babylon, des ersten der vier grossen heidnischen Reiche. Juda wurde dann ungefähr 600 v. Chr. Babylon untertan und drei Jahre später belagerte Nebukadnezar Jerusalem. In der Folge wurden viele Gefangene mit den Schätzen des Tempels nach Babylon gebracht. Unter den Gefangenen befand sich auch Daniel. Als Jugendlicher wurde Daniel von seiner vornehmen Familie in Juda getrennt und mit seinen drei Freunden - Sadrach, Mesach und Abednego - nach Babylon deportiert. Danach eroberten die Babylonier Jerusalem in zwei weiteren Phasen (597 v. Chr. und 586 v. Chr.). Schliesslich wurde Jerusalem und der hoch geschätzte Tempel zerstört und niedergebrannt.

Das Haus Davids wurde von Gott für diese Zeit als Herrscher Gottes auf der Erde beiseitegesetzt und in Nebukadnezar wurde den Heiden die höchste Autorität anvertraut. Durch die Auslegung eines Traumes Nebukadnezars von einem erhabenen Standbild mit einem Haupt aus Gold, wurde bekannt, dass er von Gott als der erste König einer völlig neuen Ära ausgewählt war: die Zeit der Nationen.

Wie kam es dazu? Der König hatte diesen beunruhigenden Traum und befahl, dass man die Traumdeuter, die Wahrsager, die Zauberer und die Chaldäer zusammenrufen soll, damit sie den Traum des Königs verkünden und deuten sollen (Dan 2,2). Da der König seinen Traum nicht mitteilte, sondern verlangte, dass man ihm seinen Traum kundtun soll und sie dies nicht konnten, wurden alle zum Tode verurteilt. Daniel bittet daraufhin Gott um Weisheit und empfängt die Offenbarung dieses Traums durch eine Vision bei Nacht. Daraufhin vergass er nicht, Gott zu danken und ihn zu preisen. Er konnte dann Nebukadnezars Traum in allen Details erzählen und auch auslegen. Der König ergriff danach das Wort und sprach zu Daniel: "Wahrhaftig, euer Gott ist der Gott der Götter und der Herr der Könige und ein Offenbarer der Geheimnisse, dass du dieses Geheimnis offenbaren konntest" (Dan 2,47)! Daraufhin machte der König Daniel gross und setzte ihn zum Herrscher über die ganze Provinz Babel und zum Oberhaupt über alle Weisen von Babel.

Daniel, für den Gott immer die höchste Priorität hatte, verhielt sich aber auch loyal zu Nebukadnezar und konnte zu ihm sagen: "Du, o König, du König der Könige, dem der Gott des Himmels das Königtum, die Macht und die Gewalt und die Ehre gegeben hat [...] du bist das Haupt aus Gold" (Dan 2,37-38). Daniel akzeptierte alles was Gott tat und verordnete, er vertraute ihm in allen Dingen und diente Gott; er diente aber auch Nebukadnezar.

Nebukadnezar war ein Heide, aber er hatte gelernt, dass er ein Königreich von dem Gott des Himmels erhalten hatte, und dass er ihm verantwortlich war. Und er hat in der Deutung seines Traumes durch Daniel ein gewaltiges Wunder erlebt.

Doch dieses Wunder schaffte in Nebukadnezar keinen bleibenden Glauben an den allmächtigen Gott. Nebukadnezar richtete eine

30 Meter hohe Statue aus Gold auf, die vom ganzen Volk angebetet werden musste. Dadurch wandte er sich von Gott ab, leugnete Gott und wurde götzendienerisch. Für solche, die sich weigern sollten das goldene Bild anzubeten, drohte er unmissverständlich mit der Todesstrafe im Feuerofen.

Die drei Freunde Daniels weigerten sich in der Folge, dem Befehl zu gehorchen. Sie wurden dann von etlichen chaldäischen Männern vor dem König verklagt. Ausreden hätten ihnen nun viele einfallen können, zum Beispiel:

- Dies ist ja nur eine äusserliche Sache, wir können ja im Herzen Gott treu bleiben.

- Es dauert ja nur ein paar Minuten, danach ist ja alles wieder wie zuvor.

- Er ist der von Gott eingesetzte König, der den Befehl gegeben hat.

- Wenn wir es nicht tun, werden wir getötet und können unsere hohen Positionen nicht mehr zum Wohl des Volkes einsetzen.

- Wir sind nicht mehr in Israel; in Babylon gelten andere Gesetze und alle anderen machen doch auch mit.

Aber solcher Ausreden bedienten sie sich nicht. Sie sind schlicht und ergreifend Gott gegenüber einfach treu, entschieden und kompromisslos. Sie sagen zu dem mächtigsten Mann der damaligen Welt, dass es nicht einmal nötig sei, hier eine Antwort zu geben. Für sie ist es sonnenklar und selbstverständlich, dass sie Gott treu bleiben, auch wenn es ihr Leben kosten würde. Auf die Frage des Königs, wer denn dieser Gott sei, der sie aus seiner Hand erretten könnte, sprachen sie: "Nebukadnezar, wir haben es nicht nötig, dir darauf ein Wort zu erwidern. Wenn es denn sein soll -

unser Gott, dem wir dienen, kann uns aus dem glühenden Feuerofen erretten, und er wird uns bestimmt aus deiner Hand erretten, o König! Und wenn es denn nicht so sein soll, so wisse, o König, dass wir deinen Göttern nicht dienen und auch das goldene Bild nicht anbeten werden, dass du aufgestellt hast (Dan 3,16-18)!

Ob dieser Aussage wurde der König sehr wütend und liess die drei Freunde Daniels in den Feuerofen werfen, den er auf seinen Befehl hin noch siebenmal heisser machen liess, als man es sonst zu tun pflegte. Da der Ofen übermässig geheizt war, so tötete die Feuerflamme jene Männer, die Sadrach, Mesach und Abednego zum Ofen hinauftrugen. Die drei Männer aber, fielen gebunden in den glühenden Feuerofen.

Nebukadnezar war dann sehr erstaunt, eine weitere Person im Feuerofen zu sehen, wie ein "Sohn der Götter". Er rief die drei dann aus dem Ofen, indem er sie als "Knechte des höchsten Gottes" bezeichnete. Den drei Freunden konnte die Hitze und das Feuer nichts anhaben, sie blieben völlig unversehrt. Nebukadnezar pries daraufhin ihren Gott und sagte, dass niemand etwas über ihn sagen dürfe; aber auch dieses Wunder hatte wiederum keine praktische, moralische Auswirkung auf ihn.

Der König hatte dann wieder einen Traum, diesmal von einem grossen Baum, der zeigte, dass Gott ihn wegen seines Stolzes demütigen würde. Daniel riet ihm, mit seinen Sünden aufzuhören und Gerechtigkeit zu üben, indem er den Armen Barmherzigkeit zeigte. Ihm wurden zwölf Monate zur Busse gegeben; aber am Ende dieser Zeit sagte er in seinem Stolz: "Ist das nicht das grosse Babel, das ich zum königlichen Wohnsitz erbaut habe durch die Stärke meiner Macht und zu Ehren meiner Majestät" (Dan 4,27)? Er gab sich selbst die Ehre und nicht Gott, der ihn stark und gross gemacht hat. Es kam dann eine Stimme vom Himmel herab, die verkündete, dass das Königreich von ihm gewichen war.

Er war nun wahnsinnig geworden, wurde von den Menschen ausgestossen und ass Gras wie die Rinder. Genauso wie es ihm von Daniel vorausgesagt wurde. Er blieb "sieben Zeiten" in diesem Zustand. Es ist anzunehmen, dass es sich bei diesen "sieben Zeiten" um sieben Jahre handelt. Danach kehrte sein Verstand zurück und das Königreich wurde ihm zurückgegeben. Er sagte nun: "Nun rühme ich, Nebukadnezar, und erhebe und verherrliche den König des Himmels, dessen Werke allesamt Wahrheit und dessen Wege Recht sind, und der die zu erniedrigen vermag, die stolz einhergehen" (Dan 4,34)!

So lernte Nebukadnezar Gott zu ehren, der ihn zum Haupt aus Gold gemacht hatte. Wie lange er so lebte, ob er wiederum von Gott abwich, oder ob die Lektionen Gottes nachhaltig blieben, ist nicht bekannt.

Was können wir aus dieser Geschichte lernen? Gott gibt Macht und Ehre wem er will. Wenn einem Menschen dies zuteilwird, hat er eine grosse Verantwortung Gott und den Menschen gegenüber. Er soll niemals hochmütig sein und immer Gott die Ehre geben. Er soll seine Macht in Gerechtigkeit und Besonnenheit immer zum Wohl der Menschen ausüben.

Wenn wir in der heutigen Zeit in die Welt blicken, sehen wir, dass dies in den meisten Fällen nicht praktiziert wird. Wir können unschwer erkennen, dass viele Machthaber und Regenten nur auf ihr eigenes Wohlergehen ausgerichtet sind.

Was können wir tun? Es wäre nicht dem Evangelium entsprechend, wenn wir sie physisch bekämpfen würden. Wir wissen auch aus der Geschichte, dass es dann oftmals viele Opfer gibt und eine gleich gesinnte Person oder Gruppe dann dieses Machtvakuum wieder ausfüllt. Gott wird spätestens am Ende der Zeiten gerecht richten, die Rache ist sein, das ist nicht unsere Sache. Was wir aber tun können ist, für Unterdrückte und Geplagte in der Fürbitte vor Gott einzustehen. Und wir sollten auch für die Despoten beten, dass sie ihren Egoismus und ihre Raffgier ablegen können und ihr gottloses Handeln beenden. Für Gott ist es ein "Klacks", dies selbst zu tun. Er kann jederzeit eingreifen und ihnen alles, was er zuvor gegeben hat, wieder wegnehmen. Unsere Gebete sollen aber gemäss dem Evangelium nicht auf die Verurteilung und Bestrafung dieser Personen ausgerichtet sein, sondern dass Gott doch in ihnen einen Gesinnungswandel herbeiführen möge. Das ist auch eine wichtige, christliche Aufgabe, die wir wahrnehmen wollen und sollen.

Die Fürbitte fürs Nächste, fürs Leidende, ist eine grosse Hilfe und kann wunderbare Auswirkungen haben. Natürlich sollen wir auch konkret und direkt helfen und zur Tat schreiten, wenn wir in unserer Umgebung Hilfsbedürftigkeit erkennen. Genauso wie wir es aus der Geschichte mit dem barmherzigen Samariter kennen (Lk 10,25-37).

Die wichtigste Erkenntnis nicht nur aus dieser Geschichte, sondern aus vielen anderen in der Bibel ist aber, im Glauben an Gott und im Vertrauen zu ihm und seinen Wegen die er mit uns geht, vorwärts zu blicken und vorwärts zu schreiten. Uns durch keine Lebensumstände und durch keine noch so misslichen Zustände und Verhältnisse verunsichern zu lassen. Komme, was da wolle, wir bleiben Gott treu, bleiben demütig, bleiben auf seinen Wegen und vertrauen immer auf seine Hilfe! So können wir alle - selbstverständlich auch in der heutigen Zeit - wunderbare, stärkende und so wohltuende Wunder erleben und Glaubenserlebnisse machen, die uns niemand mehr wegnehmen kann. Wichtig ist dann noch, dass wir nicht vergessen Gott dafür zu danken und aufzupassen, dass sie nicht in Vergessenheit geraten. Wer denkt, der dankt. Lasst uns ernsthaft versuchen, Gott bedingungslos zu vertrauen in allen Situationen, auch wenn sie uns Angst einflössen, und wir sie überhaupt nicht verstehen oder einordnen können!

11.3

"Wahrlich, ich sage euch: Wenn ihr nicht umkehrt und werdet wie die Kinder, so werdet ihr nicht in das Reich der Himmel kommen" (Mt 18,3)!

Durch diesen Satz legt Jesus den Finger auf einen entscheidenden Punkt. Er sagte ihn zu seinen engsten Freunden, als sie sich über ihre Rangordnung stritten. Dabei stellte er ein Kind in die Mitte und sprach zu seinen ehrgeizigen Jüngern: "Wer es auf sich nimmt, vor den Menschen so klein und unbedeutend dazustehen wie dieses Kind, der ist der Grösste im Himmelreich" (Mt 18,4).

Jesus reagierte wieder einmal völlig anders als erwartet. Statt sich bei den Jüngern zu bedanken, dass sie ihm die Kinder vom Leib gehalten haben, damit er in Ruhe predigen konnte, weist er sie in aller Öffentlichkeit zurecht und stellt die Kinder, die sie gerade vertreiben wollten, sogar noch als Vorbilder hin. Zudem verheisst er den Kindern das Himmelreich und nicht primär den Jüngern, die dies sicherlich erwartet hatten.

Leben mit Gott, mit Weisheit und Kraft von oben, wer möchte das nicht? Aber umkehren, die eigenen Verhaltensmuster hinterfragen, zurücklassen und neu anfangen wie ein Kind, abhängig vom Vater im Himmel? Das könnte für uns Erwachsene schwierig werden.

Es ist aber immens wichtig, sich darüber in Ruhe einmal Gedanken zu machen. Können wir noch in einen Zustand der inneren Ruhe erleben? Wollen wir uns eigentlich auch Gedanken über uns selbst machen? Einen Zustand erlangen, in dem wir unseren Gedanken nachgehen können? Wollen wir das oder fürchten wir uns vielleicht sogar etwas davor? Sind wir vielleicht nur mit Äusserlichkeiten beschäftigt, die uns von unserem inneren Menschen ablenken? Wie wichtig ist es für uns, was die Leute von uns denken, dass sie uns "cool" finden, dass sie uns Komplimente über unser Aussehen machen? Wie wichtig ist es uns, den anderen zu zeigen, was wir alles haben und was wir so alles erleben? Warum wollen wir uns in sozialen Medienplattformen präsentieren und uns gut darstellen? Vielleicht weil wir denken, dass wir so Freunde gewinnen können da der Mensch ein soziales Wesen ist und die Gemeinschaft und der Austausch mit anderen Menschen uns ein Bedürfnis ist?

Das dem so ist merken wir ganz besonders in dieser Pandemie. Wir vermissen alle die Nähe zu Menschen bei diesen Distanzregeln. Aber was ist mit der Nähe zu Gott, vermissen wir da auch etwas? Die Verbindung und die Beziehung zu unserem Vater im Himmel ist doch durch die Corona-Pandemie nicht beeinträchtigt - vielleicht haben wir dadurch sogar noch etwas mehr Zeit, um uns mit Gott und seinem Evangelium zu beschäftigen. Können und wollen wir auch in diesen Dimensionen denken und fühlen? Viele Fragen, wo es sich lohnt, sich ein paar Gedanken zu machen.

Erinnern wir uns einmal zurück, wie es als Kind war, als wir uns stundenlang mit Dingen beschäftigten, die uns Freude bereitet haben. Sorglos und ohne Zeitdruck. Natürlich mussten die Hausaufgaben erledigt sein, es war ja nicht immer Ferienzeit. Wie oft musste die Mutter uns rufen, wenn das Essen bereitstand? Wir waren versunken in Spiel und Spass.

"Freut euch allezeit" (1Thess 5,16)! ruft uns Gott zu. "Macht euch keine unnützen Sorgen, ich sorge für euch" (Mt 6,25-34)! "Ich bin bei euch alle Tage, bis an der Welt Ende" (Mt 28,20)!

Bleiben wir doch ruhig und gelassen; es geschieht rein gar nichts, das von unserem himmlischen Vater nicht zugelassen ist, und alle Dinge, die er zulässt, dienen zu unserem Besten, dienen unserer Entwicklung und Vollendung (Röm 8,28). Vertrauen wir ihm doch genau gleich, wie Kinder ihren Eltern vertrauen. Alles, was an uns herankommt, ist vorab vor den Augen Gottes als gut für uns befunden worden.

Wie wichtig ist uns Ansehen, Ehre und Wohlstand? Was tun wir alles dafür, wieviel Kraft und Zeit wenden wir dafür auf? Wollen wir gross und angesehen sein in dieser kurzen Zeit auf der Erde, oder gross im Himmel bei unserem Gott und Vater in Ewigkeit? Wenn wir hier auf Erden 80, 90 oder vielleicht sogar 100 Jahre alt werden - was ist das für ein Verhältnis zur Ewigkeit?

Wenn wir zuerst nach dem Reich Gottes trachten, wird uns doch das, was wir fürs irdische Leben brauchen, zufallen (Mt 6,33). Wir werden keinen Mangel haben. Die Israeliten vermissten zwar schon die Fleischtöpfe in Ägypten, sie hatten aber dennoch nie Mangel in den 40 Jahren, wo sie durch die Wüste ziehen mussten. Der Herr hat für sie gesorgt, hat ihnen bei Tag und bei Nacht den Weg gewiesen, hat ihnen zu essen und zu trinken gegeben und auch ihre Kleider und Schuhe nutzten sich nicht ab (5Mo 29,4). Der Herr versorgte sein Volk damals und versorgt uns auch heute mit allem was wir brauchen. Der Herr gibt uns was wir brauchen und was er uns nicht gibt, brauchen wir nicht.

Werden wie die Kinder, sich Zeit nehmen für das was man gerne tut. Sicherheit haben, dass der Vater oder die Mutter alles regeln kann, falls Dinge auftauchen, die uns nicht gefallen. Vertrauen haben in die Stärken und die Möglichkeiten der Eltern. Sorglos leben, sich geborgen fühlen.

Das ist unmöglich in der heutigen Zeit? Oh doch, es ist möglich! Es funktioniert, weil es zuerst einmal mit unserer inneren Einstellung zu tun hat. Dieser Weg beginnt in uns. Mit unserem Willen, unseren Weg selbst zu definieren, ihn uns nicht durch andere Menschen oder vermeintlich unabdingbare Gegebenheiten aufdrücken zu lassen. Wenn wir erkennen können, dass uns eine solche Umkehr guttun würde, ist schon viel erreicht. Jetzt können wir unseren himmlischen Vater bitten, dass er uns auf diesem Weg - zurück zu einer kindlichen Genügsamkeit - doch helfen soll. Und er wird helfen, wird Türen öffnen, wird Wege aufzeigen, die es uns ermöglichen, wieder wie die Kinder zu werden, bescheiden, gelehrig und freudig. Diese Art der fröhlichen Authentizität sollte unseren Glauben ausmachen.

Es braucht dieses bedingungslose Vertrauen, denn Kinder vertrauen ihren Eltern völlig. Es braucht auch Mut, sich keine Sorgen zu machen. Es braucht Demut, die Akzeptanz unserer Schwachheit und Hilfsbedürftigkeit. Es braucht die Bereitschaft, uns von Gott beschenken zu lassen, uns seinem Willen auszuliefern, uns ihm zu übergeben, im Glauben und Gehorsam, eben wie die Kinder es uns vormachen.

Christus macht uns frei von Abhängigkeiten. Er kann uns frei machen von "Besitzstandswahrung", von Lohnsucht, von Ängsten, ausgenutzt zu werden, dem alles unterordnenden Streben nach Geld, Besitz und Wohlstand - vermeintlicher Sicherheit.

Wir müssen uns mit diesen Dingen beschäftigen, in der Verbindung mit unserem himmlischen Vater. Rat, Hilfe, Weisheit und Wegweisung kommen von ihm. Nur so kommen wir aus dem

Hamsterrad aus Habsucht und Raffgier, die innere Unzufriedenheit auslöst, heraus. Wir alle wissen, dass diese Dinge uns über kurz oder lang krank machen. Nicht nur unseren Körper schädigen, sondern auch Geist und Seele verletzen können. Wollen wir es tatsächlich darauf ankommen lassen, oder packen wir es heute noch an; wieder zu werden wie die Kinder. Der allmächtige Gott möge uns auf diesem Weg der Umkehr den nötigen Mut, wunderbares Erleben, gutes Gelingen und viel Freude schenken.

Teil 12

12.1

"Wer mein Fleisch ist und mein Blut trinkt, der bleibt in mir und ich in ihm" (Joh 6,56).

Diese Worte Jesu erzeugen zuerst einmal eine Scheidung unter den Jüngern. Zuvor sagt Jesus, dass er das Brot des Lebens ist. Jesus sagt: "Das Brot aber, das ich geben werde, ist mein Fleisch, das ich geben werde für das Leben der Welt" (Joh 6,51). Im gleichen Vers erläutert Jesus, dass wenn jemand von diesem Brot isst, dass er dann in Ewigkeit leben wird. Brot steht für Leben.

Es geht bei diesem Brot nicht um die natürliche Speise, sondern um ein Heilsmittel. Es geht um das Heilige Abendmahl, wo Leib und Blut Jesu aufgenommen werden sollen, um Gemeinschaft mit ihm zu haben, um in ihm zu bleiben, um eins zu werden mit ihm.

Weder ein Drehbuch zum Ablauf noch Rezepte für die Zutaten hat Jesus hinterlassen. Doch in Erinnerung an ihn haben Christen von Anfang an gemeinsam gebetet und gegessen. Erst später zitierten sie dabei seine Worte vom letzten Abendmahl. Eine Sammlung von Abendmahls-Riten findet sich in der berühmten "Lima-Erklärung" von 1982, dem bislang weitreichendsten Dokument ökumenischer Annäherung.

Mutter dieser Entwicklung ist die "Traditio Apostolica", die erste Kirchenordnung mit klaren Ansagen zu Amt und Sakrament. Mitte des dritten Jahrhunderts definiert sie, was zum Abendmahlsgebet gehört: die Anrufung Gottes, des Vaters (Anaklese), das Gedenken an Tod, Auferstehung und Himmelfahrt Jesu (Anamnese), die

Bitte um die Wirksamkeit des Heiligen Geistes (Epiklese) und der abschliessende Lobpreis (Doxologie).

Bis spätestens zum siebten Jahrhundert kommen weitere Gebete hinzu - allen voran das "Unser Vater" als das Gebet des Herrn, aber auch das "Sanctus", das das Dreimalheilig aus Jesaja und das Hosianna aus den Psalmen kombiniert. Nur im römischen Einflussbereich durchsetzen kann sich das "Agnus Dei" (Lamm Gottes). So gehen der katholische Westen und der orthodoxe Osten bald eigene Wege. In der Zusammenschau fällt auf: Die orthodoxen, katholischen, evangelischen und anglikanischen Kirchen kennen alle ein Hochgebet nach dem Muster der "Traditio Apostolica". Die daraus hervorgegangenen Kirchen gehen freier mit der Gestaltung des Abendmahls um. Drei Elemente finden sich aber im Prinzip überall, wenn auch in unterschiedlicher Abfolge: das Vaterunser, die Einsetzungsworte, das sind die Worte Jesu, die er während des letzten Abendmahls zu seinen Jüngern gesprochen hat (1Kor 11,23-26), und Dankgebete.

Jesus sprach: "Wahrlich, wahrlich, ich sage euch: Wenn ihr nicht das Fleisch des Menschensohnes esst und sein Blut trinkt, so habt ihr kein Leben in euch" (Joh 6,53). Da stritten die Juden untereinander und sprachen: "Wie kann dieser uns sein Fleisch zu essen geben" (Joh 6,52)? Auch viele von seinen Jüngern, die ihm bisher gefolgt waren und das hörten, sprachen: "Das ist eine harte Rede, eine Zumutung! Wer will sich so etwas anhören" (Joh 6,60)?

Nach dieser Rede wandten sich viele von Jesus ab und gingen nicht mehr mit ihm. Da sprach Jesus zu den Zwölfen, seinen Aposteln: "Wollt ihr nicht auch weggehen"? Da antwortete ihm Simon Petrus: "Herr, zu wem sollen wir gehen? Du hast Worte des ewigen Lebens; und wir haben geglaubt und erkannt, dass du der Christus bist, der Sohn des lebendigen Gottes" (Joh 6,66-69)!

Die wahrhaftige Lehre - das Evangelium - unter die Menschen zu bringen, dazu wurde Jesus von Gott gesandt und nicht um viele Menschen um sich zu scharen, die Wunder sehen oder satt werden wollten. Jesus sucht sicher nicht das Trennende, er strebt das Verbindende, die Gemeinschaft in der Liebe mit den Menschen an. Das heisst aber nicht, dass um der Gemeinschaft Willen die Lehre abgeschwächt oder verwässert wird. Er akzeptiert den Willen aller Menschen, auch wenn es ihn schmerzt, dass die meisten Menschen sich von seiner Lehre abwandten trotz der vielen Zeichen und Wunder, die er getan hat.

Als Jesus sah, dass die Volksmenge, die ihm nachfolgte, nicht verstanden hatte, was die Wunder, die er getan hatte, bedeuteten, sprach er zu ihnen: "Wahrlich, wahrlich, ich sage euch: Ihr sucht mich nicht deshalb, weil ihr Zeichen gesehen, sondern weil ihr von den Broten gegessen habt und satt geworden seid" (Joh 6,26). Er wies damit auf die kurz zuvor erfolgte Speisung der ungefähr fünftausend Männer hin, wo aus fünf Gerstenbroten und zwei Fischen eines Knaben alle satt wurden. Bei diesem Mehrungswunder waren Frauen und Kinder nicht eingerechnet, die kamen zu den fünftausend Männern noch dazu.

Die Menschen folgten Jesus nach, weil sie von ihm Nahrung bekamen oder von körperlichen Gebrechen geheilt wurden, weil er Wunder vollbrachte, die sie satt und gesund machten. Ohne diese Wunder wäre ihm sicherlich gar niemand nachgefolgt. Sie verstanden die Botschaft nicht, die er ihnen vermitteln wollte. Das Wunder sollte sie nicht nur mit Nahrung versorgen, sondern sie darauf hinweisen, dass das Reich Gottes in ihm nahe herbeigekommen ist. Das Wunder sollte die Erkenntnis bewirken, dass Jesus Christus von Gott zu ihrer Erlösung gesandt ist. Gott wollte seinem Volk zeigen, dass er es liebte und dass er bei ihm war, um es zu erretten. Die Wunder Jesu sollten diese Botschaft bezeugen.

Wunder sind Zeichen, die die Liebe und das Heilswirken Gottes offenbaren.

Der Wert dieser Dinge - die Auswirkungen in die Ewigkeit hinein haben - blieben ihnen aber verborgen. Dass Jesus ihnen jeweils auch die Sünden vergeben hatte, war ihnen nicht so wichtig. Hauptsache satt und gesund.

Heute erkennen wir mehr, damals hätten wir alle auch so reagiert. Heute können wir zurückschauen und im Glauben an Jesus und im Heiligen Geist die Zusammenhänge besser verstehen. Das war in den Gegebenheiten zur damaligen Zeit unmöglich. Deshalb dürfen wir diesen Menschen selbstverständlich keine Vorwürfe machen, aber mit dem heutigen Wissen ist es wichtig, sich über all diese Dinge einen Überblick zu verschaffen. Heute sind wir aufgefordert, genau hinzuschauen und zu lernen (Joh 6,45; Jes 54,13).

Jesus Christus ist das Brot des Lebens. Wer zu ihm kommt wird nicht hungern und wer an ihn glaubt, den wird niemals dürsten (Joh 6,35). Diese Aussage ist auf das Geistliche bezogen. Sie ist deshalb auch nicht despektierlich all den Menschen gegenüber, die zu wenig zu Essen und kein gutes Trinkwasser haben. Hier sind wir alle gefordert mitzuhelfen, so gut es uns möglich ist (Jak 4,17). Die Erde gäbe bei weniger Eigennutz und Egoismus für alle Menschen genügend Nahrung und trinkbares Wasser her.

Wenn wir Leib und Blut Jesu zu uns nehmen, wenn wir Jesus in uns aufnehmen, erhalten wir das wahre Brot aus dem Himmel, sodass wir leben in Ewigkeit (Joh 6,51). Jesus stellt auch einen Vergleich an mit dem Manna, das die Israeliten in der Wüste am Leben hielt. Er erklärt: "Eure Väter haben das Manna gegessen in der Wüste und sind gestorben; dies ist das Brot, das aus dem Himmel herabkommt, damit, wer davon isst, nicht stirbt" (Joh 6,49-

50). Auch das Manna, das Gott den Israeliten in der Wüste gab, war "Brot aus dem Himmel" (Neh 9,15). Auch dieses Brot braucht es zum Leben und auch dieses Brot kommt von Gott. Jesus Christus selbst aber ist das geistliche Brot, das uns stärkt und befähigt, das Böse zu überwinden, die geistlichen Kämpfe ohne Mangel erfolgreich zu bestreiten und ewiges Leben zu erlangen.

Als Jesus im Kreis der Apostel das Heilige Abendmahl stiftete, nahm der Herr "Brot und Wein, dankte und sprach: Das ist mein Leib, der für euch gegeben wird. Das ist mein Blut des neuen Bundes, das vergossen wird für viele zur Vergebung der Sünden. Esst und trinkt! Das tut zu meinem Gedächtnis". Dies sind die Einsetzungsworte zum Heiligen Abendmahl.

Die Einsetzungsworte sind in den drei synoptischen Evangelien und im ersten Brief des Apostel Paulus an die Gemeinde in Korinth zu finden (Mt 26,26-28; Mk 14,22-26; Lk 22,19-20; 1Kor 11,23-26). Trotz Abweichungen im Detail weisen sie eine grosse Übereinstimmung aus, was auf eine vorliegende Tradition verweist. Man spricht deshalb auch von Abendmahlsparadosis (von gr. paradosis "Überlieferung"). Es findet bei dieser Feier auch die Sündenvergebung statt, die immer abhängig ist von dem Ausmass, wie wir unserem Nächsten vergeben (Mk 11,25-26).

Dieses Geschehen vor dem bitteren Leiden und Sterben Jesu feiern die Christen in den Gottesdiensten über die Jahrhunderte hinweg als Sakrament und als ein Gedächtnismahl, das an seine Stiftung durch Jesus im Kreis der Apostel erinnert. Dabei gedenken sie sowohl der Leiden und des Todes Christi und blicken aber auch freudig in die Zukunft im Wissen: Er kommt wieder!

Im Psalm 111, Vers 4-5 steht geschrieben: "Er hat ein Gedächtnis gestiftet seiner Wunder, der gnädige und barmherzige Herr. Er gibt Speise denen, die ihn fürchten; er gedenkt auf ewig an seinen

Bund." Das Heilige Abendmahl gehört zu den Wundern Gottes!

Psalm 111 beschreibt das Handeln Gottes an Israel. Darauf bezieht sich das Wort "er hat gestiftet ein Gedächtnis seiner Wunder". Vieles, das im Alten Testament geschrieben steht, verweist auf Jesus, der dies selbst nach seiner Auferstehung erläutert (Lk 24,44). Diese Erkenntnis bildet die Grundlage für das rechte Verständnis der Heiligen Schrift. Werden die entsprechenden Stellen des Alten Testaments von ihrer Erfüllung im Leben und Wirken Jesu her gedeutet, erhalten Sie einen anderen, tieferen Sinn. Psalm 111 ist ein Hinweis, der Taten Jesu zu gedenken. Wenn sich heute die gottesdienstliche Gemeinde versammelt, steht der Dank wegen der Wohltaten Gottes, des Sohnes, im Mittelpunkt. Sich mit Jesu Taten zu befassen, darüber nachzusinnen, erschliesst ihre Tiefe und löst Freude aus, sie sind die Grundlage der Erlösung des Menschen von Sünde und Tod. Das "Gedächtnis" an Gottes erlösendes Walten soll für immer lebendig bleiben. Die christliche Tradition hat den Vers aus Psalm 111 auf das Abendmahl bezogen; er gilt als Abendmahlpsalm. Er beleuchtet Aspekte des Abendmahls im Gottesdienst der Gemeinde.

Das Heilige Abendmahl ist das Sakrament der Gemeinschaft mit Jesus Christus in seiner Kirche. Als Sakrament bezeichnet man im Christentum einen Ritus, der als sichtbares Zeichen, beziehungsweise als sichtbare Handlung eine unsichtbare Wirklichkeit Gottes vergegenwärtigt und an ihr teilhaben lässt. Alle Christen feiern es in allen Kirchen, es ist fester Bestandteil christlicher Lehre. Für die Gemeindemitglieder ist klar: Der würdige Genuss des Heiligen Abendmahls verbürgt die Lebensgemeinschaft mit Jesus Christus. Was heisst das konkret?

Wichtig ist der Aspekt der Gegenwart Jesu Christi. Hier gehen christliche Meinungen auseinander. Es gibt Christen, die sind der Meinung, dass Brot und Wein Metaphern oder Symbole für Leib und Blut Christi sind. Es gibt Theologen, die denken, dass das Essen von Brot und das Trinken von Wein im Heiligen Abendmahl die Annahme der Lehre Jesu bedeuten, die Aufnahme des fleischgewordenen Wort Gottes aus dem Johannesevangelium.

Die gemeinsame Dimension von vielen Auslegungen ist aber immer und überall, dass die Feier des Heiligen Abendmahls etwas Gemeinschaft Stiftendes ist. Die klaren Aussagen Jesu über seinen Leib und sein Blut deuten aber schon sehr stark auf die wahre Gegenwart von Leib und Blut Christi im Heiligen Abendmahl hin und nicht auf eine Metapher. Inhalt und Bedeutung des Heiligen Abendmahls lassen sich lehrmässig und rational nicht erschöpfend erschliessen. Es steht in engem Zusammenhang mit dem Geheimnis der Person Jesu Christi. Im Heiligen Abendmahl werden die Wirklichkeit Gottes und seine Hinwendung zum Menschen unmittelbar erfahrbar.

Brot und Wein sind nicht lediglich Metaphern oder Symbole für Leib und Blut Christi; vielmehr sind Leib und Blut Christi wahrhaft anwesend. Das nennt der Theologe Realpräsenz Christi: Zur Substanz von Brot und Wein tritt bei der Feier des Heiligen Abendmahls bei der Aussonderung (Konsekration), die Substanz von Leib und Blut Christi hinzu. Das geschieht durch die Kraft und die Wirksamkeit des Heiligen Geistes.

Es wurde uns durch die Schrift nicht übermittelt, wie wir das Heilige Abendmahl genau feiern sollen. Gott überlässt es seinen Geschöpfen - uns Menschen - wie wir dem Opfer Jesu gedenken wollen. Wie in allen Dingen unterstützt und berät uns auch hier der Heilige Geist bei der Feier dieses Gedächtnismahls. Wie in allen Dingen geht es auch hier zuerst einmal um unsere Herzenseinstellung. Haben wir eigentlich ein echtes Bedürfnis, gemeinschaftlich dieses Mahl im Bewusstsein an das bittere Leiden und Sterben Jesu einzunehmen und Leib und Blut Jesu dankbar und würdig zu geniessen? Können wir erkennen, was für gewaltige Auswirkungen dies für unsere geistliche Entwicklung hat, was für gewaltige Kräfte dadurch frei werden, die wir ganz persönlich in uns aufnehmen können?

Mit seinem Leib und Blut lässt Christus seine Anhänger teilhaben an seinem Wesen, das von Sanftmut, Demut und der Liebe zu Gott und dem Nächsten gekennzeichnet und geprägt ist. Lasst uns Jesus Christus treu bleiben, der seinen heiligen Leib und sein heiliges Blut auch für dich gegeben hat.

12.2

"Darum sage ich euch: Alles, was ihr auch immer im Gebet erbittet, glaubt, dass ihr es empfangt, so wird es euch zuteilwerden" (Mk 11,24)!

Das kann doch nicht sein, dass wir Gott im Gebet nur um etwas bitten sollen und es wird uns zuteil. Wo ist denn da der Haken?

Im Vers zuvor heisst es: "Denn wahrlich, ich sage euch: Wenn jemand zu diesem Berg spricht: Hebe dich und wirf dich ins Meer! und in seinem Herzen nicht zweifelt, sondern glaubt, dass das, was er sagt, geschieht, so wird es ihm zuteilwerden, was immer er sagt". Niemand konnte dies vermutlich bis zum heutigen Tag tun. Heisst das jetzt, dass der Glauben bei allen Menschen einfach zu gering oder der Zweifel zu gross ist, oder dass dies nur eine Metapher ist, zum Beispiel für "Sorgenberge"?

Denken wir einmal an Petrus, der über das Wasser laufen konnte. Es gibt sehr viele Wunder, die in der Bibel erwähnt sind. Es gibt auch viele gewaltige Wunder, die Gläubige im privaten Kreis erleben. Man spricht oft nicht darüber und sie kommen meistens nicht an die Öffentlichkeit. Aber auch wenn wir von solchen Wundern in der heutigen Zeit erfahren, bleibt es doch nur ein Stückchen graue Theorie. Es ist halt nicht dasselbe, wie Gottes Macht am eigenen Leibe zu erfahren.

Petrus hat sich nicht einfach in die Fluten gestürzt, sondern bittet Jesus, ihn zu rufen. Wir kennen die Geschichte. Jesus näherte sich bei Nacht und Sturm auf dem Wasser gehend dem Boot. Ja gut, Jesus war sichtbar anwesend, er war Petrus ganz nah, einfach ausserhalb des Bootes. Jesus ist aber auch dir und mir ganz nah, jetzt auch, genau in diesem Moment, einfach nicht sichtbar.

Als Petrus zu sinken begann, streckte Jesus sofort seine Hand aus, fasste Petrus und sagte: "Du hast zu wenig Vertrauen! Warum hast du gezweifelt" (Mt 14,31)?

Wer auf dem Wasser gehen will, muss zuerst einmal aus dem Boot steigen. Das heisst, Vertrauen haben, das heisst auch, etwas Aussergewöhnliches erleben zu wollen. Auf diesem Boot begreift nur Petrus, dass Gott gegenwärtig ist und ihm die Chance anbietet, etwas Wunderbares zu erleben. Am eigenen Leib ein stärkendes Glaubenserlebnis zu machen. Petrus merkte, dass Jesus von ihm etwas Besonderes wollte und er hatte auch den Wunsch und den Mut, genau das zu tun, was der Herr von ihm erwartete.

Etwas von Gott erbeten, das dürfen wir selbstverständlich, das sollen wir auch tun, und wir werden auch wunderbare Gebetserhörungen erleben. Gott möchte, dass wir ihm unsere Wünsche und Wege im Gebet, gläubig und möglichst, ohne zu zweifeln, kundtun. Gott weiss aber besser was uns guttut, deshalb ist es doch schlauer, wenn wir auf den Ruf und die Aufforderung Gottes hören und nicht eigene Wünsche primär ins Visier nehmen. Wir sind und bleiben seine Diener, und die Aufträge, die er uns gibt, die sind richtig und wichtig für unsere Entwicklung, diese dienen uns und können auch unseren Nächsten zum Segen verhelfen.

Denken wir in diesem Zusammenhang an Paulus. Er hatte unbestritten einen grossen Glauben, vertraute Gott und wirkte eifrig im Heiligen Geist. Er bat Gott insgesamt dreimal, ihm den Pfahl (körperliches Leiden) aus seinem Fleisch zu entfernen. Gott tat es nicht, sondern sagte zu ihm: "Lass dir an meiner Gnade genügen, denn meine Kraft ist in den Schwachen mächtig " (2Kor 12,9). Die Kraft Gottes kommt zur Ausreifung und gelangt ans Ziel durch Schwachheit!

Gott weiss genau was wir brauchen und was wir nicht brauchen. Wenn uns das klar ist, wieso wollen wir ihn dann um gewisse, meistens irdische Dinge, bitten? Denken wir vielleicht, dass wir besser wissen was uns hilft und uns guttut? Denken wir in diesem Zusammenhang auch an das Vaterunser, wo praktisch keine Bitten auf das irdische Wohlergehen abzielen. Sollte unsere Bitte, die der allmächtige Gott uns gemäss seinem Wort sicherlich erfüllen wird, nicht sein: Zeige mir doch den Weg, den du für mich vorgesehen hast und hilf mir ihn zu gehen. Hilf mir bitte, dass ich deinen Willen immer erkenne und ich meinen Willen immer unter deinen Willen stellen kann. Lass mich den Heiligen Geist empfangen, damit ich alles immer klarer sehen und alles immer besser verstehen kann. Schenke mir doch Erkenntnis und Weisheit, damit ich mich hin zum Wesen Jesu entwickeln kann. Vergib mir bitte meine Sünden und hilf mir, dass ich auch meinem Nächsten vergeben kann. Zeig mir, wie ich dich und meinen Nächsten immer mehr lieben kann. Begleite mich doch mit deinem Segen, deiner Liebe und deiner Gnade mein Leben lang. An diesen Bitten geht unser himmlischer Vater bestimmt nicht vorbei, denn diese Bitten zeugen von Glauben, Demut und Gottesfurcht.

Wir dürfen unserem himmlischen Vater alles sagen und ihn um alles bitten. Er weiss aber besser was uns guttut, und wird uns in seiner grossen Liebe nichts geben was uns nicht wirklich hilft und weiterbringt. Deshalb soll unsere Bitte im Glauben und im Vertrauen zu ihm sein, dass wir empfänglich sind für seine Impulse und dass wir dann den Mut haben, diesen Impulsen zu folgen.

Was könnten denn das für Impulse sein?

- Gibt es jemanden, der meine Hilfe braucht? Bin ich bereit, dafür Zeit und Mittel einzusetzen?

- Bist du bereit, Jesus zu bitten, dass er in dein Leben tritt und bist du bereit, ihn wirken zu lassen?

- Nimm dir vor, dich mehr mit Jesus und seinem Evangelium zu beschäftigen. Bist du bereit, dir dafür Zeit zu nehmen, auch wenn der Böse dir einflüstert, das sei doch jetzt in deiner momentanen Situation wirklich nicht der richtige Zeitpunkt?

- Bist du bereit von Jesus zu lernen, ihn immer besser kennen zu lernen und ihm nachzufolgen?

- Bist du bereit, dich freudig und zuversichtlich auf eine innige Beziehung mit deinem himmlischen Vater einzulassen?

- Arbeitest du daran, dich immer auf ihn und seine Hilfe vertrauensvoll zu verlassen, immer mutiger und stärker zu werden in ihm?

- Bist du bereit, Gott vor den Menschen zu bekennen, anderen zu erzählen, wie gross und barmherzig und hilfsbereit er ist.

- Bist du mutig genug, anderen Menschen von deinem Glauben zu erzählen und über deine Glaubenserlebnisse zu berichten?

- Schaffst du es, jemanden zu einem Gottesdienst einzuladen?

Im wirklichen Leben ist dies nicht immer so einfach. Bei Petrus war es dunkle Nacht, der Sturm tobte, die Wellen schlagen hoch und er hat Angst. Jesus hat Petrus gerade aufgefordert, auf dem Wasser zu ihm zu kommen. Petrus hat darum gebeten; das hat er nun davon. Was soll er also tun? Wenn er jetzt da hinausgeht, hat er gute Chancen zu ertrinken. Seine Freunde im Boot werden sicher versucht haben, ihn vor dem scheinbar sicheren Untergang zurückzuhalten. Wenn er jetzt nicht aus dem Boot steigt, steht fest, dass er niemals auf dem Wasser gehen wird.

Das Boot ist das, worauf wir unser Vertrauen setzen, wenn das Leben stürmisch wird. Es ist unsere Sicherheit - scheinbar. Es ist das, was unser Leben so bequem macht, dass wir es nicht aufgeben wollen, selbst wenn Jesus uns klar und deutlich herausruft. Es jagt uns grösste Angst ein, wenn wir uns vorstellen, es loslassen zu müssen. Unser Wunsch nach finanzieller Sicherheit und Komfort und vieles mehr kann uns davon abhalten, einem Ruf Gottes zu folgen.

Es sind unsere Ängste, die uns verraten, welches Boot wir eigentlich verlassen müssen, wenn Gott uns ruft. Dies tatsächlich zu tun, ist wahrscheinlich das Schwierigste, was wir je vor uns haben. Aber wenn wir das nicht tun, dann werden wir nie erleben, dass wir mit Gottes Hilfe tatsächlich auf dem Wasser gehen können.

Liefern wir uns ganz der Macht Jesu aus. Jesus lässt uns nie im Stich, auch wenn wir schwach werden. Denn gerade in den Schwachen ist seine Kraft besonders mächtig.

Nicht zu wissen, was die Zukunft bringt, wenn Probleme auf uns zukommen, macht Angst. Denn jetzt wird uns unsere Abhängigkeit von Gott so richtig bewusst. Aus eigener Kraft kommen wir da jetzt nicht unbedingt durch. Und wenn Jesus uns jetzt im Stich liesse, dann würden wir wirklich untergehen. Blicken wir auf Jesus, wenn wir in Schwierigkeiten sind, bleiben wir mit ihm in Blickkontakt, bleiben wir an seiner Hand. Wenden wir uns nicht ab und lassen uns gefangen nehmen von den äusseren Umständen.

"Du hast zu wenig Vertrauen!", spricht Jesus liebevoll und hilft sofort. Das war eine Feststellung - kein Tadel. Ob Petrus auf dem Wasser gehen konnte oder versank, hing nur an seinem Vertrauen in Jesus ab, nicht etwa vom Sturm oder anderen Umständen.

Fehler zu erkennen ist oft schmerzhaft, aber auch immer eine Chance zu wachsen. Wer dagegen immer nur Fehler vermeiden will, lernt nichts, was er ohnehin schon weiss.

Sind wir bereit, unsere selbstgemachte, vermeintliche Sicherheit loszulassen und in völliger Abhängigkeit von Jesus auf ihn zuzugehen, uns ihm ganz anzuvertrauen? Bereit, neue Erfahrungen zu machen, Glaubenserlebnisse, die uns verändern, immer mehr Sicherheit und eine immer engere Verbindung mit Gott geben und uns den Glauben stärken? Sind wir bereit, nicht nur für unser irdisches Wohlergehen zu bitten, sondern mutig und zuversichtlich für Wegweisung und göttliche Führung, dass wir seinen wahrhaftigen Willen erkennen und vertrauensvoll ausführen können?

So nimm den meine Hände und führe mich

bis an mein selig Ende und ewiglich!

Ich kann allein nicht gehen, nicht einen Schritt.

Wo du wirst gehn und stehen, da nimm mich mit!

So heisst es in der ersten Strophe eines christlichen Liedes, getextet von der deutsch-baltischen Dichterin Julie von Hausmann

(1826-1901). Dieses Lied ist ihre Antwort auf den Tod ihres Verlobten. Er war Pfarrer und Missionar und verstarb an einer Seuche, drei Tage vor ihrer Ankunft im Sommer 1862 in Afrika, als sie ihm nachreiste. Es heisst, sie wollte in diesem Moment am liebsten mit ihm sterben. Zugleich legt sie aber ihr Leben ganz in Gottes Hand. Gott wird sie weiterführen, da ist sie sicher. Denn auch wenn ein Mensch stirbt - Gottes Liebe bleibt!

Das soll unser Gebet sein, gottesfürchtig und zuversichtlich! Ohne Gott können wir nichts tun, nicht einen Schritt. Wenn er uns aber auffordert, einen Schritt auf ihn zuzugehen, wollen wir nicht zögern und es mutig und vertrauensvoll auch tun - er lässt uns niemals untergehen!

12.3

"Und er (Christus) ist das Haupt des Leibes, nämlich der Gemeinde (Kirche Christi) ... " (Kol 1,18).

Wir, die wir an den Sohn Gottes glauben, sind Glieder des Leibes, dessen Haupt Jesus Christus ist. Jeder der glaubt, dass Jesus lebt und wiederkommen wird, die seine Jünger sind, machen die Gemeinde Gottes aus. Jesus Christus ist das Haupt der Kirche, die sein Leib ist. Wie das Haupt mit dem Leib verbunden ist, so ist auch Christus untrennbar mit seiner Gemeinde, den Gläubigen verbunden.

Dies ist ein wunderbares Bild, das an vielen Stellen der Bibel gezeichnet und erläutert wird. Es ist auch ein Bild der manchmal nicht so leicht zu verstehenden Einheit, die Gott fordert, dem "Einssein" der Gemeinde Christi in Gott, in Jesus Christus und im

Heiligen Geist. Jesus selbst schaut das Leben der Seinen unter dem Bild des lebendigen Organismus (Weinstock, Joh 15,1-11), er bittet darum, sie möchten alle vollkommen eins sein.

Dass die einzelnen Gemeindemitglieder sehr verschieden begabt sind und auch sonst sich in vielem sehr voneinander unterscheiden, ist kein Hindernis zum Einssein. Es ist vielmehr so, dass lauter gleichbegabte und gleichgeartete Menschen keine Gemeinde bilden könnten, ebenso wenig wie lauter gleiche Glieder einen Leib bilden können (1Kor 12,12-31).

Der Leib Christi ist eine sichtbare Grösse. Trotz Spaltungen innerhalb der Christen und der Vielzahl der christlichen Kirchen gibt es nur *eine* Kirche Christi. Auch im Bekenntnis von Nizäa-Konstantinopel wird gesagt, dass es nur *eine* Kirche Christi gibt. Alle Christen sind aufgerufen, im gemeinsamen Glauben an Jesus Christus auch nach der sichtbaren Einheit der Kirche Christi zu streben. Die Kirche Christi ist auf Einheit angelegt, das gehört zu ihren Wesensmerkmalen.

Jesus bittet darum, dass seine Jünger und alle die ihm durch Gott gegeben sind, vollkommen eins seien, damit die Welt erkenne, dass er vom Vater gesandt ist, und dass sie von Gott geliebt sind (Joh 17,21-23). Obwohl wir alle unvollkommen sind, ist im Glauben an Jesus Christus Einssein möglich. Christus wirkt mit seiner Fülle in der Gemeinde und hilft, dass eine Entwicklung stattfindet. Das Bild des Leibes Christi verweist auf die Einheit der Gläubigen. Es beschreibt die Kirche nicht so, wie sie heute ist, sondern so, wie sie nach dem Willen Gottes sein soll.

Woran erkennen wir denn, welche Kirche nach dem Willen Jesu ist, in welcher Kirche oder bei welchen Zusammenkünften der Leib Christi präsent ist, bei so vielen verschiedenen Kirchen und unterschiedlichen Glaubensgemeinschaften? Fakt ist, dass das

Zusammenkommen der Gläubigen, um Gott anzubeten, um miteinander zu beten, um geistgewirktes Wort aus der Predigt zu empfangen, um Heiliges Abendmahl zu feiern und die Gemeinschaft zu pflegen, dem Willen Gottes entspricht. Der Heilige Geist offenbart uns das Geheimnis der Kirche Christi. Dass sie EIN Leib ist, der jeden einschliesst, der glaubt, dass Jesus der Herr ist und dass Gott ihn von den Toten auferweckt hat (Röm 10,9). Wenn dies in einer Kirche gegeben ist und die geschwisterliche Liebe in der Gemeinde tätig ist, sind wir am richtigen Ort. Der Heilige Geist lässt es uns spüren. Dieser einzige Glaube, der für Christus zählt, besteht darin, dass er durch die Liebe tätig ist (Gal 5,6)! Während Gott, der Vater, durch Jesus Christus - den Mensch gewordenen Sohn Gottes - gewirkt hat, wirkt der Sohn durch seine Kirche, die sein Leib ist.

Es gibt viele Gläubige auf der Erde, denen es nicht möglich ist Gottesdienste zu besuchen. Die Wege sind vielleicht zu weit, sie sind vielleicht krank, es herrscht Krieg oder es sind Konflikte, die dies nahezu verunmöglichen. Sind diese Menschen nun benachteiligt? Denken wir an das Volk Israel, wo Gott in den vierzig Jahren in der Wüste alle mit allem versorgt hat, was sie an natürlicher und geistlicher Speise brauchten. Denken wir an die Corona-Pandemie, wo Gottesdienstbesuche, die Feier des Heiligen Abendmahls, eine gewisse Zeit nicht möglich waren. Wir hatten bei diesen Abwesenheiten keinen Mangel, Gott hat immer Mittel und Wege, um uns all das zukommen zu lassen, was wir brauchen. Er schenkt weiterhin die nötigen Kräfte, den nötigen Trost, die nötige Unterstützung in allen Dingen. Wenn es aber möglich ist, Gottesdienste zu besuchen, dann darf uns nichts aufhalten! Dann wollen wir dankbar und freudig diesen Dienst Gottes an unseren Seelen auskosten.

Die Corona-Krise ist keine Strafe Gottes, sie hat uns doch bei allen

Einschränkungen und bei allem Leid doch auch den Blick auf vieles erhellt, wir haben doch wieder vieles schätzen gelernt, was vorher selbstverständlich war. Diese Zeit wird dazu beitragen, dass wir mehr denn je erkennen, wie wichtig der Gottesdienst und das Heilige Abendmahl für uns sind. Gott weiss immer, wie er denen, die ihn lieben, die zum Leib Christi gehören, das geben kann, was für ihr Heil unverzichtbar ist. In den vergangenen Monaten sind viele Aktivitäten abgesagt worden, auch in der Kirche. Wir haben aber einen grossen Trost und eine grosse Gewissheit: Die Entrückung ist nicht abgesagt, die Wiederkunft Christi wurde nicht verschoben!"

Als Jesus auf der Erde war, ist er zunächst sehr erfolgreich gewesen. Er hat grosse Wunder vollbracht und die Menschen sind ihm zunächst massenhaft nachgefolgt. Dann wurde er aber von fast allen verlassen und wehrlos an seine Feinde überantwortet. Doch die Kraft Gottes hat sich offenbart und Christus obsiegte. Auch die Kirche Christi mag heute vielleicht schwach und hilflos erscheinen. Das kann dazu führen, dass wir als Teil dieser Kirche - als Glieder des Leibes Christi - manchmal denken könnten, es sei vergeblich Christus nachzufolgen und ihm zu dienen. Der Heilige Geist offenbart uns aber, dass solche Gedanken falsch sind und erinnert uns an die Tatsachen: Christus ist das Haupt seines Leibes. Er wirkt weiter in seinem Werk - in seiner Kirche - und nichts kann ihn aufhalten. Was er angefangen hat wird er auch vollenden (Heb 12,2)!

Teil 13

13.1

"Es ist dir gesagt, Mensch, was gut ist und was der Herr von dir fordert, nämlich Gottes Wort halten und Liebe üben und demütig sein vor deinem Gott" (Mi 6,8).

Der Prophet Micha wirkte zeitgleich mit Jesaja in Jerusalem (ca. 740-705 v. Chr.). Fast gleichzeitig ist der Prophet Amos im Nordreich aktiv. Die Propheten klagten die sozialen Ungerechtigkeiten und die religiöse Verderbtheit an. Es gab damals wie auch heute Bodenspekulation, Völlerei, Gefallsucht und Hoffart (Weh-Rufe Jes 5,8.11-12.22-23; 10,1-2). Hier spiegelt sich der wirtschaftliche Aufschwung und der städtische Reichtum der Zeit der Könige Jerobeam und Usija wider. Der Herr selbst tadelt die Zeitgenossen und spricht: "Wascht euch, reinigt euch, tut eure bösen Taten aus meinen Augen. Lasst ab vom Bösen, lernt Gutes tun! Trachtet nach Recht, helft den Unterdrückten, schafft den Waisen Recht, verhelft den Witwen zu ihrem Recht" (Jes 1,16-17)!

Ein Kapitel zuvor prophezeite Micha die Geburt und den genauen Geburtsort des Messias in Bethlehem: "Und du, Bethlehem Ephrata, die du klein bist unter den Städten in Juda, aus dir soll mir kommen, der in Israel Herr sei, dessen Hervorgehen von Anfang, von den Tagen der Ewigkeit her gewesen ist" (Mi 5,1).

Der Herr sprach manchmal: "Habe ich dir nicht geboten, dass du ...", oder "ich sage dir ...", oder "du sollst ...". Das sind alles Aufforderungen, die in der Folge beschriebenen Dinge zu tun. Klare, unmissverständliche Aufforderungen. In unserem Textwort ist das, was Gott möchte, noch etwas schärfer formuliert. Gott erhebt durch diese Forderung einen verpflichtenden Anspruch. Es ist kein Befehl, denn uns Menschen etwas zu befehlen liegt nicht in seiner Natur, ist nicht konform zum freien Willen, den er uns gegeben hat. Aber diese Forderung ist schon recht nahe an einem Befehl. Es ist deshalb auch nicht verwunderlich, dass dieses Bibelwort im Judentum als Summe der 613 Gebote der Tora gilt.

Wir kennen das höchste, grösste und wichtigste Gebot das Jesus uns gab: Das Doppelgebot der Liebe, das auch alle Gebote einschliesst. "Liebe Gott über alles" und "Liebe deinen Nächsten wie dich selbst" (3Mo 19,18; Mt 22,37-40). In dem Wort aus dem Prophetenbuch Micha ist diese Liebe mit "Liebe üben" gemeint. Die Liebe ist über alles gesehen einfach das Allerwichtigste! Der Glaube wird einmal zum "Schauen" kommen, die Hoffnung wird einmal "Erfüllung" finden, die Liebe aber, sie bleibt in alle Zeit und Ewigkeit.

Nehmen wir uns diese Forderung Gottes zu Herzen. Wir wissen, die Aussagen aus dem Alten Testament sind nicht einfach aufgehoben, nachdem Jesus in die Welt gekommen ist. Das Alte Testament ist genauso Wort Gottes wie das Evangelium Jesu im neuen Bund. Himmel und Erde werden vergehen, aber das Wort Gottes - auch im Alten Testament - wird bleiben in Ewigkeit (Mt 24,35).

Gottes Wort halten! Um es halten zu können müssen wir es zuerst einmal kennen. Dazu müssen wir uns mit der Bibel beschäftigen. Es ist tatsächlich nötig, dass wir regelmässig in der Bibel lesen. Schön ist, wenn dies keine mühsame Angelegenheit ist, sondern wenn wir das mit Lust und Freude tun können. Der Geist Gottes wird uns auch helfen, die Schrift immer besser zu verstehen. Die Kenntnis der Bibel schenkt Sicherheit und Trost, lässt aber auch Auffassungen erkennen, die mit dem Evangelium unvereinbar sind. Die Heilige Schrift - wie auch die Wortverkündigung im Gottesdienst - offenbart den Heilsplan Gottes. Sie beweist, dass Gott alles in seiner Hand hat: Was heute geschieht, ist vorausgesehen und vorausgesagt, wie der Geburtsort Jesu in Bethlehem Ephrata 700 Jahre zuvor. Das Lesen in der Heiligen Schrift frischt die göttlichen Verheissungen immer wieder auf und zeigt auch auf, was Jesus von den Gläubigen erwartet: Das Einssein in der Liebe zu Gott und untereinander.

Liebe üben! Immer wieder aufs Neue: Liebe üben und nicht aufhören von Herzen Gutes zu tun! Im Hohelied der Liebe im 1. Korinther, Kapitel 13, schreibt Paulus einen Hymnus über die Liebe:

"Wenn ich mit Menschen- und mit Engelszungen redete, und hätte der Liebe nicht, so wäre ich ein tönend Erz oder eine klingende Schelle. Und wenn ich weissagen könnte und wüsste alle Geheimnisse und alle Erkenntnis und hätte allen Glauben, sodass ich Berge versetzte, aber keine Liebe hätte, so wäre ich nichts. Selbst wenn ich all meinen Besitz an die Armen verschenke und für meinen Glauben das Leben opfere, aber ich habe keine Liebe, dann nützt es mir gar nichts. Die Liebe ist langmütig (geduldig) und gütig, die Liebe beneidet nicht, die Liebe prahlt nicht, sie bläht sich nicht auf (sie schaut nicht auf andere herab). Sie ist nicht unanständig, sie sucht nicht das Ihre (den eigenen Vorteil), sie lässt sich nicht erbittern, sie rechnet das Böse nicht zu (sie ist nicht nachtragend). Sie freut sich nicht an der Ungerechtigkeit, sie freut sich aber an der Wahrheit; sie erträgt alles, sie glaubt alles, sie hofft alles, sie erduldet alles (sie verliert nie den Glauben, die Hoffnung und die Geduld)".

Demütig sein! Jesus sagt von sich selbst, dass er demütig ist. Diese Demut gehört wie die Liebe zu seinem Wesen. Er ermutigt uns auch, von ihm zu lernen: "Lernt von mir, denn ich bin sanftmütig und von Herzen demütig" (Mt 11,29)! Im gleichen Vers verspricht er uns auch, dass wir so Ruhe finden werden für unsere Seelen. Wer hätte dies nicht gern? Demut, eine innere Ruhe und Zufriedenheit gehören zusammen. Zufriedenheit ist ein Teil von Demut, denn sie nimmt das an, was sie bekommt, und ist dankbar für das, was ihr gegeben ist. Wir sind nicht diejenigen, die die Dinge lenken. Demut erwartet hoffnungsvoll Gottes handeln. Selber handelt der Demütige in der Liebe und im Dienst am Nächsten, achtet den Nächsten höher als sich selbst.

Auch die Sanftmut ist unverzichtbar, wenn wir Christus ähnlicher werden wollen. Ohne sie können sich weitere wichtige Tugenden nicht entwickeln. Sanftmut bedeutet nicht Schwachheit, sondern dass man gütig und freundlich ist, dass man selbst bei Kränkungen ruhig, ausgeglichen und besonnen bleibt. Die Voraussetzung, dass wir von Herzen sanftmütig sein können, ist, schon eine sanftmütige Gesinnung verinnerlicht zu haben, schon sanftmütig denken zu können. Wahre Sanftmut ist kein äusserliches Gehabe, sondern eine Herzenseinstellung.

Die demütige und sanftmütige Gesinnung Jesu zeigt sich auch bei der "Fusswaschung", als er seinen Jüngern die Füsse wusch und spricht: "Wenn nun *ich*, der Herr und Lehrer, eure Füsse gewaschen habe, so seid auch *ihr* schuldig, einander die Füsse zu waschen. Denn ich habe euch ein Beispiel gegeben, damit wie *ich* euch getan habe, auch *ihr* tut" (Joh 13,14-15).

Demut und Sanftmut ist leider nicht weit verbreitet unter den Menschen. Da sehen wir viel öfter Hochmut und Rücksichtslosigkeit. Vertrauensvolles Warten, Hoffen und Ausstrecken nach Gott, das sind die Eigenschaften, die einen demütigen Menschen auszeichnen. Demut glaubt, wartet und hofft, allem zum Trotz, auf den Gott, der zu seiner Zeit eingreifen wird. Jesus rückt die Demut, und mit ihr das Reich Gottes, mit einer einfachen Aussage in unser Blickfeld: "Wenn jemand der Erste sein will, so soll er der

Letzte von allen und der Diener aller sein" (Mk 9,35). Nehmen wir es also gerne an, wenn wir nicht im Rampenlicht stehen, beugen wir uns in Würde, bleiben wir gelassen, ruhig, zufrieden, geduldig und dankbar.

Aber wie schwer fällt uns Menschen doch oft das geduldige Warten. Wie emsig arbeiten wir doch, um in unserem Leben alles selbst kontrollieren zu können. Wir haben dann auch Angst, wenn wir nicht ständig handeln und omnipräsent sind, dass wir die vermeintliche Kontrolle und den Überblick verlieren könnten. Wir vergessen dann, dass der Einzige, der den wahren Überblick wirklich hat, allein Gott ist und niemand anders. Wer Demut besitzt weiss aber, dass die einzige Möglichkeit, die er hat, jene ist, sein Handeln und Wandeln so gut es geht mit Gottes Hilfe zu gestalten, so wahrhaftig wie möglich zu leben. Da wollen wir auch nicht zurückhaltend sein, es ist wichtig, dass wir "unsere" Wege gehen. Geduldiges Warten heisst nicht, nichts zu tun. Es soll einfach alles im Einklang mit Gottes Willen stattfinden. Diesen Willen zu erkennen gelingt uns, wenn wir auf die Impulse des Heiligen Geistes achten, der auch ein Geist der Bewegung ist und uns auch motiviert, vorwärts zu gehen und nicht stehen zu bleiben.

Ein stolzer Mensch versucht, stets die Kontrolle zu bekommen und wenn er sie vermeintlich hat, sie auf keinen Fall wieder zu verlieren oder sie wieder abgeben zu müssen. Was für ein Stress kann das für so einen Menschen sein. Ein demütiger Mensch verfällt nicht gleich in Panik, wenn andere die Kontrolle besitzen. Und vor allen Dingen überlässt er vertrauensvoll die Kontrolle Gott, weil er weiss: Gott überblickt alles und er führt alles wunderbar hinaus, so dass wir nur staunen können!

13.2

"Dabei ist mir klar, dass ich dies alles noch lange nicht erreicht habe und ich noch nicht am Ziel bin. Doch ich setze alles daran, es zu ergreifen, weil ich von Jesus ergriffen bin" (Phil 3,12).

Paulus war definitiv ergriffen von Jesus. Ergriffen seit dem "Damaskuserlebnis", wo ihm der auferstandene Jesus auf dem Weg nach Damaskus erschienen ist, und er sich dann vom Verfolger der Urchristen zum "Apostel der Völker" wandelte: vom Saulus zum Paulus.

Jesus hatte ihn bei dieser Begebenheit mit seinem hebräischen Namen angerufen: "Saul, Saul! Warum verfolgst du mich?" Er fragte zurück: "Wer bist du, Herr?" Darauf hat die Stimme geantwortet: "Ich bin Jesus, den du verfolgst" (Apg 9, 4-5)!

Wir können hier auch ein schönes Bild des Einsseins Jesu mit den Seinen erkennen. Paulus hat Jesus nicht direkt verfolgt, er ist Jesus persönlich nie begegnet. Jesus sprach aber davon, dass er von ihm verfolgt wird. Jesus ist eben Eins mit seiner Gemeinde, Eins mit den Gläubigen, und fühlte sich somit auch persönlich verfolgt.

Paulus erblindete dann und es heisst, dass er drei Tage lang nichts ass und nichts trank. Seine Gefährten nahmen ihn bei der Hand und führten ihn nach Damaskus, wo er auf einen Jünger Jesu mit Namen Ananias traf, der ihn dann im Namen Jesu geheilt hat. Daraufhin wurde Paulus mit dem Heiligen Geist erfüllt, liess sich taufen und begann dann mit grossem Eifer, Jesus als Sohn Gottes zu verkünden. Bis zu seinem Märtyrertod, wo er für seinen Glauben starb, stand er mindestens 25 Jahre im Dienst des Herrn. Jesus hatte ihn zu seinem auserwählten Werkzeug gemacht.

Mit diesem Bibelwort befinden wir uns etwa im Jahr 60 n. Chr., wo Paulus am Ende seiner ersten Gefangenschaft in Rom an die von ihm und Silas gegründete erste europäische Gemeinde der makedonischen Stadt Philippi (Griechenland) - einen Brief schreibt. Paulus spricht in diesem Brief davon, dass er vieles noch nicht ergriffen hat und noch nicht am Ziel ist. Er meint damit seinen geistlichen Reifegrad; er spricht von der Auferstehung aus den Toten (Phil 3,11). Er möchte sein Vorbild - Jesus Christus - noch besser kennen lernen, will ihn noch mehr gewinnen, will die Kraft der Auferstehung Christi selber erfahren und noch besser verstehen. Er möchte sein Leben für Gott ganz aufgeben, möchte zur Auferstehung aus den Toten gelangen, möchte es ergreifen, denn Christus ist alles für ihn. Er hat dies alles aber noch nicht vollumfänglich erfasst und verstanden.

Paulus wird von allen christlichen Konfessionen als herausragender Verkünder der Lehre Jesu angesehen und geachtet, vor allem im Protestantismus. Er bringt dennoch zum Ausdruck, dass er noch nicht am Ziel ist. Er strebt es aber mit aller Kraft an, schaut in die Zukunft und blickt nicht mehr auf seine unrühmliche Vergangenheit zurück. Er schreibt: "Wie gesagt, meine lieben Brüder und Schwestern, ich weiss genau: Noch bin ich nicht am Ziel angekommen. Aber eins steht fest: Ich will vergessen, was hinter mir liegt, und schaue nur noch auf das Ziel vor mir" (Phil 3,13). Paulus gibt uns dann noch eine tröstliche Zusage mit auf den Weg: "Wir alle, die wir auf dem Weg zum Ziel sind, wollen uns so verhalten. Wenn ihr in dem einen oder anderen Punkt nicht meiner Meinung seid, wird Gott euch noch Klarheit und Einsicht schenken" (Phil 3,15). Er ist vollends überzeugt von der Lehre Jesu und eifert ihm unermüdlich nach. Sein Glaube, sein Wissen und der Weg, den er ging, wurde ihm durch Jesus Christus geschenkt, aufgeschlossen und erklärt. Er weiss aber auch ganz genau, dass er noch nicht alles vollständig ergriffen hat und ist sich auch ganz sicher, dass

Gott ihn und auch uns weiterhin mit Einsicht und allem Notwendigen versorgt, damit wir getrost weitergehen können.

Diese Worte lassen tief blicken. Sie zeugen von gewaltigem Gott-Erleben, von grosser Sicherheit auf dem richtigen Weg zum angepeilten Ziel zu sein. Sie zeugen aber auch von Demut und Gottesfurcht. Es ist Paulus sonnenklar, dass alles Gnade ist. Er motiviert uns, vorwärts zu schreiten, auf Jesus und auf unser Glaubensziel zu blicken und zu versuchen, die unrühmlichen Dinge, die hinter uns liegen, zu vergessen. Diese vergangenen Dinge könnten uns belasten und aufhalten, freudig und voller Zuversicht vorwärts zu schreiten. Das können wir mit der Hilfe Gottes verhindern.

Paulus hat auch die gewaltige Wirksamkeit des Heiligen Geistes erlebt und weiss genau, wie wichtig diese Unterstützung ist. Er weiss ganz genau, dass uns der Heilige Geist in alle Wahrheit führt und dass uns durch ihn hier auf Erden schon alles immer klarer wird. Er weiss weiterhin, dass wir uns auf verschiedenen Entwicklungsstufen befinden und macht uns Mut, indem er uns versichert, dass der Heilige Geist bei uns allen am Wirken und Aufklären bleibt und uns allen immer mehr Einsicht schenken will. Dämpfen wir den Heiligen Geist nicht und geben wir ihm so viel Raum wie nur möglich, dann sind wir allezeit empfänglich für seine Impulse!

Paulus schreibt in seinem ersten Brief an die Korinther: "Jetzt sehen wir nur ein undeutliches Bild wie in einem trüben Spiegel (wie im Rätsel). Einmal aber werden wir Gott von Angesicht zu Angesicht sehen. Jetzt erkenne ich nur Bruchstücke, doch einmal werde ich alles klar erkennen, so deutlich, wie Gott mich jetzt schon kennt" (1Kor 13,12).

Gott kennt uns ganz genau. Für uns ist es jedoch noch nicht möglich, ihn genau zu kennen. Aber das, was Gott uns durch seine vollkommenen Liebe gibt und zeigt, das was wir heute schon erkennen können, lässt uns erahnen, was für eine unbeschreibliche Zukunft uns gegeben ist, wenn auch wir ihm unser Herz schenken!

13.3

"Wer an seinem Leben festhält, wird es verlieren. Wer aber sein Leben in dieser Welt loslässt (gering achtet), wird es für alle Ewigkeit gewinnen" (Joh 12,25).

Könnten solche Bibeltexte nicht der Grund sein, dass so viele Menschen dem Glauben und der Kirche den Rücken kehren? Wollen wir nicht alle das Leben gewinnen? Will nicht gerade die Jugend das Leben in vollen Zügen geniessen? Ist in dieser momentanen Pandemie nicht gerade dies das grosse Problem der Jugend, dieser Entzug von Festivitäten, von Zusammenkünften bei Feiern, Musikfestivals und Partys?

Wie sieht das denn im Alltag aus, wenn wir unser Leben gewinnen wollen. Geht es dabei nicht allzu oft darum, zu schauen, was andere haben, und zu sagen: "Das möchte ich auch!"? Reizt es uns nicht, auch mit etwas Stolz sagen zu können: "Schau doch! Mein Auto, mein Haus, mein Boot! Schau, wie gut ich aussehe!". Das ist doch das wahre Leben, oder etwa nicht?

Ist das tatsächlich das, was ein Christ erreichen will? Wieso nicht? Es ist nicht verboten nach Geld und Wohlstand zu streben, sein Aussehen zu pflegen und sich daran auch zu erfreuen. Erwartet Gott von uns, dass wir uns nicht um Irdisches kümmern und materiellen Dingen keinen Wert zurechnen? Ganz sicher nicht. Wir lesen in den Evangelien über Jesus, dass er durchaus die Freuden, die das Leben auf Erden mit sich bringen kann, genoss. Er ass und trank gerne gut, genoss es, Zeit mit seinen Freunden zu verbringen und mit ihnen zu feiern. Er war froh darüber, dass er wohlhabende Jüngerinnen hatte, die ihn und die Apostel unterstützten, verteufelte also auch nicht den finanziellen Erfolg. In einer Sache war er aber konsequent: Wenn das Irdische dem Plan seines Vaters widersprach, entschied er sich immer für Gott.

Bringt uns dieses Streben nach materiellem Wohlstand näher zu Gott? Lenkt es uns vielleicht nicht etwas vom Weg ab, der gelegt ist durch Jesus Christus? Ist da nicht manchmal etwas zu viel Stolz, Hochmut und Neid dabei? Ist dieses aufpolieren unseres Selbstbewusstseins tatsächlich so erstrebenswert?

Was wollen wir eigentlich erleben, wonach streben wir, auf was sind wir in unserem Leben fokussiert? Diese Fragen sollten wir uns zuerst einmal ehrlich beantworten.

Wir sind alle nicht perfekt und werden es in diesem Leben auch nie sein. Es spricht auch absolut nichts dagegen, wenn Menschen sich zusammenfinden, um sich zu freuen und zu feiern, das ist ganz klar. Wir dürfen das Leben geniessen, ja, wir sollen es sogar geniessen, dagegen spricht gar nichts. Wir sollen uns Ziele für unsere Zukunft auf dieser Erde setzen und uns darum bemühen, es so angenehm wie möglich zu haben. Dabei sollten wir nur nicht vergessen, wo unsere endgültige Zukunft liegt: bei Jesus Christus.

Was antwortet uns Jesus auf diese Fragen? Jesus ist gekommen, damit wir das Leben haben, und dass wir es in Fülle haben (Joh 10,10). Jesus richtete sich aber immer nur auf den aus, der wahrhaft das Leben schenken kann, den allmächtigen Gott, der Herr ist über Leben und Tod. Er schenkt das Leben jedes kleinen Kindes, das diese Welt erblickt, und er will jedem Menschen das Leben über den Tod hinaus schenken. Dieser Botschaft vollkommen treu zu sein und diesem himmlischen Vater ganz zu vertrauen, daran orientierte sich Jesus. Das hat ihn auch ans Kreuz gebracht. Die Treue zu dieser Botschaft und das Vertrauen zu diesem Vater, hat ihn aber auch aus dem Tod ins neue, unvergängliche Leben geführt.

Es bedroht uns alle der biologische Tod, auch wenn wir ungern daran denken. Viel mehr noch bedroht uns aber der Tod, der davon herrührt, dass wir das Leben aus vermeintlich eigenen Kräften gewinnen wollen, koste es was es wolle.

Der Tod ist der Durchgang zum ewigen Leben, dem wahren Leben. Das zu erlangen bedeutet, sein Leben unter den Maßstab Jesu zu stellen. Das kann manchmal besonders für junge Christen sehr schwer sein. Wenn sie nicht den gängigen Idolen und Verhaltensmuster nachlaufen, und sie somit nicht "in" sind, kann sie das entfremden. Es kann sie zu Aussenseitern des gängigen Musterverhaltens machen. Es kann uns Christen zu Ausgestossenen machen, wie die Menschen damals es mit Jesus auch gemacht haben. Das auf uns zu nehmen, weil wir uns keinem anderen Maßstab als dem von Jesu unterwerfen wollen, heisst unser Kreuz auf uns zu nehmen. Wenn wir dies tun können, werden wir erleben, dass sich das Wort an uns erfüllt, wo es heisst: "Mein Joch ist sanft und meine Last ist leicht" (Mt 11,30). Diese Last, die es eben manchmal auch braucht, ist wirklich leichter als wir oftmals das Gefühl haben oder geneigt sind zu denken. Gott macht uns das Leben nicht schwerer als es ist - im Gegenteil - er hilft so gerne tragen. Wenn wir Gott bekennen vor anderen Menschen und diese sehen, dass wir den Weg mit Christus unbeirrt und beharrlich gehen, werden wir immer wieder überrascht sein, wie positiv viele Reaktionen von Mitmenschen ausfallen werden!

Und so fordert uns auch Paulus auf, unser Leben für Gott zu leben und tot zu sein - tot für die Sünde (Röm 6,3-11). Die Bibel sagt, dass wir der Sünde sterben müssen. Mit anderen Worten: Wir müssen allem abschwören, was dem Willen Gottes widerspricht.

Wir sollten uns aber auch im Klaren sein, dass wir uns nicht entscheiden müssen zwischen Gott und den Menschen. In allen Menschen, die wir wirklich lieben, lieben wir letztlich Gott selbst. Wir dürfen und sollen Menschen echt und tief lieben, weil das nicht gegen die Liebe Gottes ist, sondern mit ihr zusammenfällt. Wir sollen Menschen aber nicht zu unseren Idolen machen.

Eltern haben die schöne, aber auch schwere Aufgabe, für ihre Kinder eine ganze Zeit lang Lebensvorbild zu sein, sozusagen stellvertretend für Jesus und seinen Vater. Aber je reifer die Kinder werden, desto mehr sollen sie auch verstehen, dass tragender Grund ihres Lebens nur der sein kann, der kein menschliches Vorbild hat, sondern sich nur am Vater im Himmel orientiert, und daher immun ist gegen alles Ausspielen der Liebe gegeneinander: Jesus Christus.

Tot sein für die Sünde bedeutet dann zuallererst, Gott und seine Lehre nicht als Rivalen unseres Glücks, unserer Liebe, unseres Lebens zu sehen, sondern zu begreifen, dass er in seiner alles umfassenden Liebe das Leben in Fülle schenken will und wird, wenn wir auf ihn bauen. Es ist ausserdem auch gar nicht möglich, echte, wahre und nachhaltige Freude und ein genussreiches Leben zu haben, ohne Gott. Mit Gott können wir hier auf Erden schon richtig glücklich und selig werden, sogar in Bedrängnissen, und stehen dazu auch noch in der Vorfreude auf ewige Glückseligkeit.

13.4

"Denn so sehr hat Gott die Welt (Menschen) geliebt, dass er seinen eingeborenen Sohn gab (für sie hergab), auf dass alle, die an ihn (Jesus) glauben, nicht verloren werden, sondern das ewige Leben haben" (Joh 3,16).

Jesu Leben hatte den Sinn, den Menschen die Errettung von Sünde und Tod zu bringen. Er kam zu den kranken Menschen und heilte sie. "Wer mich sieht, sieht den Vater" (Joh 14,9), sagte Jesus und das heisst: Jesu Leben hatte den Sinn, durch seine Worte und Taten den Menschen den Vater zu offenbaren, uns das Wesen des barmherzigen, gnädigen, liebenden himmlischen Vaters näherzubringen. Und Jesu Leben hatte schliesslich das Ziel, zum Vater zurückzukehren.

Der Sohn Gottes ist als Retter in die Welt gekommen. Gott hat seinen Sohn nicht in die Welt gesandt, damit er die Welt richte, sondern damit die Welt durch ihn gerettet werde (Joh 3,17). Vom Sohn Gottes sind zahlreiche Aussagen über Zweck und Ziel seines Lebens verbürgt. Er hat den Sinn seines Lebens als Mensch auf Erden klar formuliert. Er betonte, dass der Sinn seines Lebens auch darin bestand, sein Leben zu lassen für seine Freunde oder, wie er es auch ausdrückte: "Der gute Hirte lässt sein Leben für die Schafe" (Joh 10,11).

Was ist der Sinn des Lebens bei uns Menschen? Diese Frage ist eng verbunden mit den Fragen "Woher kommen wir? Wohin gehen wir? Wozu sind wir hier auf Erden?" Was ist unser Daseinszweck und wie sollen wir leben, um ihn zu erfüllen?

Antworten darauf suchten und fanden die Menschen seit Jahrtausenden vor allem in der Religion. Sie bot dem Gläubigen Richtung, Weg und Ziel für sein Leben auf Erden und darüber hinaus an. Das gilt für das Judentum, wo der Sinn des Lebens zuvorderst in der Einhaltung der göttlichen Gesetze besteht, in der Ehrfurcht vor Gott und seinem Willen, sowie auch für das Christentum, das auf ganz ähnlichen Grundlagen gegründet ist. Der Glaube an Gott und seinen Sohn Jesus Christus, an die Einhaltung der Gebote, um nach dem Tod schlussendlich dann in Gottes Reich zu kommen. Zentrale Aspekte der Bibel sind die praktizierte Nächstenliebe und der Glaube an die Erlösung durch Jesus Christus. Das Ziel ist ewiges Leben mit Gott. Auf diesem Weg ist das Nahziel, bei der Wiederkunft Jesu angenommen zu werden.

Es gibt viele individuelle Antworten auf den Sinn des Lebens. Es gibt philosophische, naturwissenschaftliche und theologische Aussagen. Und das ist gut so. Der Mensch hat eine gewisse Souveränität in der Wahl seines Lebenssinns. Es ist individuell, welchen Sinn wir unserem Leben geben. Es ist unsere bewusste oder auch unbewusste Entscheidung, aus einer unendlichen Zahl möglicher sinnstiftender Dinge auszuwählen, und diese Entscheidung beruht zu grossen Teilen auf unserer Liebe zu diesen Dingen.

Die Frage nach dem Sinn des Lebens stellt sich für viele im Alltag in der Regel erst dann mit Nachdruck, wenn die eigene Lebensführung zweifelhaft oder fragwürdig wird. Häufig kommt es zu einer Sinnkrise, wenn Enttäuschung, Unglücke, Krankheit, Verlust eines geliebten Menschen oder ein neuer Lebensabschnitt, neue Umgebung, neuer Beruf oder Arbeitslosigkeit die bisherigen Antworten nach dem Lebenssinn in Frage stellen. Die Menschen beginnen dann neu über den Lebenssinn nachzudenken, über Glück und Leid und deren "Sinn" für das eigene Leben. Eine solche Lebenssinnkrise war für manche auch die Corona-Pandemie. Häufig finden Menschen, die ein kritisches Ereignis bewältigt haben, das ihren Lebenssinn in Frage gestellt hat, einen Sinn für die Krise. Das

Hinterfragen kann nach einer gewissen Zeit dann zu einem tieferen Lebenssinn, zu neuer Erkenntnis, neuem Glück und Zufriedenheit führen.

Man kann eine Antwort auf die Frage nach dem Sinn des Lebens auch verdrängen. Solche Menschen schieben die Diskussion über eine Übereinstimmung zwischen Sinn ihres Lebens und ihrer Lebensweise weit von sich, weil sie eine möglicherweise daraus notwendigerweise resultierende Änderung ihrer Lebensweise ablehnen.

Manche Menschen empfinden zwar eine grosse Sinnleere in ihrem Leben, unterdrücken das Leiden daran aber. Lebenserhaltungstrieb und Sachzwänge sind damit einzige treibende Kraft ihres Lebens. Dieses Unterdrücken birgt eine nicht zu unterschätzende Gefahr.

Ein hochbetagter Mann wurde einmal bei einem runden Geburtstag von der Presse gefragt: "Was haben Sie eigentlich von Ihrem Leben gehabt?" Dieser Mann hat dann sinngemäss geantwortet: "Darüber habe ich mir keine grossen Gedanken gemacht. Ich habe mich vielmehr gefragt: Was haben andere von meinem Leben gehabt?" Der Sinn dieses Lebens bestand nicht darin, den grösstmöglichen Genuss im Leben zu haben. Auch nicht darin, sich mit Ellbogen den besten Platz in der Gesellschaft zu sichern. Dieser Mann sah den Sinn seines Lebens darin, gerade auch dem Nächsten zu dienen, dessen Wohl nicht aus den Augen zu verlieren. "Leben für andere, "Liebe zum Herrn und zum Nächsten". Könnte man so nicht den wahrhaften Sinn des Lebens formulieren, und wenn ja, sich in diese Richtung orientieren und bewegen? Womit wir wieder bei der Lehre Jesu und seinem Evangelium angelangt wären.

Teil 14

14.1

"Und zu der neunten Stunde rief Jesus laut: Eli, Eli, lama asabtani? das heisst übersetzt: Mein Gott, mein Gott, warum hast du mich verlassen" (Mk 15,34)?

Diese Worte, die zu den sogenannten "letzten Worte Jesu am Kreuz" gehören, lassen auf den ersten Blick schon recht klar darauf schliessen, dass Jesus, wieso auch immer, von Gott für vielleicht auch nur ein paar Augenblicke verlassen wurde. Es scheint wenig Spielraum zu geben, dieses in Frage zu stellen. Doch wenn dies tatsächlich so gewesen wäre, würde es so manchen Aussagen in der Bibel klar widersprechen.

In Johannes 8,29 steht geschrieben: "Und der mich gesandt hat, ist mit mir. Er lässt mich nicht allein; denn ich tue allezeit, was ihm gefällt". Weiter steht geschrieben: "Ich und der Vater sind eins" (Joh 10,30). Jesus suchte immer den Willen dessen, der ihn gesandt hat (Joh 5,30). Wir dürfen die Gewissheit haben, dass Gott niemals den verlässt, der nach seinem Willen handelt.

Wenn Jesus Christus nun allezeit den Willen seines Vaters tat, dann muss er auch den Willen seines Vaters getan haben, als er am Kreuz starb. Gerade darin zeigte sich, dass er und sein himmlischer Vater eins waren - also in absoluter Übereinstimmung. Warum sollte der Vater ihn dann verlassen haben, als Jesus am Kreuz offensichtlich doch Gottes Willen erfüllte?

Gott war in Christus, er handelte in Christus, redete durch Christus, wirkte in ihm, und ermöglichte so die Versöhnung des Menschen mit sich selbst (2Kor 5,19). Auch diese Aussage weist darauf hin, dass Gott seinen Sohn sicher nicht verlassen haben konnte, als dieser am Kreuz durch seinen Opfertod gerade diese Versöhnung möglich machte. Jesus verkörperte Gott, in ihm war Gott gegenwärtig. "Denn in ihm (in Christus) wohnt die ganze Fülle der Gottheit leibhaftig" (Kol 2,9). Wie kann die ganze Fülle der Gottheit, die in Christus wohnt, von ihm getrennt werden? Wie ist es unter solchen Gegebenheiten möglich, dass Gott Jesus verliess, wenn in Christus die ganze Fülle Gottes leibhaftig wohnt?

Es gab und gibt die Meinung, dass Gott seinen Sohn in dieser Situation verliess, weil er am Kreuz zur Sünde gemacht wurde, das heisst, selbst an der sündhaften Natur Anteil bekam, als er dort unsere Sünden auf sich lud. Das bewirkte diese Trennung von Vater und Sohn, und Gott musste dadurch seinen Sohn verlassen. Zudem sollte der Sohn, um ein vollkommenes Opfer zu sein, die gleiche Trennung von Gott erfahren, wie sie ein jeder Mensch auch kennt.

"Und Jesus rief laut: Vater, ich befehle meinen Geist in deine Hände! Und als er das gesagt hatte, verschied er (Lk 23,46). Diese Worte sprach Jesus am Kreuz, nachdem ihn Gott angeblich schon verlassen hatte. Falls Jesus zunächst der Meinung war oder das Gefühl hatte, dass Gott ihn tatsächlich verlassen hatte, würde es kaum einen Sinn ergeben, dass Jesus sich nun mit dieser Bitte an Gott wandte.

Im 2. Brief an die Korinther steht geschrieben, dass Jesus für uns "zur Sünde gemacht" wurde: "Denn er (Gott) hat den, der von keiner Sünde wusste (Jesus), für uns zur Sünde gemacht, damit wir in ihm die Gerechtigkeit würden, die vor Gott gilt (2Kor 5,21). Hierbei müssen wir erkennen, dass Jesus am Kreuz nicht einfach zum sündigen Menschen wurde, um an unserer statt bestraft zu werden und zu sterben, was die notwendige Folge von Übertretungen ist. Jesus war allezeit vollkommen und sündlos als Mensch auf Erden. Jesus bleibt auch am Kreuz ein sündloser Mensch und dennoch empfängt er die volle Strafe und den Zorn Gottes, die gerechtfertigte Reaktion Gottes auf Sünde.

Jesus hat nicht einfach alle Sünden der Menschheit auf sich genommen um als sündiger Mensch von Gott bestraft zu werden, sodass dadurch alle unsere Sünden getilgt sind. Er ist zur Sünde geworden. Er wurde zur Sünde gemacht, denn er selbst hat ja keine Sünde begangen. Es fand also eine Metamorphose am Kreuz statt. Das erklärt auch Gottes unbändigen und unbarmherzigen Zorn, den Jesus ertragen muss: Es ist Gottes Reaktion auf die Sünde, nicht seine Reaktion auf einen sündenbeladenen Menschen.

Wir sehen auch im Alten- wie im Neuen Testament, dass Gott es oft reut, den sündigen Menschen Unheil angedroht zu haben und er auch davon ablässt (2Mo 32,14). Er eröffnete seinem Volk Möglichkeiten zur Umkehr und Busse, brach Bestrafung ab und rettete sie doch aus vielem Unheil heraus.

Jesus jedoch rettete er nicht vor der Bestrafung, sondern entlud seinen Zorn vollends über den, der zur Sünde wurde, denn Gottes Zorn ist gerichtet auf Gottlosigkeit und Ungerechtigkeit, also auf die Sünde (Röm 1,18). Jesus blieb sündloser Mensch durch und durch, auch und gerade als er am Kreuz starb. Er wurde selbst zur Sünde, um dem vollständigen Zorn Gottes ausgeliefert zu sein. Diese für unseren Verstand nicht greifbare Metamorphose ermöglicht uns ebenso eine Verwandlung zur Gerechtigkeit Gottes, gleichgestaltet dem Ebenbild seines Sohnes, dem Erstgeborenen unter vielen Brüdern (Röm 8,29).

Die Sünde konnte nur vollkommen aufgehoben werden, weil sie vom vollkommenen Zorn Gottes getroffen wurde, sodass eine Auferstehung als vollkommene Gerechtigkeit Gottes geschah. In diese Gerechtigkeit können wir nun verwandelt werden, wenn wir in Christus sind und in ihm bleiben.

"Gnade und Wahrheit ist durch Jesus Christus geworden" (Joh 1,17). Jesus eröffnet den Zugang zum rechten Verständnis Gottes und des Menschen. Gottes Wesen ist die Liebe. Alles, was Gott tut, ist von Liebe getragen, auch wenn es zuweilen schwer zu verstehen ist. Der Mensch erkennt durch Jesus seine Sündhaftigkeit und Heilsbedürftigkeit. So wird der Mensch vor der Illusion bewahrt, sich das Heil verdienen zu können und muss allein auf Gott vertrauen, der ihm durch den Glauben an Jesus Christus das Heil schenkt. Zu dieser Wahrheit gehört auch die Mahnung Jesu: "... wenn ihr nicht glaubt, dass ich es bin, werdet ihr sterben in euren Sünden" (Joh 8,24).

Wie kommt es aber dann, dass in den Übersetzungen in Markus und auch in der Parallelstelle in Matthäus (Mt 27,46) der Eindruck entsteht, als habe Gott seinen Sohn verlassen? Die Worte dieser beiden Verse klingen in der Tat wie der verzweifelte Ausruf eines getäuschten und enttäuschten Mannes. In diesen Worten hallt nur Niederlage wider, und doch hat Jesus am Kreuz keine Niederlage erlitten. Niemand nahm sein Leben von ihm - er selbst gab es aus Liebe zu uns. Jesus hat Macht es zu lassen und er hat Macht, es wieder zu nehmen (Joh 10,18).

Wir verstehen diese zwei Verse in Markus und Matthäus Wort für Wort, abgesehen von den Fremdwörtern, die bei der Übersetzung im Text belassen wurden. Diese Tatsache sollte unsere Aufmerksamkeit erregen. Warum liessen die Übersetzer diese fremden Wörter im Text stehen? Diese Abweichung vom üblichen Vorgehen beim Übersetzen gibt uns eine Anregung, hier bei der Lösung zu diesem Problem anzusetzen.

Bei den fremden Wörtern in diesen Versen handelt es sich nicht um griechische, sondern um aramäische Wörter. Jesus sprach Aramäisch. Diese aramäischen Wörter wurden wohl im Text belassen, weil die Übersetzer sich über ihre Bedeutung nicht völlig sicher waren. Daher fügten sie lediglich hinzu, was sie für die richtige griechische Übersetzung hielten. Es gibt noch andere Beispiele für eine solche Praxis im Neuen Testament (z.B. Mk 5,41; 1Kor 16,22).

Um zu einem rechten Verständnis dieser Verse zu gelangen, ist es auch notwendig, die aramäischen Wörter in ihrer Bedeutung genauer zu untersuchen. Dies wird möglich, da diese Wörter auch an anderen Stellen in der Bibel vorkommen.

Das Wort "Eli" ist eine Form des aramäischen Wortes "alahi", das "Gott" bedeutet. Die Form des Wortes in diesen Versen wird korrekt als "mein Gott" wiedergegeben.

Das Wort "lama" kommt so nicht an dieser Stelle vor, korrekt lautet es "lmana". Es setzt sich aus drei kleineren Komponenten zusammen - la - ma - na, und könnte übersetzt werden mit "denn das ist wofür". Dieses Wort kommt mehrmals im Neuen Testament vor, es bedeutet auch grundsätzlich "warum" und leitet auch Fragen ein. Dabei muss man beachten, dass es auch in der aramäischen Sprache eine bestimmte Form von Frage gibt, die eigentlich nicht unbedingt eine Frage sein will, sondern vielmehr in betonter Form einen Ausruf mit einer Erklärung darstellt. "Lmana" leitet in diesen zwei Versen zwar eine Frage ein, die aber als ein Ausruf, als eine Erklärung verstanden werden muss und dann übersetzt werden könnte im Sinne von "zu diesem Zweck" oder "aus diesem Grund".

Das Wort "asabtani" ist im aramäischen Text eigentlich das Wort "schabaktani", abgeleitet von dem Wort "schabak". Dieses Wort bedeutet grundsätzlich so viel wie "lassen", wobei es in den unterschiedlichen Zusammenhängen Bedeutungen wie "erlassen, hinterlassen, aufbewahren, übriglassen, schonen, verlassen, vergeben, behalten" hat. Als Beispiel könnte man Römer 11,4 erwähnen: Aber was sagt ihm die göttliche Antwort? "Ich habe mir übriggelassen [schabak] siebentausend Mann, die ihre Knie nicht gebeugt haben vor dem Baal."

Das Wort "schabak" hatte in biblischen Zeiten grundsätzlich diese Bedeutung von "lassen" oder "übriglassen", und erst einige Jahrhunderte später entwickelte sich die Bedeutung von "verlassen". Diese Beispiele weisen darauf hin, dass die aramäischen Wörter in Markus 15,34 und in Matthäus 27,46 nicht unbedingt so übersetzt werden müssen, wie es in der Lutherbibel und vielen anderen Bibelübersetzungen geschah.

Als Jesus um die neunte Stunde - circa 3 Uhr nachmittags - am Kreuz hing, brachte er diese Worte aus der Tiefe seiner Seele hervor: Eli, Eli, lmana schabaktani! Man könnte diese Worte übersetzen mit: "Mein Gott, mein Gott [Eli, Eli], für diesen Zweck [lmana] hast Du mich aufgespart [schabaktani]!" "Mein Gott, mein Gott, für diesen Zweck wurde ich aufgespart (aufbewahrt).

Jesus erniedrigte sich selbst und war gehorsam bis zum Tod, ja bis zum Tod am Kreuz (Phil 2,8). Der Tod am Kreuz war keine Niederlage, keine von Menschen erzwungene Tötung - nein, es war der Triumph des Sohnes Gottes und seines Vaters über die Sünde. Jesus Christus erwies Gottes Gerechtigkeit, indem er sich als das von Gott selbst bereitgestellte vollkommene Sündopfer darbrachte und so alle Anforderungen an Gottes Gerechtigkeit erfüllte, was nun Gott ermöglicht, all die gerecht zu sprechen, die an ihn glauben.

14.2

"Im Anfang war das Wort, und das Wort war bei Gott, und Gott war das Wort" (Joh 1,1).

Weiter steht geschrieben: "Dasselbe war im Anfang bei Gott. Alle Dinge sind durch dasselbe (durch Jesus Christus) gemacht, und ohne dasselbe (ohne Jesus Christus) ist nichts gemacht, was gemacht ist" (Joh 1,2-3). Es geht uns allen vermutlich gleich, wenn wir dieses Wort zum ersten Mal lesen. Es ist auf Anhieb nicht klar verständlich und wir lesen es noch ein paar Mal, bis es etwas aufklart.

Alles ist entstanden durch das Wort Gottes, es gibt keine Dinge, die nicht durch das Wort Gottes entstanden sind. Weiter müssen wir wissen, dass im Vers 1 "das Wort" (gr. logos) ein Name des Herrn Jesus Christus ist (Offb 19,13). Jesus Christus selbst ist das Wort Gottes. Das fleischgewordene Wort Gottes ist Jesus Christus. Es heisst im Vers 14: "Und das Wort ward Fleisch und wohnte unter uns, und wir sahen seine Herrlichkeit, eine Herrlichkeit als des eingeborenen Sohnes vom Vater, voller Gnade und Wahrheit" (Joh 1,14).

Der Sohn Gottes - Jesus Christus - ist nicht nur voller Gnade und Wahrheit, er ist selbst die Wahrheit. Er brachte nicht nur die wahre Lehre unter die Menschen und zeigte den Weg zu ewigem Leben, er ist selbst der Weg und das Leben (Joh 14,6). Durch ihn ist alles möglich. In ihm ist die Liebe, und nur wenn wir in ihm sind und er in uns, ist wahrhaftiges Leben in der Liebe möglich.

Das Wort ist Fleisch geworden und hat unter uns gewohnt. Gott ist Mensch geworden!

Diese Verse sind vor circa 2000 Jahren entstanden. Was bedeuten diese Verse für uns im 21. Jahrhundert? Das Wort, das auch in unsere Zeit kommt - wohnt es auch unter uns? Sehen wir auch seine Herrlichkeit?

Der Johannesprolog ist im eigentlichen Sinn eine Zusammenfassung des christlichen Glaubens, und zwar von Anfang an. Wie alles begonnen hat, warum alles so ist wie es ist. Die Schöpfungsgeschichte aus dem Alten Testament wird noch einmal neu erzählt. Es gibt jedoch einen entscheidenden Unterschied zwischen der biblischen Urgeschichte und dem Johannesprolog: Das Wort ist Fleisch geworden - Gott ist in Jesus Christus Mensch geworden. Und deshalb muss alles noch mal neu erzählt werden.

Das Wort ist Fleisch geworden. Den Juden wird damit signalisiert: Sie müssen nicht mehr auf den Messias warten, er ist schon da. Gott, der Mensch geworden ist.

Ungeheure Worte für die Zeitgenossen des Evangelisten Johannes. Zum einen für die Christen, die ursprünglich dem jüdischen Glauben angehörten. Zum anderen aber auch für die griechisch denkenden Christen, die in den Kategorien der sogenannten Gnosis dachten. Die Gnosis war eine geistige Strömung im griechischen Kulturkreis. Gnosis heisst übersetzt Erkenntnis. Die Lehre besagt, alle Materie ist minderwertig und vergänglich, das gilt in besonderer Weise für den menschlichen Leib, denn er besteht ja "nur" aus Fleisch und Blut. Deshalb kann Jesus kein richtiger Mensch gewesen sein. Als Sohn Gottes kann er dieser Vergänglichkeit nicht unterworfen sein. So verkündeten es die Anhänger der Gnosis innerhalb der Kirche. Johannes sagt: Das Wort *ist* Fleisch geworden. Der wahre Gott *ist* wahrer Mensch geworden.

Kann Gottes Wort in unserem Leben Gestalt annehmen? Im Johannesevangelium ist eine Erzählung über eine Frau überliefert, die auf frischer Tat beim Ehebruch ertappt wurde. Es war in der letzten Woche vor Palmsonntag, an einem jener Tage, da Jesus im Tempel lehrte. Da schleppten die Pharisäer und Schriftgelehrten diese Frau vor ihn. Nach dem mosaischen Gesetz muss sie gesteinigt werden. Man kann sich leicht in diese Szene hineinversetzen: Da ist die völlig verängstigte Frau, die keine Möglichkeit hat, sich noch irgendwie zu verteidigen. Da ist die aufgebrachte Menschenmenge, entschlossen, die Frau zu steinigen. Da stehen die Pharisäer und Schriftgelehrten, die das Gesetz vertreten. Bei dieser Gelegenheit möchten sie auch gleich Jesu Gesetzestreue auf die Probe stellen. Jesus soll jetzt sagen, was mit der Frau geschehen soll. Es ist klar, man will ihn in eine Falle locken: Sagt er, die Frau dürfe nicht gesteinigt werden, so erklärt er das Gesetz des Moses für ungültig und spricht damit sein eigenes Todesurteil; sagt er, die Frau müsse gesteinigt werden, erklärt er all das für ungültig, was er selbst gepredigt und an Menschlichkeit gefordert hat.

Ein scheinbares Dilemma, aus dem er nicht herauskommt. Was sagt nun Jesus? Er sagt zunächst gar nichts. Er hat sich gebückt und schreibt mit dem Finger in den Sand. Dann richtete sich Jesus auf und sprach zu ihnen: "Wer unter euch ohne Sünde ist, der werfe den ersten Stein auf sie" (Joh 8,7)! Das Wunder geschieht; einer nach dem anderen verlässt den Platz. Alle Beteiligten erkennen plötzlich die Möglichkeit der Barmherzigkeit und ziehen die einzig mögliche Konsequenz daraus: Wenn ich für mich selbst Barmherzigkeit erhoffe, muss ich sie zuerst anderen geben. Diese Geschichte zeigt: Gottes Wort kann alles ändern, manchmal auch schnell und radikal. Er will uns lehren, uns gewinnen, uns zur Umkehr und zu radikal neuen Sichtweisen führen. Er will unter uns wohnen, damit wir seine Herrlichkeit mit eigenen Augen sehen.

Übrigens, was hat Jesus damals in den Sand geschrieben? Wir wissen es nicht, es ist darüber nichts überliefert. Ganz sicher tat er dies nicht, um Verlegenheit zu überspielen oder sich vor einer Antwort zu drücken. Seine wortlose Geste gibt vielmehr eine Antwort, wie sie schärfer und eindeutiger nicht ausfallen könnte. Indem Jesus nämlich in den Sand schreibt, setzt er ein altes prophetisches Zeichen. Ein Zeichen, das jeden, der des Alten Testaments kundig war, treffen musste wie ein Blitz. An einer Stelle im Buch des Propheten Jeremia heisst es nämlich: "Alle, die dich verlassen Herr, werden zuschanden, die sich von dir abwenden, werden in den Sand geschrieben" (Jer 17,13). Diese unausgesprochene aber dennoch klar verständliche Antwort hatten die vorab siegesgewissen Schriftgelehrten nicht erwartet.

Diese Geschichte aus dem Johannesevangelium zeigt, dass Gott anders mit Schuld umgeht als Menschen. Jeder von uns wird herausgefordert: Setzen wir lieber auf Urteil und Strafe, weil Ordnung sein muss, oder trauen wir Gott zu, aus seinem Wort heraus wirklich Neues zu schaffen, indem er eine Seele verwandelt dadurch, dass einer dem anderen um Gottes Willen vergibt ohne Bedingung. "Wie ihr vergebt, so wird auch euch vergeben werden" (Lk 6,37).

Zum Schluss gibt Jesus der Sünderin noch einen Rat mit auf ihren weiteren Lebensweg, einen Weg, der vor ein paar Minuten noch als definitiv beendet schien. Zuerst fragte Jesus: "Frau, wo sind jene, deine Ankläger? Hat dich niemand verurteilt?" Sie sprach: "Niemand, Herr!" Daraufhin entgegnete ihr Jesus: "So verurteile ich dich auch nicht; gehe hin und sündige hinfort nicht mehr" (Joh 8,10-11)! Jesus hat ihre Tat nicht gutgeheissen, er schenkte ihr aber Gnade und brachte zum Ausdruck: Mach es in Zukunft besser auf deinem nun wieder möglich gewordenen Weg: Wort Gottes, das Gnade und Leben schenkt schon hier auf Erden, vor allem aber auch zukünftiges Leben in Ewigkeit.

14.3

"Denn weil die Welt durch [ihre] Weisheit Gott in seiner Weisheit nicht erkannte, gefiel es Gott, durch die Torheit der Verkündigung diejenigen zu retten, die glauben" (1Kor 1,21).

Mit "Torheit der Verkündigung" meint Paulus das Wort vom Kreuz, denn zuvor im Vers 18 steht geschrieben: "Denn das Wort vom Kreuz ist eine Torheit denen, die verlorengehen; uns aber, die wir gerettet werden, ist es eine Gotteskraft". Gott sagt, dass er die Weisheit der Weisen zunichtemachen will und all ihre Klugheit verwerfen will.

Die Kreuzigung ist kein Unglück, das hätte vermieden werden können und müssen, sondern eine heilsgeschichtliche Notwendigkeit. Wir wissen: Jesus hatte die Macht, sein Leben selbst zu lassen und es auch selbst wieder zu empfangen. Niemand konnte sein Leben von ihm nehmen (Joh 10,18).

Paulus macht in diesem Brief an die Korinther klar, dass es den Menschen nicht möglich ist, mit Hilfe ihrer eigenen Weisheit Gott zu erkennen. Er macht klar, dass Gott stattdessen beschloss, alle zu retten, die einer scheinbar so unsinnigen Botschaft glauben.

Korinth war die wichtigste Stadt in Griechenland in jener Zeit. Die Stadt bildete ein grosses Handelszentrum. Die Kultur war vom Verfall bedroht, die Religion konzentrierte sich auf Götzen. Es gab dort auch Menschen, die das Evangelium nutzten, um sich zu bereichern (2Kor 2,17 - 3,3). Die christliche Gemeinde hatte mit Spaltung und unterschiedlichen Philosophien zu kämpfen.

Paulus schreibt den Korinthern: "Denn die Juden fordern Zeichen und die Griechen fragen nach Weisheit, wir aber predigen Christus, den Gekreuzigten, den Juden ein Ärgernis und den Heiden eine Torheit; denen aber, die berufen sind, Juden und Griechen, predigen wir Christus als Gottes Kraft und Gottes Weisheit (1Kor 1,22-24). Damit drückt Paulus unmissverständlich aus, dass das Heil für Juden und Heiden möglich ist, wenn sie der Botschaft vom Kreuz Gehör schenken, ohne Zeichen und Beweise zu fordern.

Juden und Heiden - also den meisten Menschen - ist die Botschaft von der heilsamen Kraft des Todes Jesu unverständlich. Juden und Heiden verlangen nach Beweisen unterschiedlicher Art: Die einen fordern "Zeichen", die anderen "Weisheit", gemeint ist eine philosophisch abgesicherte Argumentation.

Das Verlangen nach Zeichen, das Paulus den Juden zuordnet, haben viele Menschen. Als Jesus in Palästina predigte, da verlangten die Pharisäer und Schriftgelehrten nach Zeichen, nach Wundertaten: "Meister, wir wollen ein Zeichen von dir sehen" (Mt 12,38). Doch Jesus lehnt dieses Ansinnen ab. Obwohl er viele Wunder getan hat, weigerte er sich, der Forderung nachzukommen, seine Sendung und Vollmacht durch eine Wundertat zu beweisen.

Christen wurden zu allen Zeiten aufgefordert, Zeichen für die Wahrheit des Evangeliums zu erbringen. Es waren damit immer spektakuläre Geschehnisse gemeint. Wie oft wurde dem Glaubenden, der sich in ernsten Nöten befand, entgegengebracht, warum hilft dir Gott nicht? Warum befreit er dich nicht aus der Not? Dabei wird übersehen, was wesentliche Zeichen für die Wahrheit des Evangeliums sind, nämlich Gottesliebe und Menschenliebe. Ein Verhalten, das erfüllt ist von Liebe, Freude und Geduld (Gal 5,22). Ein Verhalten, das durch Nachfolge gekennzeichnet ist, die auch dem Leiden um Christi Willen nicht aus dem Weg geht (2Kor 1,5-7).

Die Frage steht im Raum: Wie kann es sein, dass eine Kreuzigung - also die schändlichste Form der Hinrichtung - ein Akt des Heils ist? Eine der wichtigsten Fragen überhaupt! Paulus macht deutlich, dass es eine philosophische Beweisführung in dieser Sache nicht geben kann. Das Kreuz ist und bleibt ein nicht erschliessbares Geheimnis, das nur im Glauben angenommen und nur so in gewisser Weise verstanden werden kann: Es ist der Ausdruck der vorbehaltlosen Solidarität Gottes mit den Menschen.

Wenn wir den Gekreuzigten verkündigen, wenn wir seinen Opfertod bekennen, dann bekennen wir Jesus auch als Kraft und als Weisheit. Er ist die Kraft - die Macht Gottes - die im Heiligen Geist eine Zukunft schaffen wird, deren Herrlichkeit wir uns nicht vorstellen können.

Ein paar Verse weiter versucht Paulus zu beschreiben wie diese Herrlichkeit aussieht: "Was kein Auge jemals sah, was kein Ohr jemals hörte und was sich kein Mensch jemals vorstellen konnte, das hält Gott für die bereit, die ihn lieben" (1Kor 2,9). Hier zitiert Paulus einen Text, der im Prophetenbuch Jesaja schon geschrieben steht (Jes 64,3).

Menschliche Weisheit und Klugheit ist generell gesehen etwas Gutes. Wenn wir weisen und klugen Menschen begegnen, kann dies eine Wohltat sein, wir können von dieser menschlichen Weisheit profitieren. Weisheit ist nicht graue Theorie oder Nachdenken über einen bestimmten Sachverhalt, sondern sich im Lebensalltag zurechtzufinden, mit Dingen und Menschen zurechtzukommen; sie ist ein Erfahrungswissen.

Salomos glückliche Regierungszeit als König Israels ist geprägt von seiner Weisheit. Gott hat Salomos Bitte um Weisheit stattgegeben, wie die Bibel berichtet (1Kön 3,9.12; 5,9). König Salomo gilt in der Bibel als der exemplarische Weise (1Kön 5,10-14). Die Heilige Schrift überliefert uns einige Schriften unter dem Namen Salomo: Die Sprüche Salomos, der Prediger Salomo (Kohelet), das

Hohelied Salomos. Auch in den Apokryphen zum Alten Testament gibt es ein Buch, das dem König Salomo zugeschrieben wird: Die Weisheit Salomos. Das Hohelied schrieb Salomo in seiner Jugend, das Sprüche-Buch in der Mitte seines Lebens und Kohelet im Alter. Die Überlieferung Salomos als weiser König fusst auf einer Geschichte, die in 1. Könige 3,16-28 überliefert ist: Das salomonische Urteil.

Die Weisheit in Israel wurde damals gepflegt in der Familie. Der Vater oder die Mutter gaben ihre Weisheit in Form von Ratschlägen weiter. Ein anderer Ort der Weisheit war der Königshof. Ein König hatte weise Berater oder Beamte, die in entsprechenden Schulen ausgebildet wurden.

All diese Weisheit kann ein Segen sein. Wenn eines Volkes König selbst ein Weiser ist - wie Salomo einer war - so kann sich dieses Volk glücklich schätzen.

Diese Weisheit ist aber zum einen vergänglich und zum anderen hält sie keinen Vergleich stand zur Weisheit Gottes. Die Welt hat Gott durch die menschliche Weisheit nicht erkannt. Deshalb hat Gott die menschliche Weisheit zur Torheit gemacht. Gott schenkt denjenigen seine Herrlichkeit, die glauben, dass der Gekreuzigte Kraft und Weisheit Gottes ist.

Das können wir auch bei Salomo erkennen. Er beginnt, den Gottheiten aus aller Herren Länder Altäre zu bauen und zu opfern. Salomo hatte sich mit der Zeit ein Harem mit ausländischen Prinzessinnen zugelegt, die alle ihre eigenen Götter und Göttinnen mitbringen. Trotz zweimaliger Aufforderung durch Gott wendet sich Salomo nicht vom Götzendienst ab. Dieses Verhalten hat Folgen: Im Land gibt es einen Umsturzversuch: Jerobeam - ein Beamter unter Salomo - beginnt einen Aufstand, scheitert aber anfangs und flieht nach Ägypten zum Pharao Schischak, um abzuwarten, bis Salomo stirbt. Nach vierzigjähriger Regierungszeit legt sich Salomo zu seinen Vätern und wird in Jerusalem begraben. Bei der Teilung des Königreichs wurde Jerobeam zum König über zehn der zwölf Stämme gemacht. Das Volk versank unter ihm in offenem Götzendienst. Das Reich Davids zerbricht endgültig.

"Die Weisheit jedoch, die wir verkünden, ist Gottes Weisheit. Sie bleibt ein Geheimnis und vor den Augen der Welt verborgen. Und doch hat Gott, noch ehe er die Welt schuf, beschlossen, uns an seiner Weisheit und Herrlichkeit teilhaben zu lassen. Von den Herrschern dieser Welt hat das keiner erkannt. Sonst hätten sie Christus - den Herrn der Herrlichkeit - nicht ans Kreuz geschlagen" (1Kor 2,7-8).

Jesus Christus ist die Weisheit in Person und verkündet eine Weisheit, die höher ist als die menschliche Vernunft. Sie weist auf Gott - den Sohn - hin, der in Jesus Christus Mensch geworden ist, der "Gottes Kraft und Gottes Weisheit" ist (1Kor 1,24). Sie erschliesst Dimensionen, die Menschen durch noch so tiefes und intensives Nachdenken nicht zu erschliessen vermögen. Und sie gibt zudem verlässliche Auskunft über die Zukunft, darüber, wie Menschen das ewige Leben bei Gott erreichen können. Nur wer die Weisheit Gottes höher stellt als die menschliche Weisheit, der erkennt die Bedeutung des Evangeliums.

Gott schenkt uns seine vollkommene Weisheit, seinen vollkommenen Frieden, seine vollkommene Liebe. Wir Menschen können diese Dinge nicht in vollkommener Weise nutzen und weitergeben. Es ist uns aber dennoch gesagt, mit diesen Gaben ein Segen für unseren Nächsten zu sein, indem wir weise und besonnen handeln. Es ist uns gesagt, ein Friedensstifter zu sein, ein Licht zu sein und vor allem in der Liebe zu handeln und diese auch weiterzugeben, von ganzem Herzen und so gut es uns eben möglich ist.

Teil 15

15.1

"So kommt der Glaube aus der Predigt (Verkündigung), das Predigen aber aus dem Wort Gottes" (Röm 10,17).

Das Wort Gottes muss gepredigt (verkündet) werden, damit sich der Glaube entwickeln kann. Schon Jesaja machte darauf aufmerksam und fragte: "Wer hat unserer Verkündigung geglaubt? Wer glaubt schon unserer Botschaft? Wer erkennt, dass der Herr es ist, der diese mächtigen Taten vollbringt" (Jes 53,1)? Dieses Hören der Botschaft muss und kann nur aus dem Heiligen Geist heraus geschehen und gründet auf das, was Christus gesagt hat.

Das ist ein Grundsatz christlichen Glaubens. Die eigentliche Begegnung mit Gott, in der ewiges Leben vermittelt wird, findet in der Gemeinschaft der Gläubigen statt. Man muss zusammenkommen, Gott zusammen preisen, zusammen beten und Gott zusammen anbeten.

Schon über die erste christliche Gemeinde - die Jerusalemer Urgemeinde - steht geschrieben (Apg 2,42-47):

- Sie blieben beständig in der Apostel Lehre, also im Glauben an die ihnen verkündete Auferstehung Jesu.

- ... und in der Gemeinschaft: Die Urchristen trafen regelmässig zusammen.

- ... und im Brotbrechen: Sie feierten das Brotbrechen als Fortführung der Mahlgemeinschaft Jesu und im Gedenken an das letzte Mahl ihres Herrn.

- ... und im Gebet: Dies beinhaltete wahrscheinlich das von Jesus selbst gelehrte Vaterunser.

Weiter wissen wir:

- Alle aber, die gläubig geworden waren, waren beieinander und hatten alle Dinge gemeinsam. Lukas hob die Gütergemeinschaft als wesentliches Kennzeichen der Urgemeinde hervor, die als Folge der Geistausgiessung zugleich die Heiligkeit der Kirche als "Ecclesia" (Herausgerufene) begründete.

- Auch verkauften sie Güter und Habe und teilten sie aus, je nachdem einer in Not war: Die Versorgung der bedürftigen Christen aus dem Gemeinschaftsbesitz war eine Aufgabe der später hinzugewählten Diakone.

- Sie waren täglich und stets einmütig beieinander im Tempel. Sie waren "ein Herz und eine Seele", sie waren "eins". Das Jerusalemer Zentralheiligtum blieb auch der Versammlungsort der Christen, sodass diese anfangs dessen kultische Gebräuche einhielten und als Teil des Judentums akzeptiert wurden.

- Sie brachen das Brot abwechselnd in den Häusern. Die Eucharistiefeier war anfangs nicht von einer gewöhnlichen Mahlzeit getrennt und als Agapefeier mit der Lebensmittelverteilung an bedürftige Christen verbunden. Diese fand nicht im Tempel, sondern im Kreis der Familien und in Hausgemeinden statt. Die "Agape" ist eine liturgisch geprägte Mahlzeit, die auch als Liebesmahl bezeichnet wird.

- Sie nahmen die Speise mit Freuden und lauterem (reinem) Herzen, lobten Gott und hatten Gnade beim ganzen Volk. Auch dies hebt die Harmonie zwischen Urchristen und der jüdischen Umgebung hervor. Der Lobpreisung Gottes einte sie miteinander.

Die Gemeinschaft steht im christlichen Glauben an erster Stelle.

Wir müssen Teil dieser Gemeinschaft sein, um eine Begegnung mit Gott zu haben, die uns ins ewige Leben führt.

Das ewige Leben vermittelt Gott über sein Wort. In der Bibel zu lesen ist faszinierend und absolut unerlässlich. Da kann man Gott wunderbar erleben. Schön ist es, wenn man dabei richtig Lust am Wort Gottes bekommt, es für uns zu einer unerlässlichen Speise wird (Ps 1,1-3). Aber das reicht nicht aus. Das Evangelium muss in der Predigt verkündigt werden.

Es wird den Kirchen oft vorgeworfen, dass sie nur die Leute zu sich heranziehen wollen. Man könne doch auch zu Hause die Bibel lesen und habe genauso viel davon. Aber das ist nicht christlicher Glaube. Das sagt Paulus sehr deutlich. Das Wort muss gepredigt werden. Dabei geht es nicht darum, dass einer der Chef ist und den anderen predigt, was sie tun sollen. Es geht um unser Verhältnis zu Gott!

Der Mensch muss sich demütigen, zu Gott kommen und zuhören, was er ihm durch den Heiligen Geist sagt. Wenn ich in der Bibel lese, suche ich mir ein schönes Wort aus, das mir jetzt gerade wohlbekommt. Passt das eine Wort nicht, nehme ich eben ein anderes. Im Gottesdienst hingegen muss ich zuhören, was vom Altar gepredigt wird. Ich muss mich also vor Gott demütigen und sagen: "Jetzt bist du dran. Sag mir, was zu tun ist!" Es ist christlicher Glaube, dass das vom Heiligen Geist inspirierte Wort das Wort Gottes ist.

In der Predigt spricht Gott zu mir. Ich muss glauben, dass das Gesagte für mich bestimmt ist, ob es mir gefällt oder nicht; und wenn ich es in die Tat umsetze, ist Gott bei mir und mit mir. Natürlich, wenn ich ein Wort in der Bibel lese und danach handle, wird der Segen Gottes auch mit mir sein. Aber wenn ich die Predigt höre und das in die Tat umsetze, was Gott mir ganz persönlich, hier und jetzt, an diesem Tag, in dieser Situation sagt, dann kann ich ganz zuversichtlich sein: Gott ist mit mir!

Jesus sagte, zum ewigen Leben gehöre auch das Heilige Abendmahl; dass man seinen Leib und sein Blut geniessen müsse. Heiliges Abendmahl kann man wahrhaftig nur in der Gemeinde feiern. Viele Christen feiern es als ein Dankesmahl, mit dem sie des Opfers Christi gedenken. Manche sagen, ein Gemeinschaftsmahl sei es auch, wenn jeder zu Hause das Heilige Abendmahl feiere, weil wir ja im Geiste eins sind. Aber da steckt noch ein wenig mehr dahinter: Wenn wir das Heilige Abendmahl empfangen, dann empfangen wir Leib und Blut Jesu. Es geht nicht nur darum, dass wir einen Ritus vollziehen und somit Gemeinschaft schaffen. Wir empfangen Leib und Blut Jesu Christi. Jesus Christus gibt uns Leben von seinem Leben, Kraft von seiner Kraft; damit wir ihm immer ähnlicher werden können. Das geschieht im Heiligen Abendmahl, das vermittelt ewiges Leben.

Jesus Christus war es immer wichtig, eine Gemeinde zu bilden. "Denn wo zwei oder drei versammelt sind in meinem Namen, da bin ich mitten unter ihnen" (Mt 18,20). Um einen Gottesdienst zu erleben, bedarf es der Gemeinschaft, auch wenn nur zwei oder drei zusammenkommen. Wichtig ist, dass wir im Geist Christi zusammenkommen, das Wort Gottes hören und vor allen Dingen Heiliges Abendmahl miteinander feiern. Bei allen Einschränkungen, die wir derzeit wegen der Pandemie erleben, ist es notwendig, uns den Durst auf Gemeinde und Gottesdienst zu erhalten.

15.2

"Meine Seele dürstet nach Gott, nach dem lebendigen Gott. Wann werde ich sein Angesicht schauen" (Ps 42,3).

Wir wollen die Gegenwart Gottes im Gottesdienst erleben. Es ist aber auch unser Wunsch - unser Durst - das Angesicht Gottes zu sehen. Das Angesicht Gottes sehen bedeutet in diesem Zusammenhang, seine Anwesenheit und Nähe immer wieder auch in unserem täglichen Leben, in unseren Anfechtungen und Schicksalsschlägen, zu spüren. Manchmal kommt schon die Frage auf, wo Gott jetzt sei, ob er mich vergessen habe. Das kennen wir alle. Dann sehnen wir uns nach seinem Angesicht, dann möchten wir seine Anwesenheit erleben. Dann möchten wir sehen und erleben, dass er noch da ist, dass er uns nicht vergessen hat.

Denken wir in solchen Momenten daran, wie Jesus damals den verzweifelten Emmaus-Jüngern geholfen hat. Er sagte zu ihnen, dass sie einmal darüber nachdenken sollten, was denn über ihn geschrieben stehe und dass all das, was geschehen war, sich entsprechend auch erfüllen muss. Mit uns macht der Heilige Geist das bis zum heutigen Tag auf die gleiche Weise, wenn er sagt: "Denk doch an den Erlösungsplan Gottes: Der Mensch wurde durch die Sünde von Gott getrennt und er will ihn wieder zurückführen. Dazu sandte er seinen Sohn, er sandte den Heiligen Geist. Das Ziel dahinter ist die ewige Gemeinschaft mit Gott. Sieh doch auf das Gesamtbild!" Dann erkennen wir, dass Gott weiter am Werk ist und sein Plan in einem Gesamtzusammenhang steht. Wir erkennen, dass, auch wenn wir heute eine schwere Zeit durchleben, das Ganze eigentlich trotzdem Sinn macht. Gott arbeitet weiter an seinem wunderbaren Plan und er ist getreu. Er führt zu Ende was er begonnen hat. Was er für dich tun will, wird er für dich tun. Und was er für dich tut, ist für dich immer gut. Lass es zu, auch wenn du es heute vielleicht noch nicht ganz verstehen kannst.

Der Heilige Geist erinnert uns immer wieder daran, das Gesamtbild, den ganzheitlichen Plan Gottes zu betrachten. Dann sehen wir auf einmal das Angesicht Gottes und verstehen ihn viel besser. Wenn man nur ein Stück betrachtet, kann man Gott nicht verstehen. Wenn man sich aber das Ganze anschaut, vom Sündenfall bis zur neuen Schöpfung, dann macht dies Sinn. Dann merkt man, dass Gott weitergeht, Schritt für Schritt.

Manchmal hat man Erfolg und merkt, dass Gott geholfen hat. Manchmal dienen wir Gott, geben unser Bestes, und alles geht schief. Von Segen keine Spur, von Erfolg noch weniger. Dann kommt wieder einmal die Frage auf: "Wo ist jetzt Gott?" Auch da will uns der Heilige Geist behilflich sein und erinnert uns daran, dass wir Gott machen lassen und ihm einfach vertrauen sollen. Denken wir an den Psalm 73: Dennoch bleibe ich stets an dir; denn du hältst mich bei meiner rechten Hand, du leitest mich nach deinem Rat, das bedeutet: Er führt dich nach seinem Plan.

Wir können nicht alles verstehen, auch wenn wir das Gesamtbild betrachten. Wichtig ist, wie Gott an und in uns wirken kann, wenn wir ihm dienen. Je mehr ich dem Vorbild Christi gemäss diene, desto besser verstehe ich ihn, desto tiefer kann ich seine Gedanken durchdringen, desto mehr erlebe ich das Wirken seines Dienstes an mir. Das ist der Segen unseres Dienens. Er liegt primär nicht im äusseren Erfolg, nicht in der sichtbaren Welt. Wenn ich Gott in seinem Sinn diene, liegt der Segen darin, was Gott in mir schafft, was er in mir verändert, wie sich meine Seele entwickelt. Wenn wir das aus diesem Blickwinkel betrachten, verstehen wir den Herrn Jesus immer besser; dann können wir das Angesicht Gottes schauen, seine Nähe fühlen, seine Liebe spüren. Wir verstehen, dass Gottes primäres Ziel darin besteht, uns zu helfen, ihm treu zu bleiben.

Wenn wir in die Welt um uns herum schauen sehen wir viele Menschen, die wunderbar sind, bei denen man wahre Liebe und echte Hilfsbereitschaft spürt und erlebt. Es gibt aber auch andere. Wenn man sich mit manchen schlimmen Ereignissen beschäftigt, merkt man wirklich, wie böse ein Mensch sein kann. Wenn man vielleicht selbst auch in verschiedenen Ländern herumkommt und erlebt, was da geschieht, wie manche Menschen dort mit den anderen umgehen, ist das pure Bosheit, pure Gewalt ohne Vernunft. Aber solche Menschen kann man auch in unseren Regionen treffen. Man fragt sich dann, ob das noch Menschen sind, Geschöpfe Gottes. Wenn wir uns diese Fragen stellen, müssen wir uns bewusstwerden: Sogar diesen ganz schlimmen Übeltäter, der nichts respektiert, hat Gott noch nicht aufgegeben. Er arbeitet immer noch daran, ihm Zugang zu Jesus Christus zu verschaffen. Bis zuletzt, ob hier oder im tausendjährigen Friedensreich, wird er ihm die Chance geben, durch den Glauben an Jesus Christus errettet zu werden. Gott gibt auch diese Menschen nicht auf. Trotz allem liebt er sie und will sie erretten. Er liebt alle Menschen, auch die, die von ihm nichts wissen wollen, sogar die, die sich bewusst dem Bösen zuwenden. Das Böse - die Sünde - kann diese bedingungslose Liebe in keiner Weise beeinflussen. Wenn man das so betrachtet, kann man Gott nur noch bewundern.

Wenn man sich in die Welt Gottes hineindenkt und sich fragt, wie er diese Menschen sieht, unter denen wir so furchtbar leiden, muss man feststellen: Der liebe Gott ist da völlig konsequent. Er hat sie noch nicht aufgegeben. Er wird es weiterhin und bis zuletzt versuchen. Das macht uns bewusst, wie gross die Liebe Gottes ist. Auch da kann man das Angesicht Gottes sehen.

Er lässt uns den freien Willen, er zwingt niemanden zum Guten.

Jeder Mensch muss sich selbst vom Bösen abwenden und dem Guten zuwenden. Der liebe Gott kann dabei nur helfen; es zu tun liegt in der Verantwortung jedes einzelnen. Entscheiden wir uns nicht bewusst für ihn, sind wir automatisch gegen ihn. Aber trotzdem gibt Gott in seiner Liebe zu jedem von uns nie auf. Er möchte, dass wir alle sein Angesicht - seine Herrlichkeit - sehen können.

Wir sehnen uns nach der ewigen Gemeinschaft mit Gott. Dafür sind wir geschaffen, das ist das Ziel unseres Lebens. Den Zugang zum ewigen Leben erhalten wir in der Begegnung mit Gott in seinem Tempel, in der Gemeinschaft, durch die Predigt, durch das Heilige Abendmahl.

Wir können das Angesicht Gottes aber auch in den Anfechtungen unseres täglichen Lebens erkennen. Wir können ihn sehen, wenn wir ihm dienen. Wir können erleben, wie er an uns wirkt. So können wir Gottes Liebe in seinen Begegnungen zu den Menschen, auch zu den ganz schlimmen, immer besser ermessen und erkennen.

15.3

"Vom Hörensagen hatte ich von dir gehört, aber nun hat mein Auge dich gesehen" (Hi 42,5).

Diese Aussage prägte Hiob am Ende seiner Leidensgeschichte. Vor dieser Leidenszeit, bevor die "Hiobsbotschaften" auf ihn einprasselten, erhielt er indirekt von Gott ein wunderbares Zeugnis. Der Herr sprach nämlich zum Satan: "Hast du meinen Knecht Hiob beachtet? Denn seinesgleichen gibt es nicht auf Erden, einen so untadeligen (vollkommenen) und rechtschaffenen (aufrichtigen)

Mann, der Gott fürchtet und das Böse meidet" (Hi 1,8)! Wie kam es dazu, dass Gott mit Satan über Hiob sprach und warum musste Hiob so viele schlimme Dinge erleben?

Aufgrund eines Experiments zwischen Satan und Gott verliert Hiob - Hauptdarsteller des gleichnamigen biblischen Buches - alles, bis auf seine Frau. Im Wettstreit schauen Gott und Satan, wie lange es dauert, oder wieviel Druck es braucht, bis sich Hiob von seinem geliebten Gott abwendet. Satan reizte Gott zu diesem Experiment, indem er zu Gott sprach: "Ist Hiob umsonst gottesfürchtig? Hast du nicht ihn und sein Haus und alles, was er hat, ringsum eingehegt (schützend eingezäunt)? Das Werk seiner Hände hast du gesegnet, und seine Herden breiten sich im Land aus. Aber strecke doch einmal deine Hand aus und taste alles an, was er hat; lass sehen, ob er sich nicht offen von dir lossagen wird" (Hi 1,9-11). Da sprach der Herr zum Satan: "Siehe, alles was er hat, soll in deiner Hand sein; nur nach ihm selbst strecke deine Hand nicht aus" (Hi 1,12)!

Daraufhin verliert Hiob seine Güter und seine ganze Familie, bis auf seine Frau. Die Antwort Hiobs auf diese Tragödie war: "Der Herr hat gegeben, der Herr hat genommen; der Name des Herrn sei gelobt" (Hi 1,21)! Bei alledem sündigte Hiob nicht und verhielt sich nicht ungebührlich gegen Gott.

Daraufhin trat Satan wiederum vor Gott und der Herr lobte Hiob ein weiteres Mal und sprach zum Satan: "Hast du meinen Knecht Hiob beachtet? Er hält immer noch fest an seiner Tadellosigkeit, obwohl du mich gereizt hast, ihn ohne Ursache zu verderben" (Hi 2,3)! Satan entgegnete daraufhin Gott: "Strecke doch deine Hand aus und taste sein Gebein und sein Fleisch an, ob er sich nicht offen von dir lossagen wird" (Hi 2,5)! Da sprach der Herr zum Satan: "Siehe, er ist in deiner Hand; nur schone sein Leben" (Hi 2,6)! Gott gab dem Satan grünes Licht, alles mit Hiob zu machen was er wollte, nur sein Leben durfte er ihm nicht nehmen. Daraufhin wird Hiob durch schwere Krankheit geprüft. Er wurde geplagt mit bösen Geschwüren von der Fußsohle bis zum Scheitel (Hi 2,7). Auch die Frau Hiobs, die letzte verbliebene Person in Hiobs komplett umgestülpten Leben, prangerte seine Treue zu Gott an und gab ihm den Rat, sich loszusagen von seinem Gott und zu sterben (Hi 2,9).

Was tat Hiob? Er sprach zu ihr: "Wenn wir das Gute von Gott annehmen, sollten wir da das Böse (Unheil) nicht auch annehmen" (Hi 2,10)? Bei alledem versündigte sich Hiob nicht mit seinen Lippen.

Was für eine krasse, unsägliche Geschichte bis dahin! Und sie geht noch weiter: Hiob bekam nun Besuch von drei Freunden, die kamen, um ihn zu trösten. Zuerst schwiegen sie, in der Folge mündete der anfängliche Trost dann in Vorwürfe. Wir wissen, dass zur damaligen Zeit die Überzeugung vorherrschte, dass gutes Handeln für gutes Leben sorgt. Krankheit und Leid wurden hingegen als Strafe für Sünde oder Vergehen angesehen. Diese Strafe sollte zur Umkehr auf den gerechten Weg führen. In diesem Kontext ist es dann nicht verwunderlich, dass die drei Freunde davon ausgingen, dass Hiob doch in irgendeiner Weise Schuld auf sich geladen habe. Auch ein vierter Freund hilft mit seinen Überlegungen nicht wirklich weiter. Hiob beginnt dann auch zu hadern, klagt Gott an und macht ihm Vorwürfe.

Gegen den Schluss des Buches, in den Kapiteln 37-41, spricht Gott selbst aus einem Gewittersturm zu Hiob und bezeugt seine Grösse und Allmacht. Der Herr stellt ihm prüfende Fragen, zum Beispiel: "Wer verfinstert da den Ratschluss mit Worten ohne Erkenntnis? Gürte doch deine Lenden wie ein Mann! Ich will dich fragen, und du sollst mich belehren! Wo warst du, als ich den Grund der Erde legte? Sprich es aus, wenn du Bescheid weisst!

Wer hat ihre Masse bestimmt? Weisst du das? Worin wurden ihre Grundpfeiler eingesenkt, oder wer hat ihren Eckstein gelegt? Wer hat das Meer mit Schleusen verschlossen, als es hervorbrach, heraustrat (wie) aus dem Mutterschoss? Hast du, solange du lebst, jemals den Sonnenaufgang angeordnet und dem Morgenrot seinen Platz angewiesen? Welches ist denn der Weg zu den Wohnungen des Lichts, und wo hat denn die Finsternis ihren Ort? Bist du auch zu den Vorratskammern des Schnees gekommen, und hast du die Speicher des Hagels gesehen, die ich aufbehalten habe für die Zeit der Drangsal, für den Tag des Kampfes und der Schlacht? Knüpfst du die Bande des Siebengestirns, oder kannst du die Fesseln des Orion lösen? Wer hat Weisheit in die Nieren gelegt, oder wer hat dem Herzen Verstand verliehen?".

Dies ist nur ein kleiner Auszug aus den Reden Gottes, die in diesen fünf Kapiteln sehr eindrücklich aufgeführt sind. Es lohnt sich, diese Reden Gottes einmal durchzulesen. Diese aufschlussreichen Fragen, von Gott selbst gezeichnet und beschrieben, lassen Hiob trotz seines Unglücks erkennen, wie gewaltig gross Gott, und wie klein und unbedeutend er selber ist - trotz seines tadellosen Wandels. Das führte ihn zu der Erkenntnis, dass was zuvor war, praktisch nichts war; er erkannte Gott damals höchstens durchs "Hörensagen". Ein gewaltiger Unterschied im Vergleich zu dem was jetzt ist. Er hatte das Angesicht Gottes gesehen, mit seinem eigenen Auge! Das bedeutet selbstverständlich nicht, dass Hiob das Gesicht Gottes gesehen hat, das war und ist für keinen Menschen möglich. Gott sprach zu Mose: "Du kannst mein Angesicht nicht sehen; denn kein Mensch kann mich sehen und am Leben bleiben" (2Mo 33,20). Dieses oft beschriebene "von Angesicht zu Angesicht" bedeutet jeweils: von Herz zu Herz, seine innige Liebe ganz nah - beinahe sichtbar - zu verspüren.

Das viel zu wenig bedachte biblische Hiob-Buch ist für Kirche und

Theologie enorm wichtig. Das Buch thematisiert Fragen, die die Menschen durch alle Zeiten zutiefst bewegen, es ist ein Gegengewicht zu diesem oftmaligen "Gesäusel" vom lieben Gott.

Viele Menschen würden heute gerne glauben, haben aber Schwierigkeiten mit dem "lieben Gott", weil manchmal die Antworten der Kirche zu banal sind und nicht dem entsprechen, was Menschen empfinden. Da sind oft traditionelle Aussagen und Wendungen in unserer Kirchensprache, die heutige Menschen nicht genügend ansprechen.

"Gott ist Liebe" oder "Gott liebt dich, Gott hält dich"; diese "schönen Bilder" sind zwar auch sehr wichtig, aber es wäre in den Kirchen notwendig, stärker den Zweifel oder das Nicht-glauben-Können, das Gott-nicht-hören-Können, das unverstandene Leiden anzusprechen.

Das Buch Hiob redet harsch über Gott. Der Herr spricht ganz locker mit dem Teufel über Hiob. Zu Beginn fragt Gott Satan: "Wo kommst du her?" und Satan antwortet: "Vom Durchstreifen der Erde und vom Umherwandeln darauf" (Hi 1,7)! Hört sich so an, als wäre der Teufel gelangweilt, und Gott, weiss er nicht was der Böse so treibt und wo er sich aufhält? War das einfach ein bisschen belangloser Smalltalk oder interessiert es ihn gar nicht besonders? Das Buch Hiob; es ist irgendwie "unfromm", sehr speziell, aber äusserst faszinierend und aufschlussreich.

Nachdem der Punkt erreicht ist, wo es der arme Hiob in seiner Qual nicht mehr aushält, klagt er Gott auf das Massivste an und macht ihm schwere Vorwürfe. Darf er das, dürfen wir das? Das Buch Hiob sagt eindeutig: Ja! Ist das nicht wohltuend und entlastend? Tut es nicht gut, manchmal auch Fragen und Anklagen Gott gegenüber, gelinde gesagt, ausformulieren zu dürfen? Das Buch zeigt, dass man das kann. Am Schluss des Buches sagt Gott sogar:

"Hiob hat recht von mir geredet" (Hi 42,7).

Die Freunde Hiobs beharren auf ihren traditionellen Überzeugungen, und hören auch nicht richtig hin auf das, was Hiob ihnen erzählt. Weil sie auf ihren traditionellen Meinungen beharren, dass es nämlich einem guten Menschen auch gut gehen muss, schliessen sie daraus, dass jemand, dem es schlecht geht, etwas falsch gemacht hat. Welches Verhältnis zwischen dem Handeln eines Menschen und seinem Ergehen besteht, ist eine der Streitfragen im Hiob-Buch. Die klassische biblische Weisheit sagt: Es besteht ein Zusammenhang zwischen dem Tun und dem Ergehen eines Menschen. Hiob erfährt aber am eigenen Leib, dass das nicht stimmt. Er ist ein gerechter Mann und ihm geht es trotzdem extrem schlecht. Dieser Tun-Ergehen-Zusammenhang besteht also nicht immer. Das ist eine der Botschaften des Hiob-Buches.

Die Gottes-Reden in diesen fünf Kapiteln gehen eigentlich gar nicht direkt auf Hiobs Fragen ein. Hiob fragt Gott: "Warum muss ich leiden?". Gott antwortet auf diese Frage mit keiner Silbe. Dennoch antworten die Gottes-Reden auf Hiobs Fragen, nämlich auf zwei seiner schärfsten Anklagen. Gegenüber dem Vorwurf, die Welt sei ein Chaos, zeigen die Gottes-Reden: Die Welt ist wohlgeordnet. Und gegenüber dem Vorwurf, dass Gott Leidende im Stich lässt, zeigen die Gottes-Reden, dass sich Gott sehr wohl fürsorglich um seine Geschöpfe kümmert.

Das Hiob-Buch fasst auch eine der möglichen Gotteserfahrungen in Worte: Dass man nicht mehr merkt, dass Gott ein liebender Gott ist, dass man Gott eher als Feind versteht, oder zumindest als einen, der einen im Stich lässt. Das sind Gotteserfahrungen, die Menschen durch alle Zeiten immer wieder einmal haben. Für die Theologie ist es wichtig, dass man solche Erfahrungen ernst nimmt und sie nicht zu schnell mit zu einfachen Antworten abfertigt.

Das Hiob-Buch ist auch ein ganz wichtiges Buch für die Seelsorge. Hiob ist der leidende Gerechte: Er ist damit ein Prototyp für die Seelsorge. Einerseits, weil es die Erfahrungen in Worte bringt, dass man Gott auch als brutalen Gott erfahren kann, Gott als einen, der einen leiden lässt, nicht hilft oder einen gar verfolgt. Für Menschen, die Gott derartig erfahren ist es entlastend, dass es ein biblisches Buch gibt, das zeigt, dass solche Erfahrungen ihren Raum haben. Andererseits ist auch die erste Reaktion der drei Freunde wichtig. Sie sitzen mehrere Tage lang schweigend mit Hiob zusammen. Dass man manchmal mit jemandem das Leid teilen muss, mit ihm schweigen, vielleicht mit ihm weinen muss, anstatt auf ihn einzureden. Nachher wechseln die Freunde das Verhalten und werden zu ganz schrecklichen "Freunden": Sie sind dann keine Seelsorger mehr, denn sie machen alles falsch. Weil sie nämlich Hiob belehren wollen, dass seine Gottes-Erfahrung falsch ist und nicht der Realität entspricht. Gott kritisiert dieses Vorgehen der Freunde dann auch scharf.

Wie sieht dann richtiges Verhalten im Leiden aus? Laut dem Buch Hiob darf man im Leid auch einmal toben, zweifeln, klagen und anklagen. Wichtig ist nur, dass man mit Gott "im Gespräch" bleibt! Und als Freund oder Seelsorger von jemandem der im Leid steht, ist es wichtig, zunächst einfach einmal zuzuhören, da zu sein, das Leiden des anderen mitzutragen und sich davor zu hüten, dem Leidenden in Folge eigener theologischer Überzeugungen Ratschläge zu geben, die manchmal noch mehr Leid verursachen können.

Der allmächtige Gott ist viel, viel grösser, als wir uns dies auch nur ansatzweise vorstellen können. "Meine Gedanken sind nicht eure Gedanken, und eure Wege sind nicht meine Wege, spricht der Herr; sondern so hoch der Himmel über der Erde ist, so viel höher sind meine Wege als eure Wege und meine Gedanken als eure

Gedanken" (Jes 55,8-9). Das Universum, das er schuf, die sichtbare und die unsichtbare Schöpfung ist für uns Menschen einfach unvorstellbar und alles hat seine Ordnung. Wir müssen dies demütig anerkennen. Auch wenn wir nur kleinste Fragmente seiner Herrlichkeit fassen können, auch wenn wir vielleicht einmal gar nichts mehr verstehen, wollen wir an seiner Hand bleiben, die er uns immer entgegenstreckt. Und wenn wir am Leiden sind, auch dann ist Gott nicht weniger allmächtig, nicht weniger lieb und auch nicht weniger fürsorglich, und kümmert sich nicht weniger um uns, seine Geschöpfe. Er ändert sich nicht; er verändert sich nicht (Mal 3,6). Er bleibt, wie er ist, und er ist die Liebe!

Wir dürfen im Leid und in der Not aber dennoch auch einmal mit ihm hadern, wütend sein und den "Himmel schütteln", es geht manchmal gar nicht anders. Wir können so vieles noch nicht verstehen, denn Gott hat unseren Geist und intellektuellen Horizont begrenzt. Wenn er dies nicht gemacht hätte, wäre unser Planet durch uns Menschen wahrscheinlich schon lange lebensfremd und in Schutt und Asche gelegt. Gott ist Herr über Lasten und über Zeiten, über alle Dimensionen - auch über all die Dimensionen und Gegebenheiten, die wir Menschen noch gar nicht kennen - er hat schliesslich alles gemacht. Er überblickt alles, nichts entgeht ihm und alles ist perfekt, alles ist bereit für den Moment, wo er uns zu sich nimmt und wir dann keine Fragen mehr haben werden. Bis dahin wollen wir versuchen zu glauben und auch zu erkennen, dass er es gut mit uns meint, auch wenn wir krank sind, Schmerzen haben und Leid tragen, trauern, verfolgt oder bedroht werden.

Versuchen wir ihm unbeirrt zu vertrauen, auch wenn wir vieles (noch) überhaupt nicht verstehen. Er schenkt seine Hilfe immer und auch immer zur rechten Zeit, sodass auch unser Auge ihn sehen und wir ihm sogar danken können, vielleicht auch noch schneller als wir - im Leid stehend - vermuten. Er kann alles in jede Richtung blitzartig ändern, nichts ist ihm unmöglich.

Hiob erhielt nach seiner Leidenszeit neuen Besitz und Nachkommen, sieben Söhne und drei Töchter. Gott erstattete Hiob auch alles doppelt wieder, was er gehabt hatte. Der Herr segnete das spätere Leben Hiobs mehr als sein früheres (Hi 42,12). Der letzte Satz im Buch Hiob lautet: "Und Hiob starb alt und lebenssatt".

Teil 16

16.1

**"Denn ich bin der Herr und wandle (verändere) mich nicht; ... "
(Mal 3,6).**

Gott ändert seine Verheissungen, seine Zusagen, seine Lehre nicht. Gott verändert auch niemals seine Persönlichkeit oder seinen Standard für Liebe und Gerechtigkeit (5Mo 32,4; 1Joh 4,8). Das steht allerdings nicht im Widerspruch zur Aussage der Bibel, dass Gott seine Meinung oder Vorgehensweise ändern kann. Aber nur weil Gott es sich vielleicht einmal anders überlegen kann, oder seinen Entschluss einmal ändert, heisst das natürlich nicht, dass er von seinem Plan - der von Ewigkeit her besteht - abgewichen ist. Manchmal überlegt es sich Gott anders, weil Menschen ihr Verhalten ändern. Als Gott zum Beispiel dem alten Volk Israel eine Gerichtsbotschaft überbringen liess, sagte er: "Vielleicht hören Sie darauf und kehren um von ihren falschen Wegen. Dann werde ich meinen Entschluss ändern und das angedrohte Unheil nicht über sie hereinbrechen lassen" (Jer 26,3). In vielen Bibelübersetzungen steht an dieser Stelle, Gott würde sein Gerichtsurteil "bereuen", so als ob er einen Fehler gemacht hätte. Allerdings kann das entsprechende hebräische Wort auch "eine Änderung der Einstellung oder Absicht" bedeuten. In einem Bibellexikon heisst es dazu: "Die Aussage, Gott habe etwas gereut, ist tatsächlich der Ausdruck dessen, dass der Herr bei verändertem Sinn des Menschen auch sein Verfahren mit diesen Menschen ändert."

Wenn wir die Geschichte von Noah und der Sintflut betrachten, stellt sich die Frage: Bedauert Gott, dass er Menschen geschaffen hat? Nein, aber er bedauert, dass ihn die meisten Menschen ignorieren oder verachten. Über die Zeit vor der Sintflut sagt die Bibel: "Gott bedauerte, dass er Menschen auf der Erde gemacht hatte, und es schmerzte ihn in seinem Herzen" (1Mo 6,6). Gott änderte seine Einstellung zu den meisten Menschen damals, weil sie eine böse Grundhaltung entwickelt hatten (1Mo 6,5.11). Aber auch wenn er traurig darüber war, dass sich die meisten Menschen für den falschen Weg entschieden, änderte er deswegen nicht seine Einstellung zur Menschheit. Immerhin rettete er Noah und seine Familie vor der Sintflut, und damit auch die ganze Menschheit (1Mo 8,21; 2Petr 2,5.9). Nach der Sintflut gab es neben den acht Personen in der Arche keine Menschen mehr auf der Erde. Die Söhne Noahs aber, welche die Arche verliessen, waren Sem, Ham und Japhet. Von diesen drei Söhnen Noahs wurde die ganze Erde bevölkert. Und Gott segnete Noah und seine Söhne und sprach zu ihnen: "Seid fruchtbar und mehrt euch und erfüllt die Erde" (1Mo 9,1).

Dieses Erretten von Noah und seiner Familie *vor* der Sintflut ist übrigens auch ein schönes Bild für die bevorstehende Entrückung der Gläubigen. Auch die Gläubigen werden *vor* der Trübsalzeit errettet. Die Zeit wo Jesus wiederkommen wird, um die Gemeinde zu entrücken, wird in der Bibel auch mit der Zeit unmittelbar vor der Sintflut verglichen (Lk 17,26-37).

So vieles ändert sich, aber Gott ändert sich nicht. Was früher Sünde war, ist auch heute noch Sünde. Gott war zu Zeiten vom Alten Testament nicht anders als zu Zeiten des Neuen Testaments. Es gab selbstverständlich Unterschiede zwischen der Zeit vor dem Kommen von Jesus und der Zeit danach. Bibelforscher (Exegeten) sprechen in diesem Zusammenhang von verschiedenen "Haushaltungen".

Früher - im Alten Bund - reinigten sich die Menschen durch Tieropfer. Mit Jesus aber hat Gott das definitive, das ultimative Opferlamm bereitgestellt. Jesus, Mensch gewordener Gott und völlig sündenfrei, hat durch das Opfer alle Schuld auf sich genommen und uns dadurch frei gemacht.

Auch Jesus Christus bleibt so wie er immer war: "Jesus Christus ist derselbe gestern und heute und auch in Ewigkeit" (Heb 13,8)!

16.2

"Und er (Jesus) trat hinzu und rührte den Sarg an; die Träger aber standen still. Und er sprach: Jüngling, ich sage dir, stehe auf" (Lk 7,14)!

Gott ändert sich nicht, das bedeutet auch: Seine Zuwendung zum leidenden Menschen bleibt erhalten.

Es ist in der Bibel von so manchen Auferweckungen von Toten die Rede. Propheten, sowie auch die Apostel Jesu hatten Tote wieder zum Leben erweckt. Von Jesus sind drei Auferweckungen in der Heiligen Schrift überliefert.

Zum einen Lazarus aus Bethanien - den Bruder von Marta und Maria - bei denen Jesus oft und gerne eingekehrt war, beschrieben im Johannes-Evangelium im 11. Kapitel. Es heisst dort: Es war bereits der vierte Tag, und der Leichnam hat schon gerochen, als Jesus seinen Freund auferweckte. Lazarus lag in einer Höhle mit einem Stein davor. Zuerst dankte Jesus seinem Vater, dass er ihn erhört habe, gab dann die Anweisung den Stein wegzuheben und rief mit lauter Stimme: "Lazarus, komm heraus!", und der Verstorbene kam heraus.

Dann erweckte Jesus die zwölfjährige Tochter des Jairus, der Synagogenvorsteher in Galiläa war. Dieser bat Jesus, seiner schwer kranken Tochter zu helfen, die kurz darauf verstarb. Jesus begab sich dann zu diesem toten Mädchen, nahm ihre Hand und sprach die aramäischen Worte "Talita kum!" (Mädchen, ich sage dir, stehe auf!). Diese Auferweckung wird bei Markus am detailliertesten beschrieben (Mk 5,35-43).

Dann erweckte Jesus den Sohn einer Witwe in Nain. Als Jesus mit seinen Jüngern und einer grossen Menschenmenge nach Nain an das Stadttor kam, trafen sie auf einen Leichenzug, wo der Jüngling einer Witwe herausgetragen wurde. Jesus sah und bedauerte das Leid und den Schmerz der Mutter, die nach dem Verlust ihres Mannes nun auch noch ihren Sohn verloren hatte. Jesus trat nun zur Totenbahre, fasste die Bahre an und sprach zum toten Jüngling: "Jüngling, ich sage dir, stehe auf!" Der bislang Tote richtete sich sofort auf und begann zu reden.

Bemerkenswert bei diesen Auferweckungen durch Jesus ist, dass er jeweils in Vollmacht *gesprochen* hat. Zuerst hat er sicherlich gebetet und seinem Vater im Voraus auch gedankt, wie es bei der Auferweckung des Lazarus auch beschrieben ist (Joh 11,41-42). Jesus *sprach* aber jedes Mal zu den Toten und im selben Moment wurden sie wieder lebendig. Dies tat Jesus, damit die anwesenden Menschen glauben konnten, dass Gott ihn gesandt hat.

Anhand dieser Geschehnisse können wir die Zuwendung Gottes zum leidenden Menschen erkennen. Das war damals so und das ist heute so.

Die im Lukasevangelium geschilderte Begegnung zweier Menschengruppen zeigt einmal diejenigen, die mit Jesus gingen und als eine Gruppe verstanden werden kann, welche die Erlösung sucht, und sie zeigt auch eine zweite Gruppe, die einen Trauerzug darstellt, und das Vergängliche des Lebens betont. Die Totenerweckung von Jesus verbindet dabei diese Gruppen im Sinne eines Kreuzungspunkts zwischen Leben und Tod.

Die Auferweckung des Toten verweist auf das mit Christus zu den Menschen gekommene Heil: Der durch die Sünde zum Tod verdammte Mensch wird durch Christus - den Heiland - zur Auferstehung und zum ewigen Leben befreit.

Es gibt viele Bibelstellen, wo es heisst: "Es jammerte Jesus"; er hatte Mitleid mit den Menschen, dass sie so geplagt waren. Jesus zog durch alle Städte und Dörfer, lehrte in den Synagogen und verkündete überall im Land die rettende Botschaft und sprach vom Reich Gottes. Wohin er auch kam, heilte er die Kranken und die Leidenden. "Als er die vielen Menschen sah, hatte er Mitleid mit ihnen, denn sie waren erschöpft und hilflos (ermattet und zerstreut) wie Schafe, die keinen Hirten haben" (Mt 9,36).

Gott hat Mitgefühl mit den Menschen. Ohne dass der Mensch irgendetwas Gutes getan hätte - der Herr fragte bei dieser Erweckung nicht einmal nach dem Glauben - , kommt Jesus und hilft. Er ruft nicht nur auf, den Witwen und Waisen zu helfen, er tut es auch. Er bringt sich sogar selbst als Opfer dar, damit der Mensch errettet werden, auferstehen und ewiges Leben empfangen kann.

Als Zeichen für die Zuwendung Gottes zum leidenden Menschen belegt diese Begebenheit, wie Christus das Leid, den Schmerz und den Jammer teilt. Jesus kann mitempfinden, er kann mitfühlen, weil er alles, was der Mensch durchmachen muss, auch erlebt hat. Er weiss auch was es bedeutet, mit den Schwachheiten des Menschen zu tun zu haben, er kann mitfühlen.

Der Herr versteht den Schmerz, er redet ihn nicht klein, aber er will, dass wir nicht beim Schmerz stehen bleiben! Jesus stoppt den Trauerzug und gab der Mutter, die mit dem Tod ihres Sohnes als Witwe ihre Hoffnung und Existenzgrundlage verloren hatte, mit der Auferweckung des Jungen wieder eine Perspektive für die Zukunft.

Es gibt aber noch eine weitere Bedeutungsebene dieses Geschehens. Die Mutter steht in der christlichen Tradition als Bild für die Kirche, die Gemeinschaft der Gläubigen. Früher hat man die Erwartung gehabt, dass die Kirche triumphierend dem Tag des Herrn entgegengeht. Jesus hat jedoch angekündigt, dass es in den letzten Tagen Kampf und Anfechtung geben wird. Von einer triumphierenden Kirche steht nichts in der Bibel. Es gibt keine triumphierende Kirche, solange wir auf Erden sind. Es ist die Rede von einer leidenden, von einer kämpfenden Kirche. Das ist selbstverständlich sehr unbequem, das hört man nicht so gern, aber es ist christliche Lehre (2Kor 4,7-15). Jesus kennt das Leid der Kirche, er gibt ihr wie der Mutter, was sie braucht, damit ihre Zukunft gesichert ist.

Der wieder zum Leben erweckte Jüngling fing sogleich wieder an zu reden. Bringen wir doch auch unseren Glauben zur Sprache! Geh hin und tröste deinen Bruder und deine Schwester, zeig ihnen deine Liebe, rede, lass die Hoffnung zur Sprache kommen!

Kurz bevor Jesus seine Jünger Richtung Himmel verliess, sprach er zu ihnen: "Gehet hin in alle Welt und predigt das Evangelium aller Kreatur (der ganzen Schöpfung)" (Mk 16,15). Dieser Sendungsauftrag an die Apostel geht an uns alle und ist ein grosser und wichtiger Auftrag für alle gläubigen Christen! Von Jesus erzählen, über Glaubenserlebnisse berichten, über die Zukunft sprechen, mithelfen, Gottes Reich zu bauen. Dazu müssen wir nicht ans Ende der Welt reisen, es geht um unsere Welt, in der wir täglich unterwegs sind. Wenn wir erkannt haben, was für uns in der Zukunft alles bereitet ist, dass ewiges Leben bei Gott möglich ist - möchten wir dann nicht, dass andere Menschen dies auch erfahren und erleben können?

Jesus spricht: "Ich lebe, und ihr sollt auch leben" (Joh 14,19)!

16.3

"Und Jabez rief zu dem Gott Israels und sprach: O dass du mich reichlich segnen und meine Grenze erweitern wolltest und deine Hand mit mir wäre und du mich vor dem Übel bewahrtest, damit mich kein Schmerz trifft! Und Gott liess kommen, was er gebeten hatte" (1Chr 4,10).

Wenn jemand in der Bibel lesen möchte und nicht so recht weiss, wo er beginnen soll, könnte man das Markus- und das Johannesevangelium empfehlen. Das Markusevangelium ist mit 16 Kapiteln das kürzeste, kurzweilig zu lesen und gut zu verstehen. Dann könnte man zum Johannesevangelium übergehen, das sich auf die Dinge konzentriert, die Jesus über sich selbst zum Ausdruck bringt. Markus erzählt, was Jesus getan hat, während Johannes darüber berichtet, was Jesus gesagt hat und wer er ist.

Auch gut zu lesen sind die Sprüche Salomos über Weisheit und Torheit. Das 5. Buch Mose könnte man für interessierte Einsteiger auch noch erwähnen. Zu Beginn erhält man in diesem Geschichtsbuch einen Rückblick auf die Reise der Israeliten nach Kanaan und die Eroberung des Ostjordanlandes (5Mo 1-4).

Auf keinen Fall würde ich die Offenbarung des Johannes empfeh-

len, die heute noch vielen Bibelforschern Kopfzerbrechen bereitet. Auch das erste Chronik-Buch ist seitenweise mit Namenregis-
ter gefüllt. Bis zum 9. Kapitel ist es eher etwas für Liebhaber von
Stammbäumen und Abstammungsverzeichnissen.

Aber genau aus diesen trockenen Geburtslisten stammt unser
Textwort zu diesem Abschnitt, das wie ein Edelstein mitten in diesen farblosen Kapiteln herausstrahlt: Das Gebet eines Mannes mit
dem Namen Jabez, wo es am Schluss heisst: "... Gott liess kommen, was er gebeten hatte (Gott erhörte sein Gebet)".

Was möchte uns diese aus insgesamt nur zwei Versen bestehende
Bibelstelle sagen? Im vorhergehenden Bibelvers steht geschrieben: "Und Jabez war angesehener (geehrter, herrlicher) als seine
Brüder; und seine Mutter gab ihm den Namen Jabez, denn sie
sprach: Mit Schmerzen (Kummer) habe ich ihn geboren" (1Chr
4,9).

Diese beiden Verse stehen im faden Niemandsland der Chronik.
Was passierte im Leben des Jabez, dass der Schreiber der Chronik
innehielt und inmitten seiner hunderten von Namenslisten diese
zwei bemerkenswerten Verse hineinpackte. Weitere Angaben
über Jabez sind in der Bibel nicht enthalten. Es wird lediglich noch
eine Stadt in Juda mit dem Namen Jabez erwähnt, die, wie es
heisst, vor allem von den Familien der "Schreiber" bewohnt war
(1Chr 2,55). Jabez kam auch aus dem Stamm Juda. Ob ein Zusammenhang zwischen der biblischen Person und dem Ort gleichen
Namens besteht, ist aber unbekannt.

Das erste, was auffällt, ist dieser Name. Der Name Jabez heisst
"Kummer, Schmerz", man könnte auch übersetzen "einer, der
Schmerzen bereitet". Was hat sich die Mutter nur dabei gedacht,
ihrem Kind so einen Namen auf seinen Lebensweg mitzugeben?

War die Geburt so kummervoll und schmerzhaft? Waren die ganzen Umstände der Geburt so düster, war ihr Leben so hoffnungslos und schwierig, obwohl sie ja noch weitere Söhne hatte, was einer Existenzsicherung gleichkam? Wollte sie dieses Kind aus irgendeinem Grund gar nicht haben? Wieso gab die Mutter dem Kind diesen Namen, wo sie genau wusste, dass sie ihm dadurch für sein weiteres Leben keinen Gefallen tut? Wollte sie, dass ihr Sohn stellvertretend für jemanden leiden musste? Wieso bekam er nicht einen Namen gemäss den Bräuchen der damaligen Zeit, wo die Namen der Vorfahren übernommen wurden? Hat der Vater die Familie verlassen oder ist er während der Schwangerschaft der Mutter gestorben?

Wir sehen, wir sind mittendrin in den Spekulationen, es geht fast nicht anders. Versuchen wir jetzt aber bei den Fakten zu bleiben.

Israel hatte damals eine Kultur, in der der Name ganz wichtig für die Identität war. Gott hat Abram zu Abraham umbenannt, weil in Abraham die Bedeutung "Vater von vielen" anklingt. Der Name ist Programm, hat Bedeutung; der Name festigt eine Identität. Da war dieser Fischer, Simon mit Namen. Jesus gibt ihm einen neuen Namen. Er sagt zu ihm: "Ab heute heisst du Petrus, das heisst Fels!" Natürlich ist der begeisterungsfähige und oftmals auch etwas übermotiviert und unüberlegt agierende Petrus am Anfang noch kein Fels, aber mit dem Zuspruch von Jesus beginnt bei ihm etwas Neues.

Auch bei Jabez begann sich eine neue Identität zu formen und zu festigen. Mit diesem Namen hatte er bestimmt einen schweren Start in sein Leben. Das Überraschende an Jabez ist aber, wie gut er mit diesem schwierigen Start fertig wird. Normal wäre es, dass Jabez zunächst unsicher an Gott denkt und sich sagt: "Warum sollte sich Gott gross um mich kümmern? Ich bin ja doch nichts wert! Ich bereite ja nur Kummer und Schmerz". Aber dann beginnt er zu beten: "Gott, ich weiss, ich bin nicht wichtig, aber kannst du mich dennoch ein bisschen segnen?" Mit diesem Gebet wächst Jabez und aus ihm wird ein mutiger und selbstbewusster Mann. Man spürt das an seiner ersten und dritten Bitte: "Ach, dass du mich segnest ... und deine Hand mit mir ist." Man spürt, da entsteht mit der Zeit eine Beziehung zu Gott, ein inniges Verhältnis zum himmlischen Vater. Sein Gebet strahlt immer mehr Kühnheit aus, es lässt aber auch seine demütige Haltung erkennen: "Segne mich, lass deine Hand mit mir sein!" Er weiss, dass an Gottes Segen alles gelegen ist. Liegt in dieser Mischung aus Demut und Kühnheit das Geheimnis dieses "Erfolgsgebets"? Dieses Gebets, das Gott so gut gefiel, dass er all das gab um was Jabez bat?

Gefiel es Gott, dass Jabez für irdischen Segen bat und das Geistliche wegliess, das Jesus uns dann im "Vaterunser" lehrt? Jabez betete um reichen Segen. Dabei dachte er als Israelit an reiche Ernten und an eine Vergrösserung seines Landbesitzes. Er betete um Gottes helfende Hand und um Bewahrung vor Bösem und vor Schmerz. Auch mit dieser Bitte zielt Jabez aufs Irdische. Und Gott erhörte diese vier Bitten, gab ihm reichlichen Segen und Grenzerweiterung. Seine helfende Hand bewahrte ihn auch vor Unglück und vor Schmerz. Also gefiel es Gott, dass Jabez so betete.

Bemerkenswert ist, dass Jabez nicht erst betete als er in der Klemme steckte. Er begann sein Gebet mit "wenn", liess aber kein "so" folgen, wie es zum Beispiel Jakob getan hatte: "Wenn Gott mit mir ist ..., so soll der Herr mein Gott sein ... und von allem, was du mir geben wirst, werde ich dir gewiss den Zehnten geben" (1Mo 28,20-22). Das brachte ein Jabez nicht über seine Lippen. Wer Gott als gnädigen Geber sieht, muss jeden Gedanken an einen "Handel" mit ihm verwerfen. Schliesslich erlebte Jabez, wie

Gott sein Gebet erhörte. Gott segnete ihn sichtbar, und Jabez erlangte Ehre, die er sicher nicht gesucht hatte.

Auch Salomon bekam mehr als er erbeten hatte. Er hätte um ein langes Leben, um Reichtum, oder um den Tod seiner Feinde beten können, bat aber um Einsicht und Verständnis. So gab Gott ihm ein weises und verständiges Herz und obendrauf noch Reichtum und Ehre (vgl. 1Kön 3,5-13). Zuvor heisst es: "Salomo aber liebte den Herrn, so dass er in den Ordnungen seines Vaters David wandelte; ... " (1Kön 3,3), und nach diesen Verheissungen verspricht Gott Salomon zusätzlich auch noch ein langes Leben, falls er wie sein Vater David wandelt, das heisst, die Satzungen und Gebote befolgt (1Kön 3,14).

Die Heilige Schrift ist vor allem für die heutige Zeit inspiriert und geschrieben worden. Wir dürfen Gott um alles bitten, auch um irdische Dinge, um Wohlstand, um Gesundheit. Wenn wir aber das Gebet des Jabez in die heutige Zeit "übersetzen", dann erhält es eine neue, geistliche Dimension.

Segen Gottes ist all das Gute, das uns Gott schenkt, damit wir uns entwickeln können, um dank seiner Liebe und Gnade dereinst in sein Reich zu gelangen. Unter Segen versteht die Bibel die Zuwendung von göttlichem Heilsgut an Menschen, sei es durch Gott selbst oder durch in der Macht Gottes handelnde Menschen. Im Grunde genommen ist es aber immer Gott selbst, der segnet. Deshalb soll unsere Bitte an Gott sein, uns zu segnen. Durch das Opfer Jesu am Kreuz können wir Sünder nun diesen Segen Gottes durch den Glauben an Christus empfangen und auch weitergeben.

Mit der Bitte um Grenzerweiterung ist im neuen Bund die Wirksamkeit des Heiligen Geistes an uns, in uns und durch uns gemeint. Die Bitte, dass uns der Heilige Geist in alle Wahrheit und Klarheit führen soll, wir durch ihn handeln und wandeln können.

Mit dieser Hilfe und Unterstützung erweitern sich unsere geistlichen Grenzen enorm. Wenn wir dem Heiligen Geist Raum geben und ihn nicht dämpfen, kann er uns ganz erfüllen. Er wird uns zeitgemässe Gedanken und Bilder schenken, gibt uns Impulse weiter, die er am Throne Gottes empfängt. In dieser Verbindung ermöglicht dies eine stetige Grenzerweiterung. Wir sehen so das Grosse, das Ewige und Unvergängliche immer grösser, und das Kleine, das Irdische und Vergängliche immer kleiner.

Mit Gottes helfender Hand ist seine Führung, seine Begleitung und Unterstützung in allen Dingen gemeint. Auch schützt und bewahrt er uns durch seine starke Hand vor den Angriffen und Versuchungen des Bösen und hilft uns durch seine Gnade und Vergebung vor den Auswirkungen der Sünde. Nichts und niemand kann uns aus seiner Hand reissen, nur wir selbst können durch unseren freien Willen seine Hand loslassen.

Die vierte Bitte für Bewahrung vor Bösem und Schmerz bedeutet für unsere Zeit, dass Gott unseren Glauben stärken möge. Mit einem starken Glauben sind die Angriffe des Bösen unwirksam (Eph 6,16). Es ist ferner auch die Bitte damit verbunden, die uns Jesus im "Vaterunser" lehrt: ".... erlöse uns von dem Bösen" (Mt 6,13). Es ist eigentlich die Bitte an Gott, er möge seinen Sohn bald senden und uns entrücken, uns zu sich holen, in sein Reich, wo das Böse dann nicht mehr existent ist. Das Böse ist durch Jesus definitiv besiegt. Gott lässt es aber heute noch zu, dass das Böse uns beeinflussen kann. Nach der Wiederkunft Jesu sind die Entrückten vom Bösen und vom Schmerz definitiv und für immer und ewig erlöst und befreit.

Mit diesem Gebet des Jabez hat Gott uns ein Rezept - wenn auch etwas versteckt in der Bibel - an die Hand gegeben. Die Bitten im Gebet des Jabez sollten auch in unserem Gebet einen festen Platz einnehmen. Sie sollten heute aber auf das Geistliche und nicht mehr auf das Irdische abzielen. Alles was wir für das Irdische brauchen, fällt uns ja eh zu, wenn wir zuerst nach dem Reich Gottes - dem Geistlichen - trachten (Mt 6,33).

Bei Salomon können wir erkennen, dass Gott dem Beter sogar noch mehr gibt, wenn wir ihn mit reinem Herzen bitten. Weitere Zutaten, um zu einem gottgefälligen Gebet zu gelangen, sind die Liebe zum Herrn und der Wandel im Heiligen Geist. Dazu gehört auch das Beten im Heiligen Geist (Eph 6,18; Jud 1,20). Weiter sind wir angehalten, die Gebote Gottes zu befolgen, denn: "Wer meine Gebote festhält und sie befolgt, der ist es, der mich liebt; wer aber mich liebt, der wird von meinem Vater geliebt werden, und ich werde ihn lieben und mich ihm offenbaren" (Joh 14,21). Zwei Verse weiter bekräftigt Jesus: "Wenn jemand mich liebt, so wird er mein Wort befolgen, und mein Vater wird ihn lieben, und wir werden zu ihm kommen und Wohnung bei ihm machen" (Joh 14,23). So können wir schon heute das Einssein mit Gott und mit Jesus Christus im Heiligen Geist erleben.

Jabez betete ein wunderbares Gebet. Genau wie das "Vaterunser" wollen wir es aber nicht einfach nur wortgetreu "herunterbeten" und denken, dass Gott uns dies alles dadurch dann auch schenkt. Es funktioniert nur, wenn wir uns in der Tiefe unseres Herzens mit unserem Herrn identifizieren. Nur das setzt unserer persönlichen Begrenztheit ein Ende und wir erfahren, erleben und erkennen die grenzenlose Grösse unseres Gottes immer mehr.

Wir sehen auch durch diese Gegebenheit, dass es sich lohnt, täglich in der Bibel zu forschen (Apg 17,11-12). Das soll keine Pflicht oder mühselige Arbeit sein, sondern soll mit grosser Lust am Entdecken so mancher Goldkörner geschehen und wird immer wieder grosse Freude und Staunen auslösen. Es gibt so viele wunderbare Mosaiksteine in der Heiligen Schrift, die es uns mit der Zeit -

durch den Heiligen Geist - ermöglichen, ein immer herrlicher werdendes Bild zu erkennen. Es passt alles zusammen; wir sehen alles immer klarer und ganzheitlicher. Machen wir dann mutige Schritte in die Praxis und wenden das Wort Gottes in unserem persönlichen Leben an, so werden wir immer wieder Wunder erleben, die unseren Glauben auf dem Weg ins Reich Gottes stärken. In die Praxis schreiten heisst klar und unmissverständlich: Gott vertrauen ohne "wenn" und "aber"! Im Vertrauen auf den Segen und die allgegenwärtige Hilfe des Herrn vorwärts gehen - was auch kommen mag!

Jabez erlangte Ehre, weil er Gott die Ehre gab. Er muss Gott geliebt und ihm gedient haben, er muss ein wunderbares Verhältnis mit dem allmächtigen Gott gehabt haben. Er stand gewiss in einer wahren Herzensdemut - die Grundlage der Liebe - und gottesfürchtig vor dem Herrn, hatte einen kindlichen Glauben und lebte nach den Geboten, sodass Gott in ihm gegenwärtig sein konnte. Dies alles war nur möglich im Heiligen Geist. Er war bestimmt vom Heiligen Geist erfüllt und liess sich von ihm leiten. "Wenn ihr in mir bleibt und meine Worte in euch bleiben, werdet ihr bitten, was ihr wollt, und es wird euch widerfahren" (Joh 15,7; vgl. auch Joh 14,13-14; 15,16; Lk 11,5-13). Jesus hat versprochen, dass Gott uns geben wird, was wir in seinem Namen bitten (Joh 16,23-24). Ein Gebet kann nur im Namen Jesu Christi gesprochen werden, wenn es vom Heiligen Geist geleitet ist. Er ist es, der den Menschen die Worte verleiht und die Haltung schenkt, die er von sich aus nicht aufbringen kann. Der Heilige Geist erforscht nicht nur die Tiefen der Gottheit und macht sie deutlich, sondern er zeigt auch, wer der Mensch ist und was er nötig hat.

Lasst uns an der Hand unseres himmlischen Vaters bleiben. Lasst uns an seiner Hand bleiben, mit der er unsere Hand hält: "Dennoch bleibe ich stets an dir; denn du hältst mich bei meiner rechten Hand, du leitest mich nach deinem Rat und nimmst mich endlich in Ehren an" (Ps 73,23-24). Alle Ehre gebührt dem Herrn; dennoch sagt uns Gott etwas Unfassbares: "... wer mich ehrt, den will ich auch ehren; ..." (1Sam 2,30), und auch Jesus versichert uns: "Wer mir dient, den wird mein Vater ehren" (Joh 12,26). Wir werden definitiv - und das schon bald - Unvorstellbares und Unfassbares erleben, wenn wir seine Hand nicht loslassen und wenn wir uns nach seinem Rat im und durch den Heiligen Geist leiten lassen.

Im letzten Kapitel der Bibel steht geschrieben: "Siehe, ich (Jesus) komme bald! Glückselig, wer die Worte der Weissagung (die prophetischen Worte) dieses Buches (der Bibel) bewahrt" (Offb 22,7)! Glückselig sind, die seine Gebote (die Gebote Gottes) tun, damit sie Anrecht haben an dem Baum des Lebens und durch die Tore in die Stadt (die heilige Stadt - das himmlische Jerusalem) eingehen können" (Offb 22,14).

Verzeichnis

Teil 1

1.1

"Dennoch bleibe ich stets an dir (mit dir verbunden); denn du (Gott) hältst mich bei meiner rechten Hand, du leitest mich nach deinem Rat und nimmst mich endlich (am Ende) in Ehren an" (Ps 73,23-24).

1.2

"Jesus antwortete ihnen und sprach: Meine Lehre ist nicht von mir, sondern von dem, der mich gesandt hat" (Joh 7,16).

1.3

"Du sollst den Herrn, deinen Gott lieben mit deinem ganzen Herzen und mit deiner ganzen Seele und mit deiner ganzen Kraft und mit deinem ganzen Denken, und deinen Nächsten wie dich selbst" (Lk 10,27)!

1.4

"Ich bin der Weg und die Wahrheit und das Leben; niemand kommt zum Vater denn durch mich" (Joh 14,6).

1.5

"Jerusalem, Jerusalem, die du die Propheten tötest und steinigst, die zu dir gesandt sind! Wie oft habe ich deine Kinder sammeln wollen, wie eine Henne ihre Küken unter die Flügel sammelt, aber ihr habt nicht gewollt" (Mt 23,37).

1.6

"Nehmt auf euch mein Joch und lernet von mir; denn ich bin sanftmütig und von Herzen demütig; so werdet Ihr Ruhe finden für eure Seelen" (Mt 11,29).

1.7

"Und die Apostel sprachen zu dem Herrn: Stärke uns den Glauben" (Lk 17,5).

Teil 2

2.1

"Und sogleich rief der Vater des Knaben mit Tränen und sprach: Ich glaube, Herr; hilf mir, (loszukommen) von meinem Unglauben" (Mk 9,24).

2.2

"Wenn ein Bruder oder eine Schwester nackt ist und Mängel hat an täglicher Nahrung und jemand unter euch spricht zu ihnen: Geht hin in Frieden, wärmt euch und sättigt euch! ihr gebt ihnen aber nicht, was der Leib nötig hat - was hilft ihnen das? So ist auch der Glaube, wenn er nicht Werke hat, tot in sich selbst" (Jak 2,15-17).

2.3

"Denn ich bin gewiss, dass weder Tod noch Leben, weder Engel noch Fürstentümer (Dämonen) noch Gewalten, weder Gegenwärtiges noch Zukünftiges, weder Hohes noch Tiefes noch keine andere Kreatur mag uns scheiden von der Liebe Gottes, die in Christo Jesu ist, unserem Herrn" (Röm 8,38-39).

2.4

"Ich habe den guten Kampf gekämpft, ich habe den Lauf vollendet, ich habe Glauben gehalten" (2Tim 4,7).

2.5

"Deshalb ergreift die ganze Waffenrüstung Gottes! Nur gut gerüstet könnt ihr den Mächten des Bösen widerstehen, wenn es zum Kampf kommt. Nur so könnt ihr das Feld behaupten und den Sieg erringen" (Eph 6,13).

Teil 3

3.1

"Und er lehrte und sprach zu ihnen: Steht nicht geschrieben (hier verwies Jesus auf Jesaja 56,7): Mein Haus soll ein Bethaus für alle Völker genannt werden? Ihr aber habt eine Räuberhöhle (Mördergrube) daraus gemacht" (Mk 11,17)!

3.2

"Wenn nun ihr, die ihr doch böse seid, dennoch euren Kindern gute Gaben geben könnt, wie viel mehr wird euer Vater im Himmel Gutes geben denen, die ihn bitten" (Mt 7,11).

3.3

"Denn unsere Bedrängnis, die zeitlich und leicht ist, schafft eine ewige und über alle Massen gewichtige Herrlichkeit, uns, die wir nicht sehen auf das Sichtbare, sondern auf das Unsichtbare. Denn was sichtbar ist, das ist zeitlich (vergänglich); was aber unsichtbar ist, das ist ewig" (2Kor 4,17-18).

3.4

"Freuet euch im Herrn allezeit; abermals sage ich: Freuet euch" (Phil 4,4)!

3.5

"... was muss ich tun, dass ich gerettet werde" (Apg 16,30)?

3.6

"... Sonne, stehe still in Gibeon, und du, Mond, im Tal Ajalon" (Jos 10,12)!

Teil 4

4.1

"Glückselig sind, die da geistlich arm sind; denn ihrer ist das Himmelreich" (Mt 5,3).

4.2

"Ich bin der Weinstock, ihr seid die Reben. Wer in mir bleibt und ich in ihm, der bringt viele Frucht, denn ohne mich könnt ihr nichts tun" (Joh 15,5).

4.3

"Die Frucht des Geistes aber ist Liebe, Freude, Friede, Langmut (Geduld), Freundlichkeit, Güte, Treue, Sanftmut, Enthaltsamkeit" (Gal 5,22).

4.4

"Das ist aber das ewige Leben, dass sie dich, den allein wahren Gott, und den du gesandt hast, Jesus Christus, erkennen" (Joh 17,3).

4.5

"Seid dankbar in allen Dingen; denn das ist der Wille Gottes in Christo an euch" (1Thess 5,18).

Teil 5

5.1

"Wenn sie nicht auf Mose und die Propheten hören, werden sie sich auch nicht überzeugen lassen, wenn jemand aus den Toten aufersteht" (Lk 16,31).

5.2

"Betet ohne Unterlass" (1Thess 5,17)!

5.3

"Und führe uns nicht in Versuchung, sondern erlöse uns von dem Bösen" (Mt 6,13).

Teil 6

6.1

"Darum sollt ihr vollkommen sein, gleichwie euer Vater im Himmel vollkommen ist" (Mt 5,48).

6.2

Er sprach: "Du sollst nicht mehr Jakob heissen, sondern Israel; denn du hast mit Gott und mit Menschen gekämpft und hast gewonnen" (1Mo 32,29).

6.3

"Ihr seid das Salz der Erde. Wenn aber das wir Salz fade wird, womit soll es wieder salzig gemacht werden? Es taugt zu nichts mehr, als dass es hinausgeworfen und von den Leuten zertreten wird" (Mt 5,13).

Teil 7

7.1

"Oder wisst ihr nicht, dass euer Leib ein Tempel des in euch wohnenden Heiligen Geistes ist, den ihr von Gott empfangen habt, und dass ihr nicht euch selbst gehört" (1Kor 6,19)?

7.2

"So ist er (Jesus) auch zu den Geistern in die Totenwelt gegangen, um ihnen die Botschaft von seinem Sieg (das Evangelium) zu verkünden" (1Petr 3,19).

Teil 8

8.1

"Siehe, ich sage euch ein Geheimnis: Wir werden nicht alle entschlafen, wir werden aber alle verwandelt werden; und das plötzlich, in einem Augenblick, zur Zeit der letzten Posaune. Denn es wird die Posaune erschallen und die Toten werden auferstehen unverweslich, und wir werden verwandelt werden" (1Kor 15,51-52).

8.2

"Fürchte dich nicht, ich bin mit dir; weiche nicht, denn ich bin dein Gott. Ich stärke dich, ich helfe dir auch, ich halte dich durch die rechte Hand meiner Gerechtigkeit" (Jes 41,10).

8.3

"Wahrlich, ich sage dir: Heute noch wirst du mit mir im Paradies sein" (Lk 23,43).

Teil 9

9.1

"Die Zeit (die von Gott festgesetzte, besondere, entscheidende Zeit) ist erfüllt, und das Reich Gottes ist nahe. Tut Busse (kehrt von Herzen um zu Gott) und glaubt an das Evangelium" (Mk 1,15)!

9.2

"Denn es wird eine Zeit der Drangsal sein, wie es noch keine gab, seitdem es Völker gibt, bis zu dieser Zeit" (Dan 12,1).

Teil 10

10.1

"Sie werden ihre Schwerter zu Pflugscharen schmieden und ihre Lanzen spitzen zu Winzermessern; kein Volk wird noch gegen ein anderes Volk das Schwert erheben, und sie werden sich hinfort nicht mehr auf den Krieg vorbereiten" (Jes 2,4).

10.2

"Fürwahr, er trug unsere Krankheit (unsere Leiden) und lud auf sich unsere Schmerzen. Wir aber hielten ihn für den, der geplagt und von Gott geschlagen und gemartert wäre" (Jes 53,4).

10.3

"ihr dagegen seid gekommen zum Berge Zion und zur Stadt des lebendigen Gottes, dem himmlischen Jerusalem; und zu Myriaden von Engeln," (Heb 12,22).

Teil 11

11.1

"Siehe, ich habe dir geboten, dass du getrost und freudig (stark und mutig) seist. Erschrick nicht und fürchte dich nicht; denn der Herr, dein Gott, ist mit dir überall, wohin du gehst" (Jos 1,9).

11.2

"Wenn es so sein soll; unser Gott, dem wir dienen, kann uns aus dem glühenden Feuerofen erretten, und er wird uns bestimmt aus deiner Hand erretten, o König" (Dan 3,17)!

11.3

"Wahrlich, ich sage euch: Wenn ihr nicht umkehrt und werdet wie die Kinder, so werdet ihr nicht in das Reich der Himmel kommen" (Mt 18,3)!

Teil 12

12.1

"Wer mein Fleisch ist und mein Blut trinkt, der bleibt in mir und ich in ihm" (Joh 6,56).

12.2

"Darum sage ich euch: Alles, was ihr auch immer im Gebet erbittet, glaubt, dass ihr es empfangt, so wird es euch zuteilwerden" (Mk 11,24)!

12.3

"Und er (Christus) ist das Haupt des Leibes, nämlich der Gemeinde (Kirche Christi) ... " (Kol 1,18).

Teil 13

13.1

"Es ist dir gesagt, Mensch, was gut ist und was der Herr von dir fordert, nämlich Gottes Wort halten und Liebe üben und demütig sein vor deinem Gott" (Mi 6,8).

13.2

"Dabei ist mir klar, dass ich dies alles noch lange nicht erreicht habe und ich noch nicht am Ziel bin. Doch ich setze alles daran, es zu ergreifen, weil ich von Jesus ergriffen bin" (Phil 3,12).

13.3

"Wer an seinem Leben festhält, wird es verlieren. Wer aber sein Leben in dieser Welt loslässt (gering achtet), wird es für alle Ewigkeit gewinnen" (Joh 12,25).

13.4

"Denn so sehr hat Gott die Welt (Menschen) geliebt, dass er seinen eingeborenen Sohn gab (für sie hergab), auf dass alle, die an ihn (Jesus) glauben, nicht verloren werden, sondern das ewige Leben haben" (Joh 3,16).

Teil 14

14.1

"Und zu der neunten Stunde rief Jesus laut: Eli, Eli, lama asabtani? das heisst übersetzt: Mein Gott, mein Gott, warum hast du mich verlassen" (Mk 15,34)?

14.2

"Im Anfang war das Wort, und das Wort war bei Gott, und Gott war das Wort" (Joh 1,1).

14.3

"Denn weil die Welt durch [ihre] Weisheit Gott in seiner Weisheit nicht erkannte, gefiel es Gott, durch die Torheit der Verkündigung diejenigen zu retten, die glauben" (1Kor 1,21).

Teil 15

15.1

"So kommt der Glaube aus der Predigt (Verkündigung), das Predigen aber aus dem Wort Gottes" (Röm 10,17).

15.2

"Meine Seele dürstet nach Gott, nach dem lebendigen Gott. Wann werde ich sein Angesicht schauen" (Ps 42,3).

15.3

"Vom Hörensagen hatte ich von dir gehört, aber nun hat mein Auge dich gesehen" (Hi 42,5).

Teil 16

16.1

"Denn ich bin der Herr und wandle (verändere) mich nicht; ... " (Mal 16.2

16.2

"Und er (Jesus) trat hinzu und rührte den Sarg an; die Träger aber standen still. Und er sprach: Jüngling, ich sage dir, stehe auf" (Lk 7,14)!

16.3

"Und Jabez rief zu dem Gott Israels und sprach: O dass du mich reichlich segnen und meine Grenze erweitern wolltest und deine Hand mit mir wäre und du mich vor dem Übel bewahrtest, damit mich kein Schmerz trifft! Und Gott liess kommen, was er gebeten hatte" (1Chr 4,10).

FSC
www.fsc.org
MIX
Papier | Fördert
gute Waldnutzung
FSC® C083411

Zeitfracht Medien GmbH
Ferdinand-Jühlke-Straße 7
99095 Erfurt, Deutschland
produktsicherheit@kolibri360.de